CORRESPONDANCE
DE MADAME
DUCHESSE D'ORLÉANS

CORRESPONDANCE
DE MADAME

DUCHESSE D'ORLÉANS

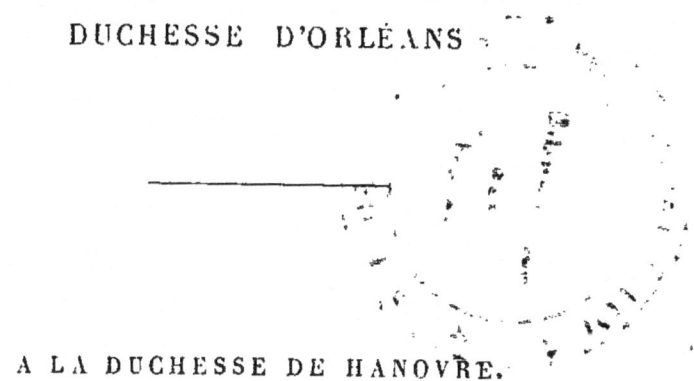

A LA DUCHESSE DE HANOVRE.

Saint-Germain, le 5 février 1672.

Ce que Mme de Wartemberg a dit à Dondorff au sujet des cris que j'ai poussés est bien vrai ; j'ai crié à en avoir le côté enflé ; je n'ai fait que cela de Strasbourg à Châlons durant toute la nuit. Je ne pouvais me consoler de la façon dont j'avais pris congé des miens à Strasbourg ; je m'étais montrée plus insensible que je n'étais au fond du cœur.

Saint-Germain, le 3 décembre 1672.

Je ne vous dirai qu'une chose, à savoir que Monsieur est le meilleur homme du monde ; aussi nous entendons-nous fort bien. Aucun de ses portraits n'est ressemblant.

Saint-Clou [1]*, le 5 août 1673.*

Pour ce qui est de mon petit, il est si fort et si gros que, sauf votre respect, il ressemble bien plus à un Allemand, voire même à un Westphalien, qu'à un Français. Tout le monde ici dit qu'il me ressemble. Votre Dilection peut donc juger par là qu'il n'est pas précisément bien beau garçon.

Saint-Clou, le 10 octobre 1673.

La semaine prochaine j'espère aller chasser à cheval avec le roi, car il m'a fait écrire par Monsieur qu'il *prétendait* que deux fois par semaine je l'accompagne. Ce sera tout à fait selon mes goûts, car ma tante sait bien que sa Liselotte est toujours encore un gai frétillon.

Saint-Clou, le 23 août 1674.

Il est bien à désirer que Dieu nous accorde la paix, car si M. de *Turene* [2] enlevait encore plus de bestiaux, la bouillie deviendrait bien chère dans le bon Palatinat.

Saint-Germain, le 16 novembre 1674.

Il faut que je raconte à Votre Dilection qu'on a fait tirer l'horoscope de mon plus jeune fils [3] et que

---

1. Saint-Cloud.
2. Turenne.
3. Le duc de Chartres.

cet horoscope dit qu'il sera pape ; moi, je crains bien que ce petit ne soit plutôt l'antechrist... Mais il y a un tel vacarme dans cette chambre que je ne sais pas du tout ce que j'écris. Monsieur y est qui joue à la bassette avec dix ou douze personnes, de sorte qu'à la place de ce que je voudrais écrire, je ne peux guère mettre que les mots d' « Albiu, ra et la face. » Je n'entends que cela ; ces trois mots, les dix personnes, Dieu merci ! les crient toutes en même temps et tellement haut que le bruit (sans comparaison) n'est pas moins fort que celui que faisaient les chiens de chasse avec lesquels, aujourd'hui, j'ai forcé un lièvre en compagnie du roi.

Paris, le 22 mai 1675.

Grâces soient rendues à Dieu, non pas tant de m'avoir sauvée de la mort que de m'accorder enfin un jour où je puisse présenter à Votre Dilection mes humbles remerciements du gracieux billet par lequel vous me témoignez avec tant de bonté votre affection et me faites part du chagrin que vous et l'oncle vous avez ressenti au sujet de ma grave maladie. Je suis persuadée aussi que Monsieur, papa, Votre Dilection et l'oncle vous m'avez guérie de la fièvre et fait revenir à la santé plutôt que MM. Braye, Baylay, Tissot et Esprit : la joie d'être plainte par vous et les autres a mieux purgé ma rate que les soixante-douze lavements que ces messieurs m'ont fait donner...

Saint-Clou, le 14 septembre 1675.

Que je témoigne à Votre Dilection toute ma joie de

ce que Dieu le Tout-Puissant ait dans sa grâce préservé, devant Trèves, mon oncle, mon parrain et notre prince[1] de tout accident. Quand j'appris cette nouvelle, je ne pus en sauter de joie, comme je fis à la nouvelle du gain de la bataille[2], car c'est le roi lui-même qui m'a annoncé la prise de Trèves. Il a fait un éloge inouï de mon oncle et de mon parrain, ajoutant que les prisonniers ne pouvaient assez se vanter d'être tombés entre les mains de gens aussi généreux que braves. De mon côté, j'ai raconté au roi et à Monsieur quelle conduite généreuse notre prince a tenue dans la bataille, que non seulement il a marché à l'ennemi, mais qu'en outre il a sauvé la vie à bon nombre de gens. Quand je leur dis qu'il avait à peine atteint sa quinzième année, ils ont été tout étonnés... En venant ici, j'ai trouvé mon aîné malade à la mort. J'ai dit à Monsieur que si j'étais le maître je mettrais mes enfants en *pantion*[3] chez Mme de Harling à Osnabruck ; je serais sûre alors qu'ils ne mourraient ni ne seraient trop délicatement élevés, comme on fait en ce pays-ci, ce qui me met hors de moi.

Paris, le 2 octobre 1675.

J'ai eu avant-hier un vrai plaisir à écouter M. de la Trousse et à voir l'admiration qu'il a pour ces trois

---

1. Ernest-Auguste, duc de Hanovre, Georges-Guillaume, duc de Celle, et Georges-Louis, prince héritier de Hanovre.
2. Bataille de Consarbruck, perdue par Créqui (11 août 1675). Trèves capitula le 6 septembre.
3. Pension.

seigneurs (les ducs de Hanovre), à entendre les louanges qu'il en fait, non pas seulement auprès de moi, mais auprès de tout le monde. Tous les courtisans m'amènent chaque jour des prisonniers des ducs, pour me faire leur cour, comme ils disent, car ils savent maintenant combien je suis heureuse d'entendre parler d'eux. D'autres me racontent ce que les prisonniers ont dit ; hier on m'a amené le *chevallier*[1] Sourdis et Rochebrune, mais étant sur le point de partir pour Paris, je n'ai pas eu le temps de m'entretenir avec eux et leur ai assigné un autre jour. A tout instant on vient dans ma chambre me dire : « Madame, voila encore des Louanges de Messieurs vos oncles et Monsieur votre cousin. » Et ainsi de tout le jour. Monsieur lui-même m'en amène parce qu'il sait combien j'y prends plaisir. L'on se figure même que je dois être une femme extraordinaire du moment que j'ai passé cinq années auprès de vous. Pour ne pas vous faire honte, je réponds que si j'étais restée plus longtemps avec vous, j'aurais sans nul doute été mieux élevée que par Mlle Kolb, mais que par malheur je vous avais quittée trop tôt. Toute la cour même m'en considère davantage, et en passant j'entends comme l'on dit : « Les princes qu'on Loue tant, ce sont oncles et cousins germains de Madame. » Quand je reçois une lettre de vous, j'en suis toute vaine, je la lis trois ou quatre fois, en particulier aux endroits où je vois le plus de monde, car d'ordinaire l'un ou l'autre me demande de qui est la lettre, et je réponds par-dessus l'épaule : « De ma tante, la duchesse

---

1. Chevalier.

d'Osnabruck », et alors tout le monde me regarde comme une bête curieuse... J'ai dit hier à Monsieur qui allait à Versailles, que le vieux duc de Lorraine et ses gens avaient dépouillé les prisonniers devant Trèves et que l'oncle et mon parrain en avaient été très fâchés. Il m'a promis de le dire au roi.....

Saint-Germain, le 14 décembre 1676.

... Ce qui surtout m'a empêchée d'écrire, ce sont les ennuyeuses visites que je me suis attirées par ma chute de cheval. Il faut que je conte cela à Votre Dilection... Dès que je me vis seule, je lâchai tout doucement le pommeau de la selle et me laissai tomber sur la *blousse* [1] verte. Tout cela s'est si bien passé que je ne me suis pas fait, grâce à Dieu, le moindre mal. Vous qui admirez tant notre roi de m'avoir si bien assistée dans mes couches, vous l'aimerez bien aussi en cette rencontre ; il a été le premier à me rejoindre, il était pâle comme la mort et j'avais beau lui assurer que je n'avais aucun mal et que je n'étais pas tombée sur la tête, il n'a eu de cesse qu'il ne m'eût visité la tête de tous les côtés et quand enfin il eut trouvé que j'avais dit vrai, il m'a menée lui-même dans ma chambre et est resté pendant quelque temps encore auprès de moi pour voir si je ne serais pas prise d'étourdissements. Il n'est retourné au vieux château que quand je lui eus assuré de nouveau que je ne ressentais pas le moindre mal.

... Je dois dire que chaque jour le roi se montre

---

1. Pelouse.

plus gracieux à mon endroit, car partout où il me rencontre il m'adresse la parole, et tous les samedis il me fait chercher maintenant pour faire *médianosche* avec lui chez Mme de Montespan. Cela fait qu'à cette heure je suis très à la mode. Tout ce que je dis et fais, que ce soit bien ou mal, les courtisans l'admirent au point qu'ayant eu l'idée, par le froid qu'il fait, de mettre ma vieille zibeline pour avoir plus chaud au cou, chacun s'en est fait faire une sur ce patron, et c'est actuellement la très grande mode. Cela me fait bien rire, car ceux-là même qui maintenant admirent cette mode et la portent, se sont tellement moqués de moi il y a cinq ans et ont jeté les hauts cris à cause de ma zibeline que depuis ce temps je n'osais plus la mettre. Il en est ainsi à cette cour : quand les courtisans s'imaginent que vous êtes en faveur, vous pouvez faire tout ce que bon vous semble, vous êtes sûr d'avoir leur approbation ; par contre, s'ils s'imaginent le contraire, ils vous tiendront pour ridicule, dussiez-vous descendre du ciel.

Paris, le 14 novembre 1678.

Pour ce qui est du vœu que vous faites que le diable emporte tous ceux de la *caballe*[1], je ne sais ce qui en sera ; mais ce que je ne sais que trop, c'est qu'à cette heure ils ne gardent plus aucune mesure.....

Je suis toute fière que vous me trouviez mieux que

---

[1]. La cabale. Les ennemis de la première et de la seconde Madame, le chevalier de Lorraine, le marquis d'Effiat, Mme de Grancey, la Gordon, etc.

mon portrait ; mais il y a sept ans que vous ne m'avez vue, et si vous me voyiez maintenant, vous trouveriez peut-être tout le contraire. Ce n'est pas tant la chasse qui me rend si vieille et si laide que la cabale. Depuis sept ans, elle m'a fait venir tant de rides que j'en ai la figure toute couverte.....

A l'instant Monsieur arrive de Versailles et m'apporte la nouvelle qu'au mois d'avril prochain nous irons en Flandre, de là en Lorraine et de Lorraine en Alsace.

Paris, le 3 février 1679.

Nous partirons le 15 avril de Saint-Germain... J'avouerai franchement à Votre Dilection qu'on est vain ici à en être puant... je vois donc bien qu'il est impossible que je vous voie dans l'état qui vous convient, car mon seigneur et maître s'imagine qu'il n'y a aucune comparaison a établir entre lui et un électeur quel qu'il soit. En outre, j'ai tâché de savoir pardessous main si l'on ne vous donnerait pas un fauteuil au cas où je vous verrais, mais de cela on n'en veut pas entendre parler du tout...

Saint-Germain, le 25 mars 1679.

... Ce qui me fâche, c'est que notre voyage est différé et que nous ne partirons d'ici qu'au commencement de mai. Je voudrais que nous fussions déjà au jour où nous quitterons Saint-Germain et il me semble que jamais je ne saurai contenir mon impatience jusquelà. Je fais comme papa a coutume de dire : « Je prend patience en enrageant. »

Le sort de notre Mademoiselle[1] n'est pas encore décidé, mais je crois que quand je vous verrai, je pourrai vous en donner des nouvelles certaines. Si ma filleule[2] avait seulement quelques années de plus, je ne désespérerais pas de voir se réaliser nos espérances — vous savez lesquelles — pour le cas où Mademoiselle irait en Espagne. On dit ici que la princesse électorale de Bavière est horriblement laide et bien maladive...

Paris, le 5 juin 1679.

... Au demeurant, nous sommes accablés de visites, car la France entière vient nous complimenter au sujet du mariage de Mademoiselle avec le roi d'Espagne. C'est dimanche que le roi a déclaré ce mariage... Si elle ne devait pas être une si grande reine, je la plaindrais d'aller dans un pays si inconnu pour elle ; mais ce qui devrait la consoler davantage encore, c'est de voir l'indifférence avec laquelle M. le dauphin prend la chose : il est bien le fils de sa mère.

A MONS. LE RAUGRAF[3].

Saint-Germain, le 27 octobre 1670.

Hier j'ai été courre le cerf avec le roi. A la chasse, j'ai appris une nouvelle qui m'a bien peinée, à savoir

---

1. Marie-Louise d'Orléans, fille de Monsieur et d'Henriette d'Angleterre.
2. Sophie-Charlotte, fille de Sophie de Hanovre, première reine de Prusse (1668-1705).
3. Charles-Louis, l'aîné des demi-frères de Madame (1658-1688).

que le roi avait fait dire à ce pauvre Valbel de vendre sa charge. Voici la cause de cette disgrâce. Le roi lui avait ordonné de payer 50,000 francs pour monter en grade et devenir lieutenant. Mais de cette charge de lieutenant on en fit deux. Valbel qui depuis longtemps avait commandé seul la compagnie et qui est un fort bon serviteur, s'est mis en tête que c'était forcément lui qui serait le premier lieutenant, et que ce serait lui faire un affront que de mettre quelqu'un au-dessus de lui. Là-dessus il s'en va dire au roi d'un air pincé qu'il préférait servir le roi comme simple soldat plutôt que rester au service si l'on mettait quelqu'un au-dessus de lui. Cela a fâché le roi. Il a dit qu'à la vérité il estimait l'homme, mais que du moment qu'il était bouffi d'orgueil au point de s'imaginer qu'on lui faisait un affront, il n'avait qu'à vendre sa charge et à aller où bon lui semblerait. Je suis persuadée que ce sera la mort du pauvre homme, tellement il prendra la chose à cœur. Il me fait vraiment pitié, car c'est certes un brave garçon...

Autre nouvelle qui vous surprendra. Mardi dernier M. *Legrand*[1], MM. de *Vandosme*[2] firent une course aux chevaux. Le duc de Gramont[3] pariait pour MM. de Vandosme, les deux frères de M. Legrand et beaucoup d'autres encore pariaient pour ce dernier. Nous y étions tous. C'est Lavallée qui montait le cheval de M. Legrand et un laquais anglais du maré-

---

1. Louis do Lorraine, comte d'Armagnac, grand écuyer de France, nommé Monsieur le Grand.
2. Vendôme.
3. Grammont.

chal de *Bellefond*[1] celui de MM. de Vandosme. Le maréchal aussi pariait pour ce cheval. Celui de M. Legrand fut le gagnant. Là-dessus nous autres nous nous mîmes en voiture pour remonter au château, tandis que M. le dauphin resta de l'autre côté du pont pour faire une promenade à cheval. Au moment où nous nous mettons en route, le duc de Vandosme commence à se quereller avec Lavallée. Le chevalier de Lorraine qui se tenait auprès, dit moitié en riant : « Nous parions toujours contre des gens qui n'ont point d'argent. » Le duc de Gramont commence à maugréer entre les dents. M. Legrand qui était proche, lui dit : « A qui en avez-vous? Allons-nous-en, et laissons finir la querelle de M. de Vandosme et Lavallé! » Le duc de *Gramont* s'avance vers M. Legrand, lui met le poing sous le nez et dit : « Mort d..., c'est à vous que j'en veux, et il y a longtemps que j'en cherche l'occasion. » M. Legrand incontinent lève la main et donne à l'autre un soufflet tel que la perruque lui en tombe de la tête. Par bonheur aucun des deux n'avait son épée ; ils les avaient ôtées pour pouvoir mieux suivre la course. Mais en ce moment arrivent de leurs amis qui en offrent à chacun, tandis que d'autres, tels que M. de *Marsilliac*[2], le chevallier de Lorraine vont se jeter entre eux pour empêcher la lutte. Au même instant arrive un écuyer du duc de Gramont. Il tire l'épée et se jette sur le chevalier de Lorraine, s'imaginant que c'était M. Legrand. Ce que voyant, le chevalier

1. Bellefonds.
2. Marsillac.

se met à courir après l'homme. Celui-ci le voit, s'aperçoit que ce n'est pas M. Legrand et prend ses jambes à son cou. Mais il le rattrape et lui fait une balafre à travers la figure. L'un des gens de M. Legrand par contre s'est jeté sur le duc de Gramont, et si Beaumont ne l'avait arrêté, il lui passait l'épée au travers du corps. Mais enfin le duc de Villeroy entraîna M. Legrand dans sa voiture ; Marsillac et MM. de Vandosme en firent autant pour le duc de Gramont et ils les amenèrent ici tous deux. Dès que le roi eut appris la chose, il enjoignit à Monsieur de leur ordonner de sa part, sous les peines les plus sévères de ne pas donner de suite à la querelle, ni eux, ni les leurs, ni leurs gens, et vu qu'ils avaient oublié le respect dû à M. le Dauphin, et qu'ils s'étaient disputés et battus dans l'endroit même où il se trouvait, ils se rendraient à la *Pastille*[1] jusqu'à nouvel ordre. Mais ils n'y sont restés que vingt-quatre heures, car hier au soir le roi les a fait chercher. Ainsi vont les choses ici. Tous les jours il y a du nouveau et rarement quelque chose de bon. Au demeurant, l'on parle toujours encore des ours, quand il n'y a rien de neuf sur le tapis ; l'un est mort et l'autre est en bonne santé, et hier soir encore on en a parlé à la table du roi.

Voici une nouvelle encore : la pauvre Doudou[2] a d'horribles disputes avec son mari. Quand elle est revenue des eaux de Bourbon avec son beau-frère et sa sœur, le duc et la duchesse d'Aumont, et le che-

---

1. Bastille.
2. Duchesse de Ventadour.

valier de *Tilliadet* [1], ce monstre de duc de *Vantadour* s'est mis en tête d'emmener sa femme à la campagne où il l'aurait sans nul doute gardée longtemps. Voyant que son beau-frère le duc d'Aumont n'y voulait consentir (car l'on ne peut se fier au gaillard : une fois déjà il a percé d'une balle de pistolet la porte de la chambre de sa femme et à plusieurs reprises il lui a fait grand'peur en brandissant son épée nue), il a voulu à toute force se battre en duel avec le duc d'Aumont et le chevalier Tilliadet. Mais ces messieurs lui ont ri au nez. Il en est devenu furieux et a menacé d'emmener sa femme de vive force. Les pauvres duchesses alors ont été prises d'une peur bleue et ont envoyé à la cour un exprès à la maréchale de Lamotte. Celle-ci a immédiatement conté la chose au roi, lequel a aussitôt envoyé un exempt (vous le connaissez bien : il s'appelle des Fourneaux et servait à table chez la reine d'Espagne à Fontainebleau). Le lendemain M. le duc de Vandatour est venu lui-même à la cour pour s'excuser auprès du roi et la fin de la chanson est qu'on va les séparer ; la pauvre Doudou devra se retirer dans un couvent jusqu'à la fin de ses jours ou au moins jusqu'à la mort de son mari. Néanmoins elle en pourra sortir quelquefois avec sa mère et sa sœur aînée. Il lui donnera douze mille écus (ou francs, je ne sais pas au juste) pour son entretien et seize mille à la mort de son oncle. Voilà toute l'histoire de Doudou.....

« Je vous avertis que vous pouvés venir en toute

---

1. Tilladet.

seureté à Saint-Cloud et marcher tant qu'il vous plaira sur la teste de Mme de Fienne, car la vieille diablesse est morte »[1]. C'est M. Legrand qui vous écrit cela. J'avais oublié de vous dire qu'elle est morte en huit jours d'une fièvre tierce. La duchesse de Villars est veuve, son mari est mort trois jours après Mme de Fiennes. Adieu Charles-Louis chéri de mon cœur. Soyez assuré que je vous aime de tout cœur et que je resterai jusqu'à la mort votre affectionnée amie,

ÉLISABETH-CHARLOTTE.

Saint-Germain, le 28 octobre 1679.

Le roi n'a fait aujourd'hui que parler de vous dans sa calèche (je l'accompagnais à cheval à la promenade). Il trouve qu'il y a une terrible différence entre vous et la duchesse de Hanovre[2] qu'il a vue aujourd'hui. La pauvre duchesse était si embarrassée qu'elle me faisait vraiment pitié; elle ne savait pas ce qu'elle disait et appelait toujours le roi *Monsieur*. Il m'a regardée et a ri, et quand nous partîmes il me dit : « il s'en faut bien que vostre coussine ait de l'esprit comme vostre tante, il y a plaisir à entretenir celle-là, mais pour celle-cy j'ay dit à mon frere allons nous en mon frere, j'advoue que j'aime les gens d'esprit »; et là-dessus il s'est mis à faire de vous de plus grands éloges encore....

---

1. L'orthographe indique suffisamment que ce passage et plusieurs autres encore sont en français dans l'original.
2. Veuve de Jean Frédéric, frère aîné d'Ernest Auguste, née Palatine de Simmern.

....On dit que le conseil a fortement engagé le roi à hâter le mariage du Dauphin. Là-dessus le roi a immédiatement expédié en Bavière M. Colbert[1] — le même qui a été ambassadeur à Nimègue — pour proposer le mariage de la princesse électorale avec M. le Dauphin et celui du jeune prince électoral avec notre Mademoiselle d'à présent[2]. On ajoute que si l'Électeur refuse Mademoiselle, M. Colbert ne parlera plus du mariage du Dauphin avec la princesse électorale, mais se rendra immédiatement à la cour de Vienne et demandera la main de la princesse impériale. Pour ce dernier point, je ne sais si c'est bien vrai, mais la première nouvelle est certaine, et personne ici ne doute qu'au printemps prochain nous n'ayons ici la princesse de Bavière. Le roi en parle souvent, et dernièrement encore il disait : Si elle a de l'esprit, je la plaisanterai au sujet de sa laideur. » Du moment qu'il a pris son parti de cette laideur, on tient le mariage pour certain. Il a demandé à M. le Dauphin s'il pouvait se résoudre à épouser une femme laide, à quoi celui-ci a répondu que cela lui importait fort peu ; pourvu que sa femme eût de l'esprit et fût vertueuse, il en serait satisfait, quelque laide qu'elle pût être. C'est ce qui a décidé le roi pour la Bavière.

Saint-Germain, le 1er novembre 1679.

.... Je vous envoie aussi, par cette bonne occasion, les boutons en diamant du roi, Monsieur regrette

1. Colbert de Croissy.
2. Anne-Marie, deuxième fille de Monsieur et de Henriette d'Angleterre.

bien de ne pas pouvoir vous montrer lui-même comment il faut les attacher sur la robe ou aux manches. Il en a délibéré avec Mme de Mecklembourg : elle vous en enverra un patron en papier.....

Saint-Germain, le 15 décembre 1679.

..... Aujourd'hui il y a huit jours, j'ai été à Montmartre voir la grande duchesse [1], puis la P. (princesse) Palatine [2]. Samedi j'ai fait visite à toutes les jeunes mariées, entre autres à la princesse de *Guemenée* et la duchesse de la Rocheguyon, qui est la fille de M. de Louvois. De là je suis allée chez Mme de *Vantadour*. Elle est à cette heure enfermée dans un couvent. Il lui est interdit de venir à la cour, ni chez la reine, ni chez moi. Dimanche il m'a fallu aller chez la princesse Palatine ; j'avais à lui dire quelque chose, car, soit dit entre nous, les choses allaient derechef un peu de travers ici : la cabale m'a encore monté un de ses coups.....

Quoique je n'aie pas écrit, je n'en pense pas moins à vous et cherche le moyen de vous servir : il faut donc que je vous raconte ce que j'ai fait à votre intention, bien que, malheureusement, je ne sois pas arrivée à mes fins.

Premièrement donc je me suis dans ce but raccommodée avec M. de Louvois et secondement, ayant vu que le bon ami, comme vous avez coutume de dire,

---

1. De Toscane, fille de Gaston, frère de Louis XIII et de Marguerite de Lorraine.
2. Anne de Gonzague, avait épousé l'oncle de Madame, Édouard, comte palatin.

cherchait à gagner mes bonnes grâces, je lui ai fait entendre que le plus grand service qu'il pût me rendre et qui me ferait tout oublier serait de s'ingénier à trouver les moyens propres à faire réussir ce que Votre Dilection et moi nous désirions tant[1]. Je lui ai dit que je le souhaitais d'autant plus que nous nous en trouverions bien, mais qu'ici aussi il serait de même, car la maison[2] est grande et puissante en Allemagne, elle pourra sans nul doute rendre plus de services qu'aucune autre, vu qu'elle est plus rapprochée. En outre, on n'aura pas à s'inquiéter des nombreux beaux-frères : on n'en sera jamais incommodé et tous seront suffisamment grands seigneurs pour ne pas venir chercher leur pain à cette cour. La princesse Palatine a joint ses efforts aux miens et finalement nous avons si bien mené l'affaire que Louvois s'est décidé et il m'a dit que si la première affaire, avec la Bavière, était aussi compromise qu'on le prétendait, il parlerait au roi de notre princesse. Il m'autorisa aussi à lui en parler dès que j'en trouverais l'occasion. Je m'imaginai donc que l'affaire était en bonne voie et quand je me trouvai avec le roi dans la calèche, j'amenai tout doucement la conversation sur le mariage de son fils. Le roi me dit que la chose avait de la peine à s'arranger avec la Bavière, le duc Max ne voulant pas de notre fille à la grande bouche[3]. « L'on fait souvent, dis-je, en fait de mariage, des propositions qui ne sont pas agréées, comme

---

1. Le mariage du Dauphin avec la fille de la duchesse Sophie.
2. De Hanovre.
3. Mademoiselle.

pour le mariage bavarois, par exemple.» Le roi me répliqua vivement : « Quoique ce mariage ne soit pas fait, je ne le tiens nullement pour rompu ; mon fils a maintenant une telle envie de se marier qu'il ne veut pas attendre davantage ; je suis sûr que si je cède sur quelques points, ils me jetteront leur princesse à la tête. » A quoi je répondis : « Ce sera un grand honneur pour les Bavarois d'avoir amené Votre Majesté à céder en quoi que ce soit. » J'espérais que cela le piquerait, mais il m'a répondu que c'était chose faite et que la nouvelle en réjouirait bien son fils, qui était inquiet de ne pas voir l'affaire de son mariage se conclure ; qu'il allait lui dire d'écrire à la princesse. Voyant cela, je me suis tue et n'ai pas soufflé mot de l'autre affaire.

Hier la lettre à la princesse de Bavière a été écrite. Si cette folle envie de se marier n'avait pas pris au fils du roi, j'aurais eu bon espoir. Cela seul nous gâte tout et, comme vous voyez, le mariage bavarois est déjà si avancé que rien sans doute ne pourra plus le rompre. L'on nous donne aussi cet espoir pour notre grande bouche [1], car le jeune électeur [2] a fait donner au roi l'assurance qu'il ne se marierait point contre son gré....

.... J'ai expliqué à Monsieur comment il se fait que l'électeur (mon père) manifeste l'intention d'envoyer maintenant ma dot ; il s'est mis à rire et a dit que jamais il n'aurait cru que cette dot pût lui arriver à point ; mais que du moment que l'électeur était d'humeur à me l'envoyer, je n'avais qu'à le laisser faire.....

---

1. Mademoiselle.
2. Prince électoral.

.... Monsieur a congédié la maréchale[1], qui était auprès de nos enfants et a mis la femme d'Effiat à sa place. A propos des enfants de Monsieur, j'allais oublier de vous parler de la reine d'Espagne. J'ai reçu de ses lettres aujourd'hui encore : autant que j'en peux juger par ces lettres et par tous les récits de ses gens qui sont revenus ici, l'Espagne est bien le plus horrible pays du monde, les manières y sont les plus sottes et les plus ennuyeuses qu'il soit possible d'imaginer. Je plains vraiment la pauvre enfant d'avoir à passer sa vie en ce pays ; les petits chiens qu'elle a emmenés avec elle sont la seule chose qui la console. On lui impose une tenue tellement grave qu'on ne lui a pas permis de parler à son ancien écuyer : elle n'a pu que lui faire des signes de la main et de la tête et cela en passant. Les femmes de chambre françaises au début n'ont pas pu s'habituer à être enfermées ; toutes ont voulu revenir en France.

A. MONS. LE RAUGRAF.

Dimanche soir, huit heures et demie, le 25 février 1680.

Apprenez, en fait de nouvelles, que la semaine dernière le roi a attaché à la personne de M. le Dauphin sept gentilshommes de la cour qui devront l'accompagner partout. Vu que ce sont presque tous des gens que vous connaissez, je vais vous les énumérer. Ce qu'il y a de mieux pour eux, c'est que le roi leur

1. De Clérembault.

donne deux mille écus de *pansion*[1]. Afin de n'en omettre aucun, je commencerai par ceux que je connais moins. Ce sont Mess. de *Chiverni, Torigni*[2], chevalier de Grignan, Dangeau, Clermont et Florensac. Ce dernier est amoureux fou de la Chateauthiers..... Demain à six heures nous partons d'ici pour nous rendre à *Villecotteres*[3] et de là à *Chaalon*[4]. Nous allons à la rencontre de Mme la Dauphine. Le cousin Fana sera de tout le voyage... Il est maigre comme une bûche et je crois que ce sera le dernier voyage qu'il fera de sa vie. Il me faut tout de même vous conter encore une folie qu'il a faite jeudi dernier. Il avait vu la *nimphe*[5], comme vous l'appelez, embrasser le chien de la Théobon ; là-dessus il s'empare du chien et le couvre de baisers, tellement que la Théobon a cru qu'il devenait fou, car elle n'a pas pu arracher le chien de ses bras.

A LA DUCHESSE DE HANOVRE.

Fontainebleau, le 19 mai 1680.

Le commencement de cette lettre vous surpendra sans aucun doute, car je l'écris sur l'ordre du roi. Il est venu ce matin dans la chambre de la reine, s'est approché de moi et m'a dit ces paroles :

1. Pension.
2. Chiverny. Thorigny.
3. Villers-Cotterets.
4. Châlons.
5. Nymphe.

« Madame, j'ay donné ordre a d'arcy[1] d'aller trouver de ma part vostre oncle monsieur d'osnabruck, vous me ferez plaisir d'escrire à vostre tante, et de la prier de luy estre favorable dans les affaires qu'il proposera, de ma part, et quand vous ores escrit envoyes vostre lettre a colbert du croisy. » Ce sont là les propres paroles du roi, mot pour mot. J'ai répondu qu'immédiatement après le dîner j'exécuterais l'ordre du roi, que je ne doutais pas que vous ne fussiez heureuse, si cela était possible, de trouver l'occasion de servir Sa Majesté et que je vous avais vue dans ces dispositions lorsque vous partîtes d'ici. Je ne sais de quoi il s'agit, le roi ne me l'a pas dit. Fasse Dieu que ce soit quelque chose de bon! D'ailleurs M. d'Arcy est un honnête homme, j'espère donc que vous vous entendrez avec lui. Le roi veut que je remette cette lettre à M. du Croisy, qui sans doute l'enverra au dit d'Arcy.

Saint-Clou, le 24 septembre 1680.

..... Je n'ai pas voulu laisser partir votre prince sans lui donner une lettre pour vous..... Quoique je m'afflige et m'attriste outre mesure de la perte sensible que nous avons faite, il me semble cependant que cela soulage un peu mon cœur, de pouvoir écrire à une personne qui est aussi triste que moi et qui partage ma douleur. Mais de dire à Votre Dilection ce que je ressens et quels sentiments m'agitent jour et nuit, je ne le puis, cela serait difficile à d'écrire....

---

[1]. Ambassadeur du roi à Hanovre; plus tard a Turin.

Vous êtes plus heureuse que moi, car quoique vous perdiez autant, vous n'êtes au moins pas obligée de vivre avec ceux qui, sans aucun doute, sont cause de la mort de S. A. l'électeur par le chagrin qu'ils lui ont donné. C'est là ce qui m'est dur à digérer. Vous me dites dans votre dernière et précieuse lettre que vous vous réjouissez avec moi de ce que je sois auprès du roi, avec lequel j'aime tant être. Oui, j'avoue qu'avant qu'il n'eût persécuté papa à ce point, je l'aimais bien et j'étais volontiers auprès de lui, mais depuis lors, je peux bien vous l'avouer, cela m'est fort pénible et il en sera ainsi toute ma vie. Je n'aurais pas pu m'y résoudre s'il ne m'avait pas promis à Fontainebleau d'en agir autrement et mieux, pourvu que je consente à rester en bons termes avec lui. Pour ce motif, j'ai fait de mon mieux pendant le voyage ; mais malheureusement cela ne m'a pas réussi, comme vous voyez... désormais je ne pourrai mener qu'une vie misérable.

Saint-Germain, le 11 décembre 1680.

Je dois vous avouer que vous avez fort bien deviné quand vous dites que ce qui me cause une telle affliction, c'est la crainte que papa ne soit mort de chagrin et de douleur et que si le grand homme et ses ministres ne lui avaient pas causé tant des tourments, nous l'eussions gardé plus longtemps.

... Quand j'y pense, j'en deviens toute mélancolique... Je suis étonnée que S. G. l'électeur ne vous ait pas envoyé le dialogue que j'ai eu avec le grand homme ;

car je sais de source certaine qu'il l'a reçu quinze jours avant sa maladie.....

Monsieur a proposé à la reine de faire un vœu à Saint Ovide pour que son fils revienne à la santé ; moi je lui dis qu'il ferait mieux de proposer au roi de faire le vœu d'être juste à l'avenir, de rendre à chacun ce que lui revient, en un mot de ne pas s'emparer du bien d'autrui, que de cette façon son fils sans nul doute irait mieux.....

Saint-Clou, le 13 avril 1681.

.... Je sais de bien belles histoires et il faut que je vous en conte une que l'on m'a rapportée il y a trois ou quatre jours. Elle s'est passée il y a trois semaines au collège des Jésuites. Le chevalier de Lorraine croit, à ce qu'il dit, que c'est son fils qui a fait la chose et que journellement il en fait de semblables, comme vous allez voir. Il y avait donc un écolier faisant toute sorte d'espiègleries : il vaguait toute la nuit au lieu de dormir dans sa chambre. Les pères le menaçèrent, s'il n'y restait pas la nuit, de le fouetter d'importance. Le gamin s'en va chez un peintre et le prie de lui peindre deux saints sur les deux fesses, à savoir : Saint Ignace à droite et Saint François de Xavière[1] à gauche. Ce que fait le peintre. L'autre remet bonnement ses hauts-de-chausses, s'en revient au collège, et commence cent méchantes affaires. Les pères l'appréhendent au corps et disent : « pour cette fois-cy vous ores le fouët. » Le gamin se débat et supplie, mais ils lui répondent que

---

[1]. Saint François Xavier

les supplications n'y feront rien. Alors l'écolier se jette à genoux et dit: « o saint ignace, o saint xavière, ayez pitié de moy et faitte quelque miracle en ma faveur pour monstrer mon inocensse. » Là-dessus les pères lui descendent la culotte et comme ils lui lèvent la chemise pour le fesser, le gamin dit: « je prie avec tant de verfeur[1] que je suis sure que mon invocation ora effect. » Quand les pères aperçoivent les deux saints, ils s'écrient: « miracle seluy que nous croyons vn fripon est vn saint », se jettent à genoux, impriment des baisers sur le postérieur, réunissent tous les élèves, etc.....

A MONS. LE RAUGRAF.

Saint-Cloud, le 25 avril 1681.

Bien-aimé Charles-Louis, il est vrai que depuis l'affreux malheur qui nous a frappé et la mort subite de S. G. le prince électeur notre père, je reçus de vous trois lettres, mais je n'ai pu y répondre... En attendant, je vous conseille de ne pas laisser échapper l'occasion et d'accepter l'offre que vous fait l'oncle de rester auprès de lui. Allez donc à Hanovre. J'imagine que vous aurez besoin d'argent pour ce long voyage. Écrivez-le-moi dès que vous serez arrivé, je vous enverrai une lettre de change de huit cents pistoles. C'est ce qui me reste de l'argent que le roi m'a donné au nouvel an. Si j'en avais davantage, je vous l'en-

---

1. Ferveur.

verrais de grand cœur.... J'ai reçu plus de dix
lettres de notre reine d'Espagne ; toutes sont remplies d'amitiés pour vous. A propos de la reine, vous
saurez que son pauvre Saint-Chamand, qu'elle avait
coutume d'appeler « maman », est à la mort ; l'on ne
croit pas qu'il puisse en réchapper. Ceux qui le connaissent disent qu'il meurt d'amour pour elle, car
depuis qu'il est revenu d'Espagne il n'a pas eu une
heure de gaieté....

P. S. Mlle de *Piene* [1] a dansé un ballet avec Mme la
Dauphine. Elle a fait tant de conquêtes qu'on ne saurait le dire, depuis les personnes du plus haut rang
jusqu'aux plus infimes. Parmi ses adorateurs, le
prince de la *Rochesurion* [2] n'est pas le plus haut placé,
à ce que l'on dit. Le duc de la Ferté a une telle passion pour elle qu'il s'est entièrement amendé et qu'il
n'est plus débauché du tout. Ses autres amants sont le
marquis de Nangis, M. Harcourt [3] et d'autres encore
dont je ne me souviens pas présentement. Voyez que
de rivaux vous avez !

Saint-Clou, le 26 juin 1681.

...Sachez donc très-cher Charles-Louis, que tout est
encore ici comme vous l'avez laissé ; tout est plein de
gens faux, de diables qui me détestent et me causent
le plus de désagréments qu'ils peuvent...

1. Piennes.
2. Roche-sur-Yon.
3. D'Harcourt.

Après cela, nous sommes allés à Versailles où les chasses ont recommencé ainsi que notre train de vie ordinaire ; de plus Mme la Dauphine a été très malade d'une fausse-couche, suivie d'une très forte fièvre : le roi, la reine, Monsieur et moi nous allons la voir quatre fois par jour...

Saint-Chamant est guéri de sa fièvre ; l'est-il aussi de son amour? Je ne sais. Pour ce qui est d'Olympe il n'y a plus de danger de ce côté-là, car « l'amant qui lance la foudre » ne l'importune pas du tout et la chose n'a pas eu de suites. Si vous étiez ici à cette heure, vous pourriez tenter la chance auprès d'elle sans avoir à craindre « la majesté suprême », comme on chante dans le ballet. Mais à propos de ballet on a fait, sur différentes mélodies, des chansons sur le compte d'Olympe [1]. Elle n'y est guère bien traitée. Si vous aviez été ici, vous eussiez pu y trouver place, car tous ses amants y sont cités par leur nom.

A LA DUCHESSE DE HANOVRE.

Saint-Germain, le 19 février 1682.

Je ne saurais confier à la plume la cause de mon chagrin, car je sais à n'en pas douter que l'on ouvre et lit les lettres ; la poste nous fait l'honneur, à vous et à moi, de refermer bien subtilement nos lettres, mais à cette bonne Mme la Dauphine on les lui envoie souvent dans un singulier état et déchirées par en haut...

---

1. Olympe de Brouilly de Piennes, depuis duchesse d'Aumont. Voir *Recueil de Maurepas*, t. II, p. 13.

Versailles, le 10 juillet 1682.

Quant à Caroline[1], je ne crois pas son mariage si sûr que cela, à en juger du moins par ce que j'ai pu en apprendre par le vieux duc de *Chomberg* [2]... Notre roi me disait l'autre jour qu'il était fort content de mon frère maintenant. Fasse Dieu que cela lui porte avantage, car si son pays devait de nouveau être le théâtre de la guerre, comme il y a quelques années de cela, ce serait encore pis.

A MONSIEUR LE RAUGRAF.

Versailles, le 21 juillet 1682.

Bien-aimé Charles-Louis, je vous écris dès maintenant quoique je sois chagrine et méchante comme une punaise : je n'ai que trop de motifs pour l'être, car les gens que vous connaissez me malmènent mille fois plus qu'au temps où vous étiez ici...

Versailles, le 25 août 1682.

Mes ennemis ont persuadé à Monsieur de chasser la pauvre Théobon d'auprès de moi, comme il fit de la maréchale de Clérembault il y a quelques années.

Vous savez combien de telles choses me causent de peine et cet affront m'a été fait dans des conditions encore plus graves que le premier...

---

1. L'aînée des demi-sœurs de Madame.
2. Schomberg.

A LA DUCHESSE DE HANOVRE.

Versailles, le 12 septembre 1682.

... Malheureusement la bande du chevalier réussit dans ses complots... et quoique le chevalier ait débauché le fils du grand homme et dit pis que pendre de la fille, il ne lui en advient aucun mal et il est mieux traité que d'autres qui vont droit leur chemin.

... Ce dont dans cette dernière affaire j'ai été surtout peinée, c'est qu'on a attaqué mon honneur et ma réputation. J'aime bien Mlle de Théobon et cela m'eût bien affligée qu'on me l'enlève... mais je ne m'en serais pas plus chagrinée que quand on a enlevé la maréchale de Clérembault et Beauvais... Mais, afin que ce dernier coup fût plus sensible, ils y ont ajouté les agréments que voici : trois mois à l'avance ils ont répandu le bruit que j'avais une galanterie et que la Théobon portait mes lettres. Après cela, ils ont fait en sorte que Monsieur tout d'un coup la renvoie en lui enjoignant de n'avoir plus de sa vie aucun commerce avec moi. Ensuite le chevalier de Beuvron est chassé, par crainte uniquement de me voir lui parler et le charger de commissions pour la Théobon. Je vous laisse à juger ce que le monde entier doit penser de cela et si ce n'est pas pénible pour moi de me savoir innocente et de subir un tel affront sans qu'on daigne m'entendre pour savoir si je puis ou non me justifier, quoique je l'aie demandé en suppliant et les larmes aux yeux...

...Pour ce qui est de Mme la Dauphine, j'en suis on ne peut plus contente, elle est très bonne et me montre toute l'amitié possible, où et quand elle peut ; la bonne princesse a pleuré avec moi de si bon cœur que je l'ai prise en grande affection...

La semaine dernière, j'ai fait visite à ma tante Louise[1], je ne pouvais plus m'arracher de Maubuisson.

Saint-Cloud, le 19 septembre 1682.

...Afin que vous compreniez mieux cette histoire, il faut que je vous dise que, quand je vais à la chasse avec le roi, je marche immédiatement après le capitaine des gardes ; je suis donc constamment entourée de tous les officiers qui me rendent tous les services possibles. Je n'ai pas d'autres relations avec eux, mais vous savez comme je suis quand une fois je connais quelqu'un. Je lui parle librement comme j'ai accoutumé de faire toute ma vie. Or le malheur voulut qu'un soir de carnaval tout le monde était masqué, moi seule exceptée qui ne pouvais ni ne voulais être de la fête parce que je portais encore le deuil de S. G. le feu prince électeur. Le lendemain, comme d'ordinaire, j'étais assise au jeu de la reine ; autour de la table se tenaient, comme tous soirs, les courtisans, quand s'éleva une contestation à propos du jeu. Droit derrière moi se tenait un officier des gardes du corps que l'on appelle le chevalier de

---

1. Louise-Hollandine, sœur de la duchesse Sophie de Hanovre, convertie au catholicisme en 1659, abbesse de Maubuisson en 1664, meurt en 1709.

Simsen[1]. Je me tournai vers lui qui est grand joueur et lui demandai comment il jugeait le cas. En ce moment, Mme de *Grancay*[2] vient à moi et me demande de si je connais l'homme auquel je parle. « Comment ne le connaîtrais-je pas, lui répondis-je ; je le vois journellement qui chevauche à côté de moi à la chasse, comme tous ses camarades ; il est comme les autres assez poli pour aller me chercher mes chevaux. — Il est donc de vos amis? dit-elle. — Pourquoi me demandez-vous cela ? répliquai-je. — C'est parce que je voudrais bien savoir une chose, me répondit-elle. — Laquelle? dis-je. — Je voudrais savoir, répliqua-t-elle, pourquoi il m'a fait un affront hier au bal : il m'a trouvée si vieille qu'à toute force il voulait que je ne dansasse plus. Il a dû faire cela pour obliger quelqu'un. » Je lui répondis que n'ayant pas été au bal, je ne pouvais savoir ce qui s'y était passé, mais que si elle le désirait, je le lui demanderais. — Cela n'est pas nécessaire, me répondit-elle. » Je n'y pensais pas davantage, estimant que la chose n'en valait pas la peine. Quelques mois après, l'on me demande si je savais quels bruits couraient dans Paris. « Non, dis-je. — C'est que, me répondit-on, Mme de Grancey se plaint que vous lui ayez fait faire un affront par le chevalier de Sinsanct qui l'a fait parce qu'il avait grande envie de vous plaire. » Je ne fis qu'en rire...

...Quelques mois après, l'on vint me dire qu'on parlait toujours encore de cet homme et de moi ; je

---

1. Saint-Saens ou Sainsant.
2. Grancey.

pensai que c'était des folies... L'an dernier, à notre retour d'Allemagne, le roi me dit qu'il savait de source certaine que mes ennemis avaient ourdi contre moi un méchant complot et qu'ils voulaient faire croire à Monsieur que j'avais une galanterie. « Votre Majesté, répondis-je, sait bien que cela n'est pas vrai. Si vous vouliez être bon pour moi, vous n'auriez qu'à mander devant vous les gens que vous savez être dans l'intention de produire sur mon compte de telles allégations et à leur dire que vous prenez très mal qu'on me persécute de cette façon et que, s'ils osaient entreprendre de me brouiller avec Monsieur, vous prendriez ma cause en main. » Le roi me répondit : « Si je fais comme vous dites, je ne pourrai jamais vous servir auprès de mon frère. Ces gens ont décidé d'envoyer des leurs à Monsieur aujourd'hui, demain ou après-demain ; la Gourdon portera la parole, ils l'ont gagnée totalement à cet effet ; si donc je les faisais chercher, comme vous dites, ils ne manqueraient pas de le dire à mon frère et n'en tairaient pas plus leurs mensonges pour cela et pour ce motif mon frère me reprocherait après coup de m'être entendu avec vous contre lui. — Si cela était, lui dis-je, qu'en réalité j'aie une galanterie, Monsieur pourrait se plaindre de Votre Majesté, comme vous dites, mais puisque tout cela n'est que mensonge et invention, Votre Majesté ne ferait que rendre service à Monsieur en le tirant de cet embarras. » Le roi répondit : « Plus je réfléchis à la chose et moins je vois qu'il soit nécessaire que j'en parle, car mon frère vous connaît bien, et depuis dix ans tout le monde voit assez qu'il n'y a pas une personne qui fût moins coquette que vous ; c'est pourquoi vos ennemis auront beau dire tout ce qu'il leur plaira, cela ne produira pas grand effet. » Le roi se tut à ces mots, mais la chose me tenait fort à cœur, car je ne connais que trop le pouvoir que ces gens exercent sur l'esprit de Monsieur. Pendant trois ou quatre jours, je fus toute mélancolique... et je résolus de dire à Monsieur, s'il me tourmentait encore pour savoir la cause de ma tristesse, toutes ces choses crûment, sauf que je les tenais du roi, car celui-ci m'avait absolument défendu de le nommer. Quelques jour après, Monsieur, me demanda de nouveau pourquoi j'étais si mélancolique ; je finis par tout lui dire, à savoir qu'on m'avait avertie que mes ennemis, qui étaient auprès de lui, voulaient lui envoyer la Gourdon pour tout lui dire... Il fit l'étonné et dit qu'il était impossible que quelqu'un eût ce projet et qu'on ne m'avait donné cet avis que pour rendre auprès de moi de mauvais offices à ses amis : que si je n'avais pas d'autre raison de me tourmenter je pourrais être tranquille, vu qu'il ne croyait pas que jamais je puisse être coquette... Je crus que ce qu'il me disait partait du cœur...

Un mois après, quelqu'un de mes amis me dit que mes ennemis étaient enragés et hors d'eux, qu'ils avaient tenu un conseil et que M. d'Effiat avait décidé que du moment que je ne parlais plus au chevalier de Sinsanct il faudrait répandre le bruit que j'avais un commerce secret avec lui et que la Théobon portait mes lettres... Mais pour que l'affaire prît mieux, ni le chevalier de

Lorraine, ni d'Effiat, ni Mme de Grancey ne diraient rien à Monsieur sur le compte de Madame, mais qu'on lui ferait savoir tout cela sous forme de nouvelles venues de Paris, de la troisième et de la quatrième main. J'étais fort embarrassée quand j'appris cela, car, pensé-je, si je le dis à Monsieur, ils le sauront bien vite, il ne sait pas se taire..., Pour mon malheur ; je ne lui en parlai pas. Quelques mois se passèrent, Monsieur ne disait rien, ne faisait semblant de rien jusqu'à ce que le roi vint à Saint-Cloud ; alors il se montra très froid. Je m'imaginai, durant un certain temps, que cela venait de ce qu'il était occupé avec les personnes étrangères que nous avions chez nous, mais enfin quelqu'un vint encore me dire qu'on ne saurait imaginer quels bruits affreux mes ennemis répandaient sur mon compte ; qu'ils ne se contentaient pas de parler de l'ancienne affaire, mais qu'ils disaient aussi que je courrais après l'amiral. Je contai cela au roi qui n'en fit que rire. « Mais c'est peut-être là, lui dis-je, la cause de la froideur de Monsieur ! » Sur le moment, le roi ne répondit rien, mais quelques jours après, à la chasse, il me dit que j'avais bien raison d'être inquiète, vu que Monsieur était très irrité contre moi et contre la Théobon et qu'il l'avait prié de me faire un affront à la chasse. Ceci, il le lui avait refusé tout net en lui disant qu'il avait tort, car il mettrait lui-même sa main au feu, que je n'avais rien fait qui pût lui déplaire. Je vous laisse à penser si cette nouvelle m'alla au cœur ; j'étais si irritée que j'ai craint de m'emporter si je lui parlais. En conséquence je fis chercher Bois-Franc et lui dis que Monsieur était tellement en froideur avec moi que j'en étais tout inquiète, et cela d'autant plus que je savais quels bruits on répandait sur mon compte; « on dit partout, ajoutai-je, et cela était vrai en effet, qu'il veut chasser la Théobon parce que nous avons toutes deux un commerce coupable ; je le prie de considérer que la honte de cet éclat rejaillira sur lui tout autant que sur moi et s'il veut à toute force avoir un éclat je le prie de me confronter avec mes accusateurs ; s'ils prouvent que je suis coupable de ce dont ils m'accusent, ce ne sera pas me punir assez que de chasser la Théobon, il faudra me casser aux gages aussi et m'enfermer dans un couvent... » Monsieur me fit répondre qu'il ne savait pas pourquoi, on répandait le bruit qu'il voulait chasser Théobon, qu'il n'y pensait pas et ne savait ce que je voulais dire et qu'il ne demandait aucun éclaircissement. Je racontai cela au roi et le priai de me conseiller sur ce qu'il y aurait à faire ultérieurement, ou au moins de permettre que je rapporte à Monsieur ce qu'il m'avait dit, lui, au sujet de l'affront, afin qu'il ne puisse plus se défendre d'un éclaircissement. Le roi me répondit qu'il me priait instamment de ne pas parler de lui, vu qu'il avait promis à Monsieur de ne pas me le dire; que si je voulais suivre son conseil je me tranquilliserais, méprisant mes ennemis et leurs bavardages, ce que je pouvais, disait-il, d'autant mieux faire que lui et tous les honnêtes gens de France étaient assurés de ma vertu, qu'ils n'ajouteraient aucune foi à ces folies et n'en feraient que rire, qu'au fond Monsieur ne le croyait pas non plus, mais que je devais savoir comment il est quand ces gens-là, qui sont mes ennemis, l'obsèdent, et qu'il me fallait seulement prendre patience. Quand j'entendis ce discours, je vis bien que d'aucune part je n'avais à espérer de secours; j'en devins si mélancolique que je résolus de terminer mes jours à Maubuisson auprès de ma tante. Quand j'allai la voir, je lui en parlai, mais je ne pus lui persuader que ce fût chez moi une volonté bien arrêtée; elle croyait que je plaisantais. Il s'écoula encore un certain temps, et dans l'intervalle mourut M. de Verneuil. Le roi a donné son gouvernement à son bâtard le duc du Maine. Immédiatemment après survint l'éclat à propos de l'histoire de M. de Vermandois[1]. « Je parie, dis-je alors à Théobon, que vous et moi nous paierons pour le gouvernement et pour tout ce que l'on fera aux gens dont le roi est mécontent à cette heure. » Hélas! ma prophétie ne s'est que trop réalisée : le roi n'ayant pas voulu que le chevalier l'accompagnât à la chasse, où celui-ci n'était venu que pour me braver, Monsieur alla trouver Mme de Maintenon et se lamenta de ce que le roi n'avait ni amitié ni considération pour lui, qu'il traitait mal les gens qu'il aimait, et autres plaintes que Louvois ensuite répéta au roi, car il était mon ennemi et l'ami du chevalier.

Peu après je trouvai le roi tout changé. Quand je lui parlais de mes affaires, il me répondait à peine et m'entretenait d'autre chose. En ce moment survint la

---

1. Fils de Louis XIV et de Mme de La Vallière, mort à seize ans. Le chevalier de Lorraine l'avait débauché.

querelle entre le prince de Conti et le chevalier de Lorraine, querelle dont vous avez sans nul doute entendu parler. Mes ennemis allèrent dire à Monsieur que Théobon et moi nous avions monté le prince contre le chevalier. Dieu m'est témoin, et le prince lui-même, que jamais de ma vie cela ne m'est venu à l'esprit, ni à Théobon non plus ; mais Monsieur a quand même tenu à le croire. Quelques jours après, on répandit le bruit que j'avais envoyé dans une lettre de Théobon mon portrait et 500 pistoles au chevalier de Sainsant. Vous pouvez bien vous figurer que cela est tout aussi vrai que le reste ; mais je ne puis pas comprendre comment l'on peut croire de pareilles choses, vu que jamais sauf au premier de l'an je n'ai une telle somme en ma possession. Mais du moment qu'une chose peut contribuer à me déshonorer, il faut faire semblant de la croire, et sur ce beau bruit-là on chasse brusquement Beuvron et la Théobon en leur enjoignant de ne plus avoir de leur vie de commerce avec moi et en défendant à tous nos domestiques de leur porter aucune de mes lettres. Je vous laisse à penser si j'ai assez de raisons de me chagriner. Je priai le roi de me permettre de finir mes jours à Maubuisson... et de trouver bon que j'en fasse la proposition à Monsieur. Le roi me répondit : « Mon frère est dans des sentimens bien différens, il m'a escrite une lettre par ou il me prie de vous parler et pour vous porter à vous raccomoder avec luy, et je vous advoue que je le souhaiterois de tout mon cœur, par l'amitié que j'ay pour vous tout deux, et je vous assure, que je désirerois fort de pouvoir contribuer a vous donner du respos. Car

je suis faché de vous voir si affligé et j'y prend part. »
— « L'accomodement, dis-je, que M^r demande me surprend autant que sa colere, et je meritte presentement aussi peu cette marque d'amitié que j'ay merité sa haine auparavant, car je fait asteur aussi peu pour le radoucir, que j'ay fait pour le mettre au colere, mais pour vous Monsieur, si V. M. a encore quelque peu de bonté pour moy, et que vous souhaities mon respos il ne tiend qu'a vous de me le donner, laisses moi donc aller a Maubuisson » — « Mais madame, répondit le roi, songes vous bien ce que c'est pour vous que ceste vie la, que vous estes jeune encore que vous pouves avoir bien des années à vivre, et ce parti est bien violent. » — « Autrefois, dis-je, je vous L'advoue, je ne comprenois pas qu'on pust vivre dans vn couvend mais pressentement que je vois qu'il ne sert de rien de vivre inoçament et de son mieux que Les mechant n'ont qu'a inventer pour estre cru, quoiqu'on connoisse et leur noirceur et leur mauvaise vie que malgré tout cela mon honneur n'est pas à couvert, que le promesse ne servent de rien car Monsieur m'avoit promis bien fortement qu'il n'ajoutterois point foy a mes enemis, et il avoit pour fondement dix années que j'ay vecu sans reproche aucune de plus monsieur puisque je me vois sans secour sans mesme qu'il me soit permis de me justifier, il est à ce qu'il me semble de ma prudence de prendre vn parti de mon bon gré qu'vn jour on me fera prendre de force car je voy que mes ennemis n'ossant me faire Le mesme tour qu'a celle qui fust devant parceque j'en ay malheureusement trop dit que j'en savais Les circon-

stance, il faut qu'ils fassent leur possible pour me perdre dans L'esprit de monsieur et dans le vostre ils sont déjà venu a bout de l'un et que say-je si bien tost ils ne vous persuaderont pas aussi. » Le roi m'interrompit en disant : « Non non madame je suis très persuadé de vostre vertu, et je vous conois sur ce chapitre personne ne vous pourra nuire, soyez en repos de ce coste la, et vous voyez bien que mon frère ne les croit pas tant aussi car il veust se raccomoder avec vous. » Je dis : « Ce monsieur qu'il croit[1] par la contenter le public, mais l'esclat est fait, et moy qui sait ce que ces sortes de choses font dans les païs estranger, je sait ce que j'ay à craindre et si on peust persuader a Monsieur que cela ne lui fait pas tort à sa gloire et à la mienne je ne taste point de cela, et vous advoue que j'ay de la peine a me remontrer au monde ce pourquoy au nom de Dieu permette moy que je m'en aille ou je vous ai ditte car aussi bien ne puis-je plus vivre entourée de mes plus cruels ennemis, et les voir triompher avec tant de joye de mes doulleurs et des peines qu'ils me caussent : non ne craignez pas que je quitte le monde avec regret, j'ai regret de n'avoir plus l'honneur de vous suivre mais hors cela je ne regrette rien en toute la France, et au moins quand je seres la, monsieur vera que je ne le quitte pas, pour me divertir ailleur ; ce qui luy doit encore bien persuader mon innocence, ce pourquoy encore vn coup je vous demande pour dernier grace de me laisser aller, et de trouver bon que j'en aille

---

1. C'est, Monsieur, qu'il croit, etc.

parler de ce pas a monsieur, et si v. m. me veust fair quelque grace de plus, je vous supplie n'abandonnes pas la pauvre Theobon qui est inocente aussi bien que moy et qui est malheureuse pour l'amour de moy ». A cela le roi répondit : « Tout ce que je pourray faire sans facher mon frère pour soulager vostre Doulleur je le feray ainsi je vous promets d'avoir soin de Theobon, mais pour ce qui est de votre résolution, je n'y puis consentir et vous deffend d'en parler à mon frere si cette pensée ne vous passe nous en reparlerons vn aultres fois. »

Là dessus le roi me congédia, mais quand je le revis dans sa calèche : « He bien madame, me dit-il, dans quel sentiment este vous pressentement, mon frere m'a parles tout aujourd'huy et je le vois tousjours souhaitant extremement de ce raccomoder avec vous et de faire dorénavant ce qui vous pourra plaire, et pour moy je vous advoue que je serois ravis de faire vn bon et véritable accomodement entre vous deux. » Je répondis : « Monsieur vous aves trop de bonté, mais à quoy sont bon tout ces façon de monsieur Il ne m'aime pas, il ne m'a jamais seu aimer, quand j'avais même la plus forte attache pour luy comment m'arriverait il pressentement que je sais que ces sentiments sont bien contraire a L'amitié et qu'il me le vient de montrer par un si rude tesmoignage ainsi au nom de Dieu monsieur permettes moy de m'en aller. »

« He bien madame, répliqua le roi puisque je vois que c'est véritablement vostre intention d'aller à Maubisson, ostes cela de vostre teste, car tant que je viveres je n'y consentires point et m'y opposeres haut-

tement et de force, vous estes madame et obligé de tenir ce poste vous este ma belle sœur et l'amitié que j'ay pour vous ne me permet pas de vous laisser aller me quitter pour jamais, vous estes la femme de mon frère ainsi je ne souffriray pas que vous luy fassiez vn tel esclat qui tournerait fort mal pour luy dans le monde, ne songes pas non plus a combattre ces raisons icy. Car en vn mot comme en mille arrive ce qui poura mais je ne vous laisseres point aller en un couvend. »
— Vous estes mon roy, dis-je, et par conséquence mon maistre je ne puis n'y n'osse rien faire que ce a quoy consentes, je ne replique donc point vous voules que je sois malheureuse toute ma vie et que je souffre c'est à moy a m'y resoudre et a vous obeir.
— « Je ne veux pas que vous soyez malheureuse dit-il.
— He le moyen, répondis-je, que je ne la sois pas tant que ces gens mes ennemis seront avec luy. — Mais madame, dit le roi, mon frère s'accomodera avec vous et vous promettera qu'il ne vous feront plus rien. »
— Appres ce qui me vient d'ariver, répondis-je, puis-je me fier un seul moment a la parolle de monsieur et qui me garantira de tout ce qui me peust encore arriver? — « Ce sera moy dit le roy. » — « Le garant est bon, répliquai-je, pour veu qu'il s'en mesle de bonne foy. »

« Je ne veux point vous tromper madame, répondit le roi, en tout le dessmeles que vous poures avoir avec mon frere, si c'est de luy a vous, je seres pour luy, mais aussi si c'est des auttres gens a vous je seres pour vous, et si vous me voullez croire je vous donneres advis comme vn homme qui vous aime. — Monsieur, dis-je, quand vous parlez ce sont des ordres et je feray et dois faire tout ce que vous me commandere ainsi vous n'aves qu'à parler. » Le roi répondit : « Puis donc que je vous vois en train de mescoutter et de voulloir suivre mes advis je vous dirai premièrement que vous n'aves qu'à me dire les gens qui vous deplaissent dans votre maison et je feray en sorte que mon frere vous les ostera, et je donneres le double de pension a Theobon qu'elle n'a pressentement, je crois meme faire en sorte que vous la pouves revoir dans quelques mois d'icy, je me feray garand comme je vous ay deja dit tout vos demeles et je vous raccomodere, vous me feres vos plaintes afin d'empecher l'aigreur, et si vous me voulles croire nous achevrons c'est accomodement a ce soir mesme. Car mon frere en meurt d'envie. Commandes, dis-je, tout comme il vous plaira puisque je n'ose chercher vn repos sur, je me remets de tout a V. M. »

Le même soir, le roi amena Monsieur dans ma chambre et dit : « Madame je vous ai deja tantost dit le sentiment de mon frere et comme il avait envie de se raccomoder avec vous et tacher d'orenavant de bien vivre, je luy ay dit aussi comme je ne vous trouvais auttre descin contraire a cela que celuy d'aller a Maubisson a quoy n'y luy n'y moy consentirons jamais et que vous voullez bien asteur vous ambrasser devant moy et me faire garand des querelles a venir, ou je vous promets que j'agiray de meilleur foy que je n'ay fait entre feu madame et mon frere mais j'avois mes raisons allors, ce n'est pas de mesme pressentement sur tout ce que je vous recommande c'est de ne faire guere d'éclaircissement Car cela ne sert que d'aigrir les esprits, pour ce qui est des sottise qu'on a dite tenes mon frere je suis assez mal pensant, mais j'ay veu cela de pres je metteres tout pressentement ma main au feu que madame en est tout à fait nette et inocente. » Monsieur dit : « Je le croy bien aussi. » — « Ambrassons nous donc tous trois », dit le roi. Ce que nous fîmes, et ainsi fut fait cet accommodement.

Le chevalier de Lorraine, d'Effiat et Mme de Grancey envoyèrent chez moi le lendemain et me firent dire qu'ils étaient au désespoir de n'avoir pas mes bonnes grâces et qu'ils me priaient humblement d'accepter leur soumission, qu'ils s'engageaient à vivre à l'avenir si bien à mon gré que je ne me repentirais pas de leur avoir pardonné! Ils avaient, répondis-je, bien pu, durant des mois, vivre alors que journellement je me plaignais bien haut sur leur compte, qu'à mon tour j'avais besoin d'un peu de temps pour me remettre et reprendre haleine et que, au premier jour je leur ferais savoir ma réponse. Là-dessus j'allai trouver Mme de Maintenon et la priai de dire de ma part au roi que mes ennemis m'avaient fait faire cette proposition, que Monsieur ne m'en avait pas dit un mot et que Sa Majesté étant garante de tout, je croyais ne rien pouvoir faire sans son conseil et son ordre. « Il est fort à craindre, ajoutai-je, qu'on ne veuille de nouveau me tromper comme on l'a fait il y a quatre ans et en outre je sais bien moi-même que j'aurais une peine infinie à me raccommoder avec des gens qui ont attaqué mon honneur. Tout ce que je puis faire pour le respect que je dois à Monsieur, c'est de ne pas exiger une satisfaction et un châtiment publics; c'est pourquoi je prie Sa Majesté de me dire qu'elle réponse je dois faire. » Le soir, le roi nous fit venir, Monsieur et moi, et me donna ses ordres en ces termes : « Premièrement, dit-il, mon frere pour vous montrer que j'agiray sincerement je veux donner la responce a mad. devant vous de ce qu'elle m'a fait demander sur ce que ces messieur la recherchent le chev. et marquis deffiat et mad. grancay je ne juge point apropo qu'elle entre en aucun esclaircissement ny accommodement avec eux qu'elle vive à St-Clou honnestement pour L'amour de vous et si avec le temps ils font bien ce sera auttre chose on vera mais pour le pressent ne vous raccommodes pas madame ; » — « vous seres obéi, lui dis-je, en cela et auttre chose que vous me commanderes ». Le lendemain le roi me dit : « je vous ay dit de vivre honnestement avec vos ennemis, et vous le pouves car la derniere chose qu'ils viennent de faire contre vous leur fait tant de tort dans le monde et les decris si oriblement que vous ne pouries rien aprandre de nouveau au monde en vous plaignant d'eux ainsi mesprisses le et prennes pour vostre consolation que tout le monde aussi bien que moy vous rend justice. »

Voilà tout ce dont je peux me souvenir au sujet de cette affaire... J'ai voulu tout vous raconter en détail parce que j'avais une fois une occasion tout à fait sûre. D'ailleurs Wendt pourra vous dire comment en outre mes ennemis corrompent mes domestiques et les autres pratiques, les manœuvres qu'ils mettent en jeu pour me nuire, si vous daignez l'écouter. Par là vous pourrez toujours davantage vous faire une idée de mon bonheur!

Paris, le 24 novembre 1682.

... Dieu m'est témoin, ainsi que toute la cour et tous mes gens, que malgré toute mon affliction je n'ai pas dit à Monsieur une seule mauvaise parole ; je ne lui ai pas fait le moindre reproche ni dit du mal de lui en son absence. Au contraire, je me suis étudiée tout spécialement à être sur mes gardes et à ne lui rien dire qui pût lui déplaire, et quand il me taquinait par des allusions blessantes, je ne soufflais mot. Comment puis-je, en outre, lui avoir fait un reproche de la mort de sa femme, moi qui plus que personne au monde suis persuadée que le crime a été commis à son insu ?...

Chaalons, le 15 juillet 1683.

... Je n'ai encore aperçu ni M. de Morangis ni les saucisses qu'il m'a rapportées ; je n'en remercie pas moins très humblement Votre Dilection. Elles me viennent à point pour mon déjeuner quand nous recommencerons à chasser à notre retour à Versailles. En attendant, nous apprenons ici une masse de nouvelles étranges. L'on dit que M. de *Monemuth*[1] a conspiré contre son père, le roi d'Angleterre et a voulu le faire assassiner et que le Turc est si près de Vienne

---

1. Le duc de Montmouth, fils naturel de Charles II, se révolta contre son oncle Jacques II.

que l'empereur, de sa chambre, a vu des Tartares incendier des villages. Cela me fait espérer que tous les rois, princes et seigneurs chrétiens vont faire la paix les uns avec les autres pour arrêter le progrès des Turcs et que par conséquent il n'y aura pas d'autre guerre...

POUR MONS. LE RAUGRAFF A HANNOVER.

La Ferté-sous-Joar, le 18 juillet 1683.

Bien-aimé Charles-Louis, il y a quelque quinze jours, je reçus à Bockenheim votre lettre du 30 Mai... Je suis étonnée que vous n'ayez pas encore vu Haxsthausen. Je crains qu'il n'arrive que quand vous vous serez déjà mis en marche avec votre régiment : de cette façon, la lettre que je lui ai donnée pour vous sera de l'histoire ancienne. Mais s'il devait vous trouver encore, vous pouvez entièrement apprendre de lui l'état où je suis. En attendant, je vous remercie bien du souhait que vous faites, à savoir que je sois de meilleure humeur que quand vous m'avez quittée. Aussi ne douté-je point que si cela ne tenait qu'à vous, mon bien-aimé Charles-Louis, je ne fusse plus souvent gaie que je ne le suis en réalité. Mais malheureusement la chose dépend de gens qui ne m'aiment pas autant que vous faites et qui ne sont pas de loin aussi bien intentionnés à mon égard. Mais n'en parlons plus !...

CORRESPONDANCE

A LA DUCHESSE DE HANOVRE.

Saint-Cloud, le 1er août 1683.

Je Suis convaincue que vous aurez été grandement surpris en recevant l'affreuse nouvelle de la mort subite de S. M. notre reine. J'avoue que j'en ai été on ne peut plus peinée, car dans tous mes chagrins la bonne reine m'a témoigné la plus grande amitié du monde ; vous pourrez donc facilement vous figurer combien il m'a été pénible de la voir ainsi sous mes yeux rendre l'âme au bout de quatre jours de maladie. Lundi dans la nuit elle fut prise de la fièvre, et vendredi dernier à trois heures de l'après midi, elle est morte et cela grâce à l'ignorance des médecins qui l'ont fait mourir comme s'ils lui avaient passé l'épée au travers du cœur...

Fontainebleau, le 19 août 1683.

... S. G. l'Électrice ma mère m'a dit elle-même à *Thumfaessel*[1] qu'elle trouvait mon mari changé. Cependant il a été très bien, mais il avait peur qu'Électrice ne se mît à parler de ce qui s'était passé et c'est pour ce motif qu'il était tellement embarrassé. Pour mon bonheur, et à ma prière aussi, à dire vrai, ma mère ne lui a parlé de rien... et maintenant que tout est à peu près tranquille, je crois *qu'il ne faut pas réveiller le chat qui dort...*

---

1. Domfaessel.

... Ça m'a été un gros chagrin de ne pas pouvoir rendre mes devoirs à Votre Dilection en Allemagne, mais je n'ai pas pu vous proposer de nous donner rendez-vous parce que l'on disait journellement ici que mon oncle voulait la guerre contre le roi et qu'il levait des troupes à cet effet ; j'ai donc pensé qu'en un tel moment un rendez-vous viendrait bien mal à propos...

Fontainebleau, le 29 août 1683.

Pour ce qui est de notre roi, je ne sais pas au juste s'il se remariera, mais, pour dire la vérité, je le crois. Je ne suis malheureusement pas en aussi grande faveur qu'on vous l'a écrit : si cela était, j'aurais vite fait de préconiser ma filleule[1] et d'agir en sorte qu'elle pût suivre son goût... vu que la place est de haut rang et de grand éclat... Mais j'avoue franchement que mon seigneur et maître est plus en faveur que moi, comme il y paraît bien par tous les bons traitements que le roi fait journellement au chevalier de Lorraine, à quoi (comme je vous l'ai déjà dit) Monsieur emploie toute sa faveur et son crédit...

Fontainebleau, le 25 septembre 1683.

Depuis quinze jours, je n'ai entendu que les dictons qu'on a faits sur la mort de M. Colbert. Je vais vous dire ceux que je peux me rappeler. Vous aurez sans doute vu un livre imprimé cette année et qui s'appelle

---

1. Sophie-Charlotte, fille de la duchesse Sophie, plus tard reine de Prusse.

« *le Dialogue des morts* ; on y fait discourir ensemble toute sorte de morts tant anciens que modernes. On est parti de là pour inventer ce qui suit : Le diable fait arrêter la reine en chemin pour avoir des nouvelles de France et la reine répond : « helas je ne say point de nouvelles de l'estat et je n'en ay jamais sceu. » Sur ce, accourt un autre diable, tout haletant qui crie : « Laissez aller la reine, j'amène quelqu'un qui pourra rendre compte de tout. » Et disant cela il fait entrer M. Colbert en enfer. J'ai voulu savoir quelles belles nouvelles on met dans la bouche de M. Colbert, mais personne n'a pu me le dire. Toute la populace était tellement déchaînée contre lui, qu'elle a voulu metter en lambeaux ce pauvre cadavre et qu'il a fallu faire occuper par les gardes à pied du roi le chemin qui de la maison de M. Colbert mène à l'église où on l'a enterré. Mais on n'a pas pu empêcher qu'on n'affichât cent pasquins tant en vers qu'en prose sur les murs de la chapelle où est sa sépulture...

... Un porteur d'eau à Paris vint à une fontaine, ayant à son chapeau un long crêpe noir. Les camarades lui demandent : « de qui porte-tu ce grand deuille », « hélas, répondit-il, vous le devries tout porter aussi bien que moy, car Mons. Colbert est mort », « he bien dirent les autres, pourquoy et ce que nous porterions le deuill pour luy ? » « Parce que, répondit-il, nous luy devons tout de la reconnaissance de n'avoir point mis des impos sur l'eau que nous portons. »

D'autres ont parlé par figures et rébus. Vous savez sans doute que les armes du défunt étaient une couleuvre, celles du chancelier sont trois lézards ; vous savez aussi que le successeur de Colbert s'appelle Péletier, ce qui fait dire : « Le Lézard a avalés la couleuvre et a envoyé sa peau a refaire au pelétier »...

Versailles, le 6 juillet 1684.

... Ce matin je reçus de Paris une nouvelle qui m'a affligée profondément : la bonne princesse palatine est morte ce matin à quatre heures. Depuis trois mois elle n'avait plus voulu voir ni ses filles, ni Monsieur, ni moi... Elle est morte fort chrétiennement ; depuis un temps, elles était d'une telle dévotion qu'elle a vendu tout ce qu'elle avait pour payer ses dettes et donner le restant aux pauvres...

Versailles, le 3 septembre 1684.

... Nous devions avoir une grande fête à Marly, dans laquelle le roi voulait faire des cadeaux à toutes les dames ; mais la chose a été ébruitée trop tôt : toutes les dames de qualité ont voulu être de la fête ; c'est pourquoi vers l'époque où nous devions aller à Marly, il en est arrivé une telle foule qu'on ne pouvait plus se retourner. Beaucoup d'entre elles ont été trouver les marchands chez lesquels les étoffes avaient été achetées, pour apprendre combien on en avait pris et ce qu'elles avaient coûté. Quand le roi apprit cela, il en a été contrarié et a dit qu'on allait s'imaginer que ses présents seraient d'une magnificence indescriptible et que tout ce qu'il donnerait ne serait rien en comparaison. La partie fut donc rompue. Le roi garda les pierres précieuses et nous fit jouer les brocarts, les rubans et les éventails...

Versailles, le 11 mai 1685.

... Quant à nos princes de Conti, l'on ne sait pas encore s'ils n'iront pas en Dalmatie. Je regrette qu'ils n'aient pas été à votre cour. Ils auraient au moins vu que nos princes et ducs régnants d'Allemagne ne sont pas si chiches que cela et que les princes d'ici n'ont pas tant raison de se croire si au-dessus d'eux...
L'on devient si scrupuleux ici que l'autre jour le roi a envoyé son confesseur vers le mien et m'a fait horriblement laver la tête sur trois points : Premièrement, de ce que j'étais trop libre en paroles et avais dit à M. le Dauphin que, je le verrais nu des pieds à la tête, ni lui ni qui que ce soit ne m'induirait en tentation ; secondement, de ce que je permettais que mes demoiselles eûssent des *galands* et troisièmement de ce que j'avais ri avec la princesse de Conti au sujet de ses *galands*. Ces trois choses, ajoutait-on, avaient tellement déplu au roi que s'il n'avait pas considéré que j'étais sa belle-sœur, il m'aurait renvoyée de la cour... Je dois avouer que j'en veux très fort au roi de me traiter comme une femme de chambre. Cela serait bon pour sa Maintenon ; elle est née pour cela, mais non pas moi... Si on m'avait exilée de la cour, je me serais sauvée, je crois, et serais venue auprès de vous...

Saint-Cloud, le 1ᵉʳ juin 1685.

Quelque grands que soient ma douleur et mon affliction au sujet de la mort de mon pauvre frère, je ne tarderai pas davantage d'annoncer cet affreux malheur à Votre Dilection...

Fontainebleau, le 1ᵉʳ novembre 1685.

... Pour ce qui est de votre opinion et de celle de l'oncle à propos du testament de mon frère, je vous dirai entre nous, que je n'apprends ici que fort peu de ce que l'on fait concernant cette affaire ; mais j'ai su par Breton que l'abbé de Morel est tout à fait dans l'intention de le faire annuler et d'invoquer le testament de feu mon père. La copie que Charles-Louis m'en avait envoyée, on l'a traduite en français et expédiée à l'abbé. Celui-ci demande l'original et cherche à se le procurer, à ce que me dit Breton...

Je crois que le roi me tient encore pour huguenote : il a mis mes intérêts entre les mains du pape sans m'en souffler mot ; si Monsieur ne me l'avait pas raconté par hasard quand la chose était déjà faite, je n'en saurais rien encore. Il faut que je me taise là-dessus pour ne pas aggraver encore le mal. Le roi change si horriblement en toute chose que je ne le reconnais plus ; je vois bien d'où cela vient, mais il n'y a rien à y faire. Il me faut prendre patience et, afin que ceux qui me veulent du mal ne se réjouissent pas trop en me voyant si triste, je ne fais semblant de rien et me montre très gaie. Mais au fond je n'en souffre pas moins d'être traitée de la sorte. Tout ce que je vous dis là n'est que pour vous seule, tout au plus pour l'oncle, mais pour personne autre. Pourtant si à la poste on devait être assez curieux pour ouvrir et lire cette lettre, ils y verront mon opinion et moi je serais dispensée de la leur dire avec le temps; c'est pourquoi je l'écris crument et sans ambages.

Paris, le 26 janvier 1686.

... Quant à ce que vous me mandez au sujet de vos lettres qui sont encore à Heidelberg, je n'ai pas cru pouvoir vous y répondre sans en avoir touché un mot à Monsieur. Car si je vous avais écrit là-dessus un seul mot qui eût été mis à exécution et qu'après on ait appris ici que la chose venait de moi, il m'en aurait cuit. J'en ai donc parlé à Monsieur, lequel m'a répondu que s'il n'y avait dans le caveau rien d'autre que mes lettres il ne ferait aucune difficulté et m'autoriserait à vous écrire que vous pouvez vous les faire remettre. Mais l'abbé de Morel lui ayant dit qu'il y avait beaucoup d'autres choses encore dans le caveau, il lui demanderait son avis avant de prendre une décision. Je dois vous mander cela avec beaucoup de compliments de sa part...

Saint-Cloud, le 5 mai 1686.

... Je plains de tout cœur les enfants de la Raugrave[1] et je souhaiterais de toute mon âme de pouvoir leur

---

1. Les demi-frères et sœurs de Madame.

venir en aide, mais je ne sais comment m'y prendre. Je n'entends absolument rien aux affaires. Si ce qui concerne la succession ne dépendait que de moi seule, oh! je trouverais bien les voies et moyens! Mais on me dit que je n'y peux à près rien et que Monsieur, en sa qualité de maître de la communauté, est seul le maître d'en faire ce qu'il lui plaît, ce qui pour moi est une bien sotte chose...

Saint-Cloud, le 12 mai 1686.

... Mme de *Vissé* [1], qui était la favorite de la reine, m'a raconté après sa mort qu'elle n'avait jamais vu cette princesse contente que sept jours avant qu'elle ne mourût. A ce moment elle lui dit en confidence que de sa vie elle ne s'était trouvée en cet état-ci, car maintenant elle avait un contentement parfait et ne désirait plus rien au monde. Mme de Vizé, qui n'était pas habituée à entendre de semblables discours, s'effraya tout d'abord, s'imaginant que tout d'un coup elle se défiait d'elle et voulait dissimuler, mais comme elle était intelligente et connaissait la reine depuis son enfance, cette femme la retourna en tous sens pour voir ce qu'il y avait là-dessous ; mais elle vit bien qu'elle l'avait dit comme elle le pensait et qu'elle vivait dans une félicité parfaite. Malheureusement cela ne dura que quatre jours et le septième elle mourut..

Saint-Cloud, le 18 mai 1686.

... Je ne sais où *Brusseau* prend qu'il y a de si magnifiques meubles à Heidelberg. Hormis la tapis-

---

1. De Vizé.

serie de Jules César et celle de la Fête de Bacchus, le reste est garni de haillons, comme vous dites...

Le prince Charles[1], me fait toujours encore l'honneur de venir très souvent ici : Monsieur lui a offert un logement au château, mais il préfère aller et venir ; à vrai dire cela est plus divertissant pour lui, car le prince n'est pas grand joueur, et la principale occupation dans cette maison-ci est de jouer aux cartes ; moi seule qui ne joue pas non plus, je fais exception. Je me tiens dans mon cabinet où je suis bien tranquille. Jusqu'à l'heure où l'on se promène à pied ou en voiture, je lis ou j'écris, quelquefois je regarde des gravures ou je range mes armoires et quoique je sois seule toute la journée, je ne m'ennuie pas et j'ai au moins la consolation, quand je ne suis pas en société, d'être sûre qu'on n'interprète pas en mal mes paroles et de ne pas voir des espions qui vous regardent sous le nez pour savoir ce que vous pensez, comme c'est la mode à cette heure.

Versailles, le 4 juin 1686.

M. Ferdinand de Degenfeld m'a écrit aussi... mais il faut qu'il prenne patience jusqu'à ce que M. de Moras ait tout mis en ordre. Celui-ci ne paiera certes rien avant qu'il n'ait touché de l'argent et examiné les créances ; et pour dire entre nous la vérité vraie, je vois que Monsieur n'est nullement disposé à donner de l'argent pour hâter le règlement de la succession, car quelque air de grandeur qu'on se donne ici, on y

---

1. Fils de la duchesse Sophie.

est aussi mesquin en fait d'argent comptant qu'en aucun autre lieu du monde et cela parfois à un tel point que c'en est honteux...

Versailles, le 11 juin 1686

... La princesse de Conti n'a rien à voir du tout au nouveau couvent de Saint-*Sire*[1]. Le roi et Mme de Maintenon seuls ordonnent tout et j'ai entendu le roi lui-même dire que les demoiselles y seront si bien élevées qu'il souhaiterait que ses filles eussent reçu une telle éducation. Le couvent qu'on leur a bâti est fort grand et beau. .

Saint-Cloud, le 26 juin 1686.

... Il y a un vieux proverbe allemand de la vérité duquel je me convaincs à cette heure et qui dit que là où le diable ne peut atteindre il envoie une vieille femme. Nous tous les membres de la famille royale nous nous en apercevons bien, mais je n'en dis pas davantage...

De même que l'Arioste a peint deux Roland, l'un furieux et l'autre amoureux, de même le *Mercure galland* devrait à bon droit décrire maintenant les amours du prince Philippe[2] avec Mme de *Porsmuth,* après l'avoir fait triompher à lui tout seul de tous les Turcs de la Morée et lui avoir attribué d'autres actions héroïques du même genre. La susdite dame est revenue de Bretagne en poste il y a quelques jours. Jadis les cavaliers couraient la poste pour

---

1. Saint-Cyr.
2. Le prince Philippe de Savoie, dit le chevalier de Savoie.

voir les dames, maintenant les dames courent la poste en l'honneur des cavaliers. Voilà qui fera bien dans le *Mercure galant*...

Saint-Cloud, le 4 juillet 1686.

... Mon fils est un peu mieux fait que sa sœur, il ne manque pas d'intelligence ; cependant il n'est pas aussi vif qu'elle, mais bien plus raisonnable. Il aime à singer les grandes personnes, de sorte que la cérémonie de l'ordre a bien fait son affaire...

En fait de cérémonies, il ne me ressemble pas du tout, néanmoins il affirme qu'il ne les aime pas autant que Monsieur, car lorsque dernièrement on lui demandait s'il aimait les cérémonies et la parure, il répondit : « Je ne les hais pas tant que Madame, mais aussi je ne les aime pas tout à fait tant que Monsieur. »

Versailles, le 4 août 1686.

... Vous avez bien raison de dire que le grand homme n'est pas de l'avis de Gibson, car il est certain qu'il ne veut plus du tout entendre de raillerie et qu'il est devenu si sérieux que vraiment on en devient tout inquiet. On a fait depuis peu des devises sur la personne[1]... A les en croire, elle est digne de toute estime. On prétend que l'auteur a obtenu une pension...

---

1. Mme de Maintenon.

Versailles, le 11 aout 1683.

... Le prince Charles m'a fait ses adieux hier soir et je dois avouer que je n'ai pu voir partir sans larmes le bon prince, car je l'aime cordialement et je me flatte que lui non plus ne me déteste pas... Je vous envoie par la même occasion quelques gravures à feuilleter. Le prince a voulu les payer, mais j'espère que vous me permettrez de vous faire ce cadeau; je peux le faire sans me ruiner, ce ne sera pas compté dans la communauté, comme tout ce qui touche mon héritage; je peux vous les envoyer sans avoir besoin de la procuration de Monsieur, quoiqu'il soit le maître de la communauté...

Notre roi est un peu malade en ce moment et l'on dit qu'il pourrait bien s'en suivre une fièvre quarte. Dieu nous en préserve! Il en deviendrait cent fois plus quinteux qu'il n'est... Il se figure être dévot parce qu'il ne couche plus avec des jeunesses; toute sa dévotion consiste à être morose, à avoir des espions partout, qui font de faux rapports sur tout le monde, à flatter les favoris de son frère, en un mot à tourmenter un chacun. La vieille, la Maintenon, prend plaisir à faire que le roi déteste tous les membres de la famille royale et à les régenter, à l'exception de Monsieur qu'elle flatte auprès du roi; elle fait en sorte que celui-ci vive bien avec son frère et qu'il fasse tout ce qu'il lui demande, ce qui est facile à accorder comme vous verrez plus loin. Mais une fois que Monsieur a le dos tourné, la vieille femme craint qu'on ne se figure qu'elle l'estime ; c'est pourquoi, dès que quelqu'un de la cour lui parle, elle en dit pis que pendre, qu'il n'est bon à rien, que c'est l'homme le plus débauché du monde, sans secret, faux et perfide...

La Dauphine est malheureuse et, quoiqu'elle fasse de son mieux pour plaire au roi, on la maltraite journellement à l'instigation de la vieille ; ils lui font passer sa vie à s'ennuyer et à être grosse. Son Monsieur le Dauphin ne se soucie de rien au monde, il cherche son divertissement et son plaisir où il peut et se débauche horriblement. Monsieur n'est pas moins débauché : il ne s'applique qu'à une chose, qui est de me rendre de mauvais offices auprès du roi et de me mépriser partout, de recommander ses favoris et d'obtenir pour eux du roi de bons traitements et d'autres faveurs. Quant à obtenir quelque chose pour ses enfants, il n'en a cure. Pour ma part, je suis obligée de vivre comme sur la défensive .. La vieille femme a plus de dix fois déjà essayé de monter la Dauphine contre moi, lui disant qu'il fallait absolument rompre avec moi si elle voulait qu'elle la mît bien avec le roi ; mais quand Mme la Dauphine a voulu savoir ce qu'elle avait à me reprocher, elle n'a su que lui répondre.

Quant à Mlle (Mme) la grande-duchesse (de Toscane) et Mme de *Guisses* [1] on ne leur donne ni de bonnes paroles ni de mauvaises ; on ne les compte pour rien, ce dont je les estime heureuses : je changerais bien avec elles. M. le duc est « ventre à terre »

---

[1]. Guise. Filles de Monsieur, frère de Louis XIII (du deuxième lit).

devant tout ce qui s'appelle faveur, et par-dessus le marché les autres en rient. Pour ce qui est de la princesse de Conti et de Mme de Bourbon, Mme de Maintenon s'en joue comme si elle les tenait dans les plateaux d'une balance : tantôt elle élève l'une et abaisse l'autre, tantôt elle met celle-ci en faveur et chasse celle-là. En ce moment, c'est Mme de Bourbon qui est en faveur et la princesse de Conti en disgrâce ; mais sous peu nous verrons un changement. Voici le motif de la disgrâce de cette dernière : les espions ont rapporté au roi qu'elle s'est moquée de la Maintenon avec sa cousine la duchesse de *Choisseuil*. Mme la duchesse est logée à la même enseigne que nous autres : son mari est un tyran pour elle...

... Tous les ministres flattent cette femme[1], et cherchent par mille bassesses à se mettre bien avec elle. Tout ce qu'il y a d'honnêtes gens, d'un âge raisonnable sont mécontents et pourtant n'y peuvent rien changer. Tous les jeunes gens sont affreusement débauchés et adonnés à tous les vices ; ils ne se privent pas de mentir et de tromper ; ils s'imaginent que c'est une honte que de se piquer d'être gens d'honneur...

Saint-Cloud, le 9 septembre 1686.

... Je ne verrai pas un denier de tout l'argent que M. de Moras envoie ici, car, comme je vous l'ai déjà écrit, le maître de la communauté fait ce qu'il veut ; et comme il aime l'argent et qu'il a autour de lui bien

---

1. Mme de Maintenon.

des gens qui lui sont encore plus chers et qui le tourmentent pour qu'il leur en donne, j'aurai l'agrément de n'avoir perdu tous mes hauts et chers parents que pour enrichir des gens qui m'ont fait tout le mal possible et qui sont mes pires ennemis...

... M. *Lesvesque du Mans*[1] n'est pas exilé, il n'a pas eu davantage des démêlés avec le père La Chaise. Je ne crois pas non plus que l'archevêque de Reims soit exilé.. Il est vrai qu'il y a bien du temps qu'il est retourné dans son diocèse, mais c'était à cause de l'aventure désagréable qu'il a eue avec sa nièce la marquise de Créqui. Il l'avait chez lui et cela a fait un tel scandale qu'il a dû partir.

Saint-Cloud, le 10 octobre 1686.

... La reine d'Espagne a toute l'affection de son roi et elle ne mènerait certes pas une vie malheureuse si l'ambassadeur de l'empereur, le comte de Mansfeld, ne lui avait pas voué une telle haine et ne cherchait à lui causer toute sorte de malheurs.

Versailles, le 31 décembre 1686.

... Quant à la chose triste que j'ai entendue, c'est une lettre de M. le prince qu'il a écrite au roi hier matin peu avant sa mort (car il est décédé hier à huit heures du soir). Le pauvre prince est mort aussi bravement qu'il a vécu ; il a parlé jusqu'à son dernier moment et il a expiré avec une telle fermeté

1. L'évêque du Mans.

qu'il n'est pas possible de s'en faire une idée. Il a dit adieu à tous les siens sans verser une larme, et voyant leur extrême tristesse il a dit : « En voilà assez pour la dernière fois laisses moy songer à l'autre monde. » Ensuite il s'est entretenu avec son confesseur ; mais quand la douleur est devenue plus violente, il a fait appeler le médecin et lui a demandé si cela durerait encore longtemps. Celui-ci lui ayant dit qu'il ne passerait pas dix heures du soir, M. le prince a répondu résolument : « Bon voilà qui est bien, j'en suis au moins bientost quitte » ; et c'est avec cette résolution et cette fermeté qu'il est mort.

C'est une affreuse perte pour Mme la duchesse, car il était toute sa consolation ; je la plains du fond du cœur. Tout le monde ici est consterné de cette mort. Il faut qu'il règne à Fontainebleau une terrible fatalité sur les princes de sang : l'an dernier, la princesse de Conti fut atteinte de la petite vérole et cela coûta la vie à son mari ; cette année-ci, Mme de Bourbon prend la même maladie, qui cause la mort de M. le prince ; car s'il n'eût tant veillé la femme de son petit-fils et enduré tant de fatigues dans l'état de lassitude et de faiblesse où il se trouvait dès lors, il vivrait peut-être encore...

Saint-Cloud, le 13 mai 1687.

... Vous êtes bien dans l'erreur si vous vous figurez que mes alarmes et la peine que j'ai prise durant la maladie de Monsieur ont pu l'attendrir. Il n'en est nullement ainsi, car à peine était-il remis que j'ai ressenti sa haine... Vous aurez sans doute appris que la *Loube* [1], qui était de mes filles, a pris le voile. La Grancey a été trouver son confesseur et lui a dit d'ordonner à la nonne de raconter que quelques années auparavant elle avait menti sur le compte de la dame... ou au moins qu'elle fasse dire au roi par la princesse d'Harcourt qu'elle ne savait quel mal on pourrait dire sur son compte... Le confesseur parle à Loube, celle-ci charge la princesse d'Harcourt de la commission, laquelle, endoctrinée par son cousin le chevalier de Lorraine, s'en va raconter au roi que Loube lui avait recommandé de dire qu'étant présentement dans un état où elle n'avait d'autre préoccupation que de faire son salut, elle devait avouer qu'elle avait fait grand tort à Mme de Grancey auprès de Sa Majesté vu que tout ce qu'elle avait dit à Fontainebleau concernant cette dame n'était que mensonge. Dès qu'il eut appris cela de la princesse d'Harcourt, le roi le rapporte à Monsieur. Celui-ci, pour faire croire que j'avais machiné la chose contre Mme de Grancey, ajoute que quelqu'un avait obligé Loube à dire cela de la dame, mais que son confesseur lui avait défendu d'indiquer la personne, et sous main on répand le bruit que cette personne, c'est moi. Je ne savais rien de tout cela jusqu'à ce qu'enfin Monsieur lui-même me raconta comme quoi Loube s'était repentie d'avoir accusé Mme de Grancey, montée qu'elle était par d'autres personnes, et, — disait-il avec un air que je ne connais que trop, — on ne peut pas savoir quelles

---

1. Loubes.

sont ces personnes, vu que le confesseur lui a défendu de les nommer, et tout cela en insinuant qu'il me soupçonnait moi. A quoi je répondis en ces termes : « Monsieur si la dévotion de Loube est si grande que de vouloir excuser Mme de Grancey sur la prétendue menterie qu'elle a fait sur son chapitre, je trouve que c'est mal prendre la chose que de la justifier auprès du roy qui n'a jamais (et que trop peu) marquez se soucier de cette affaire, mais si une véritable dévotion la touche c'est à moy qu'elle doit justifier Mme de Grancey, car j'ay esté la seule offencé dans ces suppositions mais Elle n'avait guarde de m'en faire parler, Car comme Loube sait très bien qu'il n'a tenu qu'a moy de retirer la lettre qu'elle avait escritte, Elle ne peust plus me nier la chose, et tant que je n'entendres pas de la bouche de Loube mesme qui luy a donnes cette invention de se chainer contre madame de Grancay je ne suis pas obliger de croire ce que la princesse d'Harcourt dira au roy, qui peut avoir ses raisons de parler comme on veust. » Monsieur répondit: « He bien vous poures aller voir Loube et vous éclaircir avec Elle mais ce que je vous recommande c'est de ne pas faire du bruit de cecy, je n'en veux point et vous vous en repentiries. » — « Monsieur, répliquai-je, pour aller chez Loube je n'ires qu'avec le peire de la chaisse, et vostre confesseur, et devant eux j'examineres l'affaire, mais je ne veres jamais Loube seulle mais avec ces deux témoins le roy et vous ne pouves pas croire que cest que (ce que) je dires soit supposses. » Monsieur tout effrayé me dit : « Au nom de Dieu madame ne

faite pas c'est (cet) esclat. » A quoi je répondis :
« Monsieur vous pouves vous mesme empecher tout
c'est esclat, faittes qu'on ne m'accusse de rien et je
me taires mais comme dans la première affaire vous
allez vous mesme m'accusser de supposition comme
vous fittes en parlant de la princesse le (de) Tarente
(qui me l'escrivit sur le champ) je vous proteste, que
je ne le souffrires pas et que je pousseres l'affaire a
bout, et vous verres sur qui cela tombera mesme dais
demain j'en parleres au roy. »

Ce que je fis dès le lendemain, quand je me trouvai
dans sa calèche avec lui : « Monsieur, lui dis-je,
j'apris hier par monsieur que la princesse d'Harcourt
vous a fait vne commission de la parte de Loube, je
vous demande en grâce d'envoyer vostre confesseur
a Loube pour en savoir la vérité, cela ne fera pas ce
bruit que monsieur craint tant et au moins pourez
vous savoir par la, si c'est moy qui ay pousses Loube
à vous faire vne menterie. »

Là-dessus le roi me fit un grand compliment et
ajouta que cela n'était pas nécessaire et qu'il me
croyait incapable d'une pareille chose. La veille du jour
où je parlai au roi, j'avais appris toute l'histoire par
une de mes filles. Loube, qui avait été sa camarade,
lui avait tout conté et c'est à cause de cela que j'in-
sistais tant pour que le roi et Monsieur envoyassent
leurs confesseurs, car sans nul doute elle eût dit la
vérité. Mais quand Monsieur et la cabale virent que la
chose pourrait prendre une mauvaise tournure, ils ont
tout étouffé. C'est pourquoi moi aussi je me suis tue...

... Vous désirez savoir si cela est vrai que le roi ait

épousé Mme de Maintenon. Vraiment je ne puis vous le dire. Peu de gens en doutent. Quant à moi, tant que la chose se sera pas déclarée, j'aurai peine à le croire. A en juger par ce que sont les unions en ce pays-ci, s'ils étaient mariés, leur amour ne serait pas si fort qu'il l'est à cette heure, à moins que le secret n'y ajoute un ragoût que les autres ne trouvent pas en l'état de mariage public.

Versailles, le 10 juin 1687.

... Ce ne serait pas étonnant du tout que vous portiez déjà des fontanges, car tout le monde en porte depuis les petites filles de sept ans jusqu'aux vieilles de quatre-vingts ans, avec cette différence que les jeunes en portent de toutes les couleurs, tandis que les personnes d'un certain âge n'en mettent que des noires ou d'une autre couleur foncée...

Versailles, le 27 juin 1687.

... Vous vous étonnez que le frère de Mme de *Veaudemont* soit fou à ce point, tandis qu'elle-même est si raisonnable. Il me semble qu'il n'y a rien de plus commun dans la maison de Lorraine que de voir les princesses être raisonnables, et les princes par contre ne pas valoir le diable; car Mme de Lislebonne et ses filles sont des personnes honnêtes et sincères, mais tous les princes de cette maison que je connais sont les gens les plus infâmes que l'on puisse trouver en ce monde, ne se souciant ni de Dieu ni des hommes, et n'ayant d'yeux que pour *un vil interest*. Parce qu'ici on approuve toutes leurs méchancetés, ils se figurent qu'ils peuvent impunément faire tout ce qui leur passe par la tête...

Versailles, le 4 septembre 1687.

... Je me réjouis avec Votre Dilection de la grande gloire que le prince Maximilien[1] a acquise en Italie; l'ambassadeur de Venise m'a conté cela tout au long. Ces pauvres Turcs! ils attrapent partout des terribles horions; l'électeur de Bavière vient aussi de les battre à fond, ce dont Mme la Dauphine exulte. Je n'ai pas pu savoir si nos trois princes ont été de la bataille. M. de Commercy a failli trop en être : il a été grièvement blessé d'un coup de lance. Il n'en a pas moins écrit lui-même à sa mère qu'il comptait être remis dans un mois. Tout le monde ici vient complimenter Mme la Dauphine; tous les étrangers viennent à Versailles dans ce but...

Saint-Cloud, le 2 septembre 1687.

... Il me paraît tout à fait étrange de penser que le prince[2] et notre raugrave[3] se trouvent dans ce pays de Grèce dont on entend parler dans toutes les comedies et dans tous les romans. Je ne sais si un esprit de poésie viendra sur eux, maintenant qu'ils sont si près du Parnasse et de l'Hélicon... Ce qui de toutes les merveilles qu'ils accomplissent me plaît le plus, c'est

1. Fils de la duchesse Sophie de Hanovre.
2. Maximilien.
3. Charles-Louis, demi-frère de Madame.

qu'ils acquièrent tout cet honneur et toute cette gloire et n'en ont pas moins la vie sauve. Vous avez bien raison de dire que là-bas on échappe plus facilement au danger de mort qu'ici aux mains des médecins. Sa Majesté a eu quatre accès de fièvre, mais le quinquina l'a entièrement guérie ; maintenant les deux aînés de Mme la Dauphine, à savoir le duc de Bourgogne et le duc d'Anjou, sont très malades de la fièvre ; ce matin on a fait une saignée aux pauvres petits ; je ne crois pas que ce soit une bonne chose pour d'aussi petits enfants, car l'aîné n'a que cinq ans...

... Je ne crois pas que Charles-Louis trouverait son avantage à épouser une riche veuve française et à changer de religion ; l'on ne se soucie pas le moins du monde ici de voir des étrangers se faire catholiques, pourvu que les sujets du roi se convertissent... Quant à prendre du service en France, je vous dirai que le roi m'a déclaré qu'il ne donnerait plus d'avancement aux étrangers. Je ne crois donc pas que Charles-Louis pourrait faire son chemin ici...

Saint-Cloud, le 18 octobre 1687.

La cour devient si ennuyeuse qu'on n'y tient plus, car le roi s'imagine qu'il est pieux s'il fait en sorte qu'on s'ennuie bien... C'est une misère quand on ne veut plus suivre sa propre raison et qu'on ne se guide que d'après des prêtres intéressés et de vieilles courtisanes ; cela rend la vie bien pénible aux gens honnêtes et sincères... Si vous voyiez comment les choses vont présentement, vous ririez bien, mais aux gens plongés dans cette tyrannie, à la pauvre Dauphine, par exemple, et à moi, la chose, il est vrai, paraît ridicule, mais nullement risible...

Fontainebleau, le 28 octobre 1687.

Ce soir nous avons la comédie italienne. Je ne sais si les filles de la Dauphine seront d'humeur à y rire de bon cœur : il y a quelques jours, il leur est arrivé une aventure qui n'est pas gaie du tout pour elles. Leur gouvernante a trouvé chez elles un livre tout rempli d'ignominies, au point qu'il n'y a pas un seul chapitre qui ne parle des postures les plus horribles qu'on puisse imaginer. Elle s'est rendue auprès de Mme de Maintenon, où se trouvait le roi, et lui a remis le livre en le suppliant de lui permettre de se retirer, vu qu'il lui était impossible de tenir ces filles en bride. Le roi s'est horriblement fâché contre elles ; il a été trouver la Dauphine et lui a montré le livre en disant qu'elle pourrait à l'avenir faire de ces filles ce qu'elle voudrait, qu'il ne s'occuperait plus d'elles... Mme la Dauphine lui répondit qu'elle savait bien qu'une de ses demoiselles prétendait être la maîtresse du Dauphin, et l'autre sa confidente, que la troisième avait résolu de l'espionner, elle, et que les autres tenaient des discours bien impertinents sur son compte. « Mais ajouta-t-elle, je me suis tue, voyant que Sa Majesté et le Dauphin protégeaient ces filles... je n'en veux pas davantage à celle qui prétendait être la maîtresse du Dauphin, car cela n'a pas empêché celui-ci de bien vivre avec moi et de me témoigner de la considération, c'est pourquoi j'aurai pour lui la soumission de ne rien décider en cette affaire sans m'être concertée avec lui. Je lui dirai mon opinion qui est de pardonner pour cette fois-ci à toutes ces filles, afin que la honte n'en rejaillisse pas sur leurs parents, lesquels cependant il faudra prévenir d'avoir à chercher des maris à leurs filles. »

Quand elles seront mariées, le Dauphin ne prendra pas d'autres filles. M. le Dauphin a fort approuvé cette proposition et on s'en est tenu là... A ce que j'entends, les parents de ces demoiselles sont fort mécontents de la gouvernante, mais vu qu'elle est l'une des favorites de la Maintenon, personne n'en laisse rien paraître.

Je suis sûre que les gazettes de Hollande se divertiront bien de cette affaire et en diront de belles sur ce sujet. La gouvernante, qui se nomme Mme *Monchevreuille* [1], touchera à l'avenir une pension du roi et restera à la cour quoiqu'elle ne soit plus gouvernante des filles. C'est M. le Duc qui leur avait donné ce beau livre... les six demoiselles s'appellent Laforce, Biron, Gramont, Séméac (ces deux dernières sont sœurs; elles sont filles du comte de Gramont), Bellefond et *Momorancy*; toutes de bonne maison, comme vous voyez...

Versailles, le 6 décembre 1687.

A Marly, on n'a pas d'appartement, si ce n'est pour dormir et s'habiller ; mais dès que ceci est fait, tout

---

[1]. De Montchevreuil.

est pour le public. Dans l'appartement du roi, il y a la musique ; dans celui du dauphin, on prend les repas, tant à midi que le soir ; là se trouve aussi le billard, qui ne désemplit pas. Dans l'appartement de Monsieur se trouve la blanque, toutes les tables de tric trac et les jeux de cartes ; dans le mien se tenaient les marchands, et c'est là qu'avait lieu la foire...

Versailles, le 13 décembre 1687.

... Ce n'est pas la faute de la reine d'Espagne si elle n'a pas d'enfants, mais bien celle du roi... Bien qu'elle ne soit pas très heureuse, elle l'est incomparablement plus que sa sœur la duchesse de Savoie. Le mari de celle-ci est si bizarre que je crains qu'il ne finisse par la folie...

Versailles, le 20 décembre 1687.

... Je trouve la lettre de La *Citardie* [1] bien gentille. Si nos chastes oreilles ne pouvaient entendre de ces choses-là il nous faudrait quitter la France... Tous les jeunes gens et beaucoup de vieux sont tellement entachés de ce vice, que l'on n'entend plus parler d'autre chose ; on tourne en ridicule toute autre galanterie et il n'y a que les gens du commun qui aiment les femmes...

Versailles, le 26 janvier 1688.

... On porte, il est vrai, des croix de diamants, mais ce n'est pas par dévotion, c'est pour se parer. A la cour personne ne porte des fichus ; mais les coiffures

---

1. La Chétardie.

deviennent plus hautes de jour en jour. Le roi a raconté à table aujourd'hui qu'un homme du nom d'Allart, coiffeur de son métier, a fait en Angleterre aux dames des coiffures tellement élevées qu'elles n'ont pas pu s'asseoir dans leurs chaises à porteur; que là-bas toutes les dames, pour suivre la mode française, ont fait exhausser leurs chaises.

Saint-Cloud, le 14 avril 1688.

... On m'a dit en confidence que le véritable motif pour lequel le roi traite si bien le marquis d'Effiat et le chevalier de Lorraine, c'est qu'ils ont promis d'amener Monsieur à demander humblement au roi de marier les enfants de la Montespan avec les miens, savoir ma fille avec ce boiteux de duc du Maine et mon fils avec Mlle de Blois. La Maintenon dans cette circonstance est tout à fait pour la Montespan, parce qu'elle a élevé les bâtards et qu'elle aime ce gamin boiteux comme si c'était son propre enfant... Et maintenant figurez-vous ce que j'éprouve à la pensée que ma fille seule devrait être si mal pourvue, alors que ses sœurs sont si bien mariées. Et dût le duc du Maine n'être pas le fruit d'un double adultère, dût-il être un prince légitime, encore n'en voudrais-je pas pour mon gendre, ni de sa sœur pour ma bru, car il est horriblement laid et boiteux et il a d'autres défauts encore : il est avare en diable et n'a pas bon cœur...

Le pire est que je n'ose pas m'en expliquer franchement avec Monsieur, car il a la belle habitude, quand je lui dis un seul mot, d'aller le rapporter au roi en l'amplifiant et de me faire de cette façon auprès de lui cent mauvaises affaires...

On dit que d'Effiat a la promesse d'être fait duc et que le chevalier recevra de fortes sommes d'argent... Moi-même peut-être je serai exilée à cette occasion ; Monsieur m'en parle sérieusement...

Je n'ai pas pu savoir si le roi a, oui ou non, épousé la Maintenon. Bien des personnes disent qu'elle est sa femme et que l'archevêque de Paris les a mariés en présence du confesseur du roi et du frère de la Maintenon ; d'autres disent que ce n'est pas vrai et il est impossible de savoir ce qu'il en est. Mais ce qu'il y a de certain, c'est que le roi n'a jamais eu pour aucune maîtresse la passion qu'il a pour celle-ci...

J'ai encore oublié de vous dire ceci : Afin qu'il ne paraisse pas que les Lorrains sont mêlés à l'affaire du mariage de mes enfants, la Maintenon et la Montespan ont mis dans la tête à la grande Mademoiselle que M. du Maine étant son héritier, elle devait lui léguer tout le reste de sa fortune à la condition qu'il épouserait ma fille et qu'ainsi son bien reviendrait en quelque sorte dans sa propre maison par les enfants de Monsieur. Ils font cela pour s'assurer de tous les biens de Mademoiselle, laquelle, Dieu me pardonne! comme une autre folle, donne dans le panneau. Et parce qu'elle a fait la sottise de donner son bien au bâtard pour sauver de prison son petit Lauzun, ce crapaud, elle voudrait que nous fussions aussi fous qu'elle maintenant...

Saint-Cloud, le 2 août 1688.

... A propos de rate, nous avons perdu hier un homme qui souvent était un bon remède contre les vapeurs, savoir le pauvre Arlequin. Je ne crois pas que de sitôt on trouve son pareil. Il n'avait que quarante-cinq ou quarante-six ans et le vieux Scaramutza, qui en a quatre-vingt-huit, s'est remarié il y a deux mois seulement et sa femme est enceinte !...

... J'ai appris qu'il a été fait au boiteux des propositions de mariage venant de l'hôtel de Condé. Si j'étais avec le roi sur le même pied que jadis, et s'il m'emmenait encore à la chasse, je m'arrangerais bien de façon à lui parler de la chose, mais il lui est interdit de m'emmener où que ce soit (c'est un ordre de la vieille femme) et si j'avais quelque chose à lui dire, je serais obligée de lui demander une audience en règle...

La grande Mademoiselle est partie pour *Eux*[1], où elle va passer deux mois. Je ne sais ce que le roi lui a fait, mais elle a l'air d'en être bien mécontente. Samedi dernier, quand je lui fis mes adieux, elle a voulu m'en toucher un mot, mais j'ai fait la stupide, et ai eu l'air de ne pas la comprendre. L'on ne peut pas se fier le moins du monde à la bonne Mademoiselle : aujourd'hui elle vous veut du bien, demain elle est votre ennemie ; elle répète tout, en amplifiant d'ordinaire. En conséquence, j'ai pensé qu'il était plus prudent de me taire. Dans mon for intérieur, j'étais bien aise de la voir mécontente et de constater qu'elle se repent

---

1. Eu.

d'avoir fait du boiteux son héritier. Le proverbe français : « Qui fait la sottise, la boit » m'est revenu à la mémoire à cette occasion.

Saint-Cloud, le 26 septembre 1688.

... En attendant, notre Dauphin est devenu un guerrier. Il est parti hier, comme je vous l'ai déjà dit, pour assiéger et prendre Philipsbourg. Après Philipsbourg, me dit-il, il prendra Mannheim et Frankenthal et fera la guerre pour défendre mes intérêts. Mais je lui répondis : « si vous en prenes mon advis vous n'ires pas, car je vous advoue que je ne puis avoir que de la doulleur et nulle joye de voir, qu'on se serve de mon nom pour ruiner ma pauvre patrie » ; et c'est ainsi que nous avons pris congé l'un de l'autre.

Fontainebleau, le 10 novembre 1688.

... J'ai donc différé de vous écrire jusqu'à ce que j'eusse reçu votre honorée lettre du 18-28 Octobre. J'ai vu par cette lettre que Votre Dilection ne sent que trop notre perte. Quoique maintenant je ne pleure plus aussi continuellement que les premiers jours, j'éprouve quand même une mélancolie intérieure et de la tristesse et je sens bien que de sitôt je ne me consolerai pas d'avoir perdu ce bon Charles-Louis[1]. Ce qui augmente encore mon ennui, c'est qu'il me faut entendre dire tous les jours qu'on se

---

1. Mort en 1688 au service de la république de Venise, au siège de Négrepont.

prépare à incendier et à bombarder cette bonne ville de Mannheim, que feu l'Électeur mon père a fait bâtir avec tant de soin. Le cœur m'en saigne et l'on m'en veut encore de ce que je sois triste... Bien que Monsieur ait demandé au roi qu'on lui rendît hommage à lui, le roi n'y a pas consenti, la chose ne s'est pas faite et jusqu'ici le roi est seul maître du Palatinat. Mais je doute fort que Sa Majesté veuille donner quelque chose aux enfants de la raugrave, car ce n'est pas la charité qui est à l'ordre du jour ici.

Durant les dix jours que j'ai été malade à Paris, le roi n'a pas fait prendre de mes nouvelles; je lui ai écrit, mais il ne m'a pas répondu. Quand je revins ici, j'eus la curiosité de savoir ce que cela voulait dire, je fis prendre des renseignements par dessous-main et j'appris que le roi était fâché contre moi à cause d'une conversation que j'avais eue avec le duc de Montausier. Je vais vous la rapporter :

M. de Montausier vint à moi dans la chambre de la Dauphine et me dit: « Mad. M^r le Dauphin est vostre chevallier il va vous conquerir votre bien et vos terres. » D'abord je ne répondis rien et il réprit: « il me semble mad. que vous recevez bien froidement ce que je vous dis. » — « Monsieur, lui répondis-je, il est vray que je reçois froidement ce que vous me dittes, parce que vous me parles de la chose du monde de quoy j'aime le moins a entendre parler, car je ne voy pas qu'il me reviene grand profit que mon nom serve pour la perte de ma patrie et bien loin d'en ressentir de la joye j'en suis très fâchée, je n'ay pas l'art de dissimuller, mais je sais me taire, ainsi si on ne veust pas que je disse ce que je pense, il ne faut pas me faire parler. »

Le vieux duc, à ce qu'on me dit, a pris cela en mal et l'a raconté à d'autres qui l'ont dit au roi, lequel finalement l'a fort mal pris aussi; mais je n'y peux rien. Pourquoi agit-on d'une si étrange façon envers moi? Si Monsieur son frère ne veut pas ouvrir les yeux pour voir comme on nous prend notre bien, moi je ne peux pas empêcher les miens de voir la vérité et de ne pas s'en laisser imposer...

Versailles, le 20 mars 1688.

... Dût-on m'ôter la vie, je ne cesserai de regretter, de déplorer d'être en quelque sorte la cause de la ruine de ma patrie... Je suis saisie d'une telle horreur à la pensée de tout ce qu'on a fait sauter que chaque nuit, dès que je commence à m'endormir, il me semble être à Heidelberg ou à Mannheim et je crois voir toute cette désolation. Je me reveille alors en sursaut et de deux heures je ne retrouve plus le sommeil. Je me représente comment tout était de mon temps, dans quel état tout se trouve présentement, voire l'état où je suis moi-même, et alors je ne peux m'empêcher de pleurer. Ce qui m'est douloureux aussi, c'est que le roi a précisément attendu, pour tout réduire à la dernière misère, que j'eusse intercédé auprès de lui en faveur de Heidelberg et de Mannheim...

J'ai bien pensé que la mort de notre bonne reine d'Espagne vous irait au cœur; je ne peux pas encore la digérer et quoique, à l'exemple de tous les proches et hauts parents de Sa Majesté, j'assiste de nouveau à tous les divertissements, j'en reviens aussi triste que j'y suis allée...

Versailles, le 11 avril 1689.

... Ce qui me fâche, c'est qu'on se soit servi de mon nom pour tromper les pauvres habitants du Palatinat et que ces pauvres gens inoffensifs se soient figuré, par affection pour notre défunt père l'Électeur, ne pouvoir mieux faire que de se soumettre de bon gré, pensant qu'ils m'appartiendraient et vivraient plus heureux que sous l'Électeur actuel, vu que je suis encore du sang de leurs vrais maîtres. Ce qui me désole, ce que je ne peux digérer, c'est que non seulement ils ont été déçus dans cette espérance, et qu'ils ont été mal récompensés de leur affection, mais encore qu'ils sont pour cela tombés dans une détresse et une misère éternelles. Et les gens qui sont cause du malheur de ma pauvre patrie me persécutent personnellement..

Je me suis aperçue d'une chose encore : quand le roi craint que Monsieur ne lui en veuille lorsque, par exemple, il donne de grands gouvernements à son bâtard et rien à lui, ou qu'il est dans l'intention de refuser ce que Monsieur lui a demandé, ou qu'il le laisse ici dans l'inaction, comme à présent, sans lui confier une seule armée, qu'il ne lui donne pas de commandement ni autres semblables choses, alors le roi flatte les Lorrains et tous les favoris de mon mari, tandis que moi, il me traite fort mal et avec mépris et comme Monsieur aime ces gens-là et me hait, on le paye de cette façon.

Versailles, le 24 avril 1689.

... La princesse de Conti a parmi ses filles une demoiselle de bonne maison; on la nomme Mlle de Hautefort. M. le comte de Brionne, fils aîné de M. le Grand, était amoureux d'elle depuis des années. Elle a un frère exempt aux gardes du corps du roi, un bien brave jeune homme, dit-on. Celui-ci apprend dernièrement que M. de Brionne est sur le point de se marier et on l'informe qu'il a tenu certains discours sur le compte de sa sœur. Hier il aborde M. de Brionne dans la chambre du Dauphin et le prie de vouloir bien faire un tour avec lui au clair de la lune vu qu'il a quelque chose à lui communiquer. M. de Brionne le suit dans la cour et lui demande ce qu'il lui veut. Allons plus loin, répond Hautefort, je ne puis vous le dire ici. » Il le mène derrière l'étang le plus proche de Versailles et là il lui dit : « J'apprends que vous vous mariez et que vous épousez une autre femme que ma sœur. Or elle est de trop bonne maison pour être votre maîtresse, vous parlez mal d'elle, c'est pourquoi vous allez me donner satisfaction, je veux me battre avec vous !

M. de Brionne lui répondit : « Je n'ai rien dit de mal de votre sœur, je l'ai aimée, cela est vrai, mais c'est une honnête fille et mon amour ne peut lui avoir fait aucun tort. Je n'ai jamais eu l'intention de l'épouser et ne le lui ai jamais promis. Mais pour vous montrer que je vous dis cela parce que c'est la vérité et non pas pour n'avoir point à me battre avec vous, je vais immédiatement vous donner satisfaction ici même. » Là-dessus ils ont dégaîné et se sont bien battus. Hautefort a une blessure au genou et M. de Brionne a les deux cuisses percées de part en part. Le roi fait informer si c'est un véritable duel, ou seulement une rencontre; on ne sait donc pas encore ce qui en résultera...

Saint-Cloud, le 20 mai 1689.

... Je vois que Monsieur est dans l'intention de donner à mon fils le marquis d'Effiat pour gouverneur. C'est mon pire ennemi et il excitera mon fils contre moi, comme jusqu'à présent il a fait de Monsieur.

... Le roi n'a pas voulu permettre à Béthune de quitter la Pologne pour devenir le gouverneur de mon fils. Si ce poste échoit à d'Effiat, qui est le gaillard le plus débauché de la terre et particulièrement adonné aux débauches de la pire espèce, je peux être sûre qu'il instruira mon fils dans les vices les plus horribles du monde...

Nos raugraves sont bien malheureux de perdre ainsi tout leur bien; si j'avais de l'argent, je leur en enverrais de tout mon cœur, mais vous ne pouvez vous faire une idée de la misère où je suis moi-même; je n'ai que cent pistoles par mois, je ne puis jamais donner moins d'une pistole : au bout de huit jours il ne me reste plus rien : tout mon argent a passé en fruits, en ports de lettres et en fleurs. Quand le roi me donne quelque chose, il faut que je l'emploie à payer les vieilles dettes et il ne me donne qu'au nouvel-an. Monsieur ne me donne jamais un seul denier. Si je veux acheter la moindre bagatelle, il faut que j'emprunte : il m'est donc absolument impossible de faire des cadeaux. Si je faisais venir Charles-Maurice[1] pour en faire un abbé, il n'obtiendrait quand-même pas de bénéfices ; ils se font rares à présent : tout dernièrement encore le prince de Talmont, fils de la princesse de Tarente, a dû reprendre l'épée et quitter les ordres, parce qu'on l'y laissait mourir de faim...

Saint-Cloud, le 5 juin 1689.

... Notre Mme la Dauphine devient de plus en plus débile et j'ai bien peur que ça ne prenne une fin rapide. Au début, les médecins, pour faire leur cour à quelques vieilles femmes que je ne nommerai point, mais que vous devinerez aisément, disaient qu'elle était hypocondriaque et qu'elle s'imaginait seulement être malade et ils ont laissé le mal s'invétérer tellement que je crains fort qu'il n'y ait plus de remède. Maintenant qu'elle est obligée de garder le lit, ils sont bien contraints d'avouer qu'elle est réellement malade, mais ils sont extrêmement ignorants et ne savent que purger, saigner et clystériser ; or rien de tout cela ne fait l'affaire de Mme la Dauphine...

Versailles, le 30 juin 1689.

... M. de Rebenac n'a pas tort de croire que la bonne reine d'Espagne a été empoisonnée. On l'a bien vu

---

1. Demi-frère de Madame.

quand on l'a ouverte et immédiatement après sa mort elle était devenue toute violette, ce qui, dit-on, est aussi un puissant indice de poison. Ce qui fait croire encore qu'elle a été empoisonnée par des huîtres, c'est que l'une des filles de la reine en voulant manger aussi, un grand d'Espagne s'approcha vivement et lui arracha l'huître de la main en disant qu'elle tomberait malade si elle en mangeait. J'ai appris qu'une des princesses palatines[1] allait devenir reine d'Espagne. On en fait une grande histoire ici, disant qu'elle aime le prince Louis de Bade et que pour cela elle ne devient reine d'Espagne qu'à son corps défendant...

Versailles, le 24 juillet 1689.

... L'an dernier, Mme la Dauphine m'appela dans son cabinet et me dit les larmes aux yeux qu'à ce qu'elle venait d'apprendre il n'était bruit à la cour que de l'amour que mon cousin de la *Trimouille* avait pour elle et qu'on trouverait mal qu'elle le permît. C'est pourquoi elle me priait de dire à mon cousin de ne plus venir si souvent dans sa chambre et de n'avoir plus de ces manières avec elle... Elle ferait mieux, lui dis-je, de trouver mauvais qu'on puisse sérieusement parler d'une telle chose... Mais elle me pria de communiquer quand même à mon cousin ce qu'elle m'avait demandé de lui dire...

Je le fis et de plus, pour ma part, je le tançai d'importance... Il me répondit qu'il était malheureux, mais

---

1. De la branche de Neubourg.

non coupable;... que dès qu'il aurait fini son service auprès du roi il lui demanderait un congé et irait en Allemagne trouver Mme sa mère [1]... ou, si elle jugeait la chose nécessaire, il vendrait sa charge et se retirerait dans ses terres. Tout cela je le rapportai à Mme la Dauphine. Elle me répondit qu'elle lui demandait seulement de ne venir dans sa chambre qu'avec le roi, d'avoir d'autres façons que précédemment et de veiller à ses regards... Depuis lors je n'avais plus entendu parler de la chose, lorsque, il y a quinze jours, il entra chez moi et me dit que Mme la duchesse d'Arpajon, dame d'honneur de Mme la Dauphine, l'avait fait chercher et lui avait ordonné de sa part de ne se trouver en aucun endroit ou elle serait... Vous ne sauriez croire combien tout le monde a blâmé Mme la Dauphine.

Versailles, le 26 août 1689.

... Mais pour en venir enfin à ce chapitre, il faut que vous sachiez que le parti de mes ennemis à mis en tête à Monsieur de faire de son grand écuyer [2] le gouverneur de son fils. Mais comme je sais, avec la France entière, que cet homme est un des êtres les plus vils et les plus débauchés du monde, j'ai prié Monsieur de donner un autre gouverneur à son fils et cela pour les raisons suivantes :

Il me semble que ce ne serait pas un honneur pour mon fils que l'on pût croire qu'il est la maîtresse de

---

1. La princesse de Tarente, née landgrave de Hesse.
2. Le marquis d'Effiat.

d'Effiat, car il est certain qu'il n'y a pas de plus grand sodomite en France que lui et que ce serait un mauvais début pour un jeune prince comme est mon fils que de commencer sa vie par les plus horribles débauches du monde.

A cela Monsieur répondit : « Je dois avouer à la vérité que d'Effiat a été débauché et qu'il a aimé les jeunes garçons, mais il s'est corrigé de ce vice il y a bien des années déjà. » — « Il n'y a que peu d'années encore, répliquai-je, qu'un jeune et joli Allemand qui était ici m'a présenté ses excuses de ne pas venir me voir aussi souvent qu'il le voudrait, parce que d'Effiat le tourmentait trop lorsqu'il venait au Palais-Royal »...

Monsieur avait commencé par me dire que Mme de Maintenon avait fort approuvé la chose et qu'elle y avait fait consentir le roi. » C'est mauvais signe pour vous et pour mon fils, répondis-je ;... car l'affection qu'elle porte à M. du Maine, qu'elle a élevé et qu'elle aime comme son propre enfant, est assez forte pour lui faire désirer qu'il surpasse mon fils en vertus ; par conséquent elle doit consentir bien volontiers à ce que d'Effiat devienne son gouverneur... »

Après cela, Monsieur m'envoya son confesseur et quand je vins à Paris, la comtesse de Beuvron [1] me dit qu'il lui avait envoyé son chancelier pour me faire une proposition. Celle du confesseur était la même... à savoir qu'il était tout à fait décidé à nommer d'Effiat gouverneur, que j'y consentisse ou non ; je ferais donc bien d'en prendre mon parti. Si cela se faisait avec mon

---

Mlle de Théobon avait épousé le comte de Beuvron.

agrément, il me donnerait une carte blanche sur laquelle je pourrais écrire tout ce que je désirerais; il reverrait aussi la comtesse de Beuvron, la traiterait bien et ferait tout pour m'être agréable. Mais si je m'opiniâtrais à déclarer que la chose se faisait malgré moi, elle ne s'en ferait pas moins, mais avec cette différence qu'il me rendrait malheureuse ma vie durant, qu'il défendrait à la comtessse de Beuvron de jamais me voir, me refuserait tout ce que je pourrais lui demander, me donnerait tous les dégoûts imaginables, ferait tous les éclats qui pussent m'être désagréables et montrerait bien par là qu'il est le maître dans sa maison.

J'ai répondu à cela que je ne savais pas pourquoi Monsieur voulait faire usage d'offres et de menaces; mais je préfère vous le dire en français; de cette façon j'écrirai plus vite que si je traduisais en allemand :

« J'ay donc repondu que je ne s'avois pas pourquoy monsieur vouloit ce servir d'offre et de menace, qu'il savoit bien que quand il s'agissoit de quelque chose qui pouvoit luy plaire j'allois au devant de tout sans attandre ny demander aucune recompense qu'il devoit savoir de ongue main que je n'étois n'y intéressée n'y timide que quand je savois que quelque chose pouvoit luy plaire que je m'y soumettois quoyque ce ne fust pas de mon goust, que dans l'affaire pressante, et dont il est question, si je n'avois qu'à regarder les justes sujet de plaintes que j'ay contre mons. desfiat, je sacrifierois de bon cœur tout mon ressentiment a monsieur, si desfiat avoit d'ailleurs des qualités propres pour estre avec mon fils pour luy marquer a quel point je luy suis soumisse, mais comme les raisons que j'avois (outtre mon ressentiement) estoits fondées sur ma consience et sur la gloire de mon fils, je ne pouvois sacrifier n'y l'un n'y l'auttre, ainsi il falloit que monsieur trouva bon que je ne donne jamais mon consentement à une chose que je voyois estre la perte entière de mon fils, et que je ne voullois pas que mon fils me pust vn jour reprocher que j'eusse sacrifier son bien pour des interest, et voila ce que j'avois a respondre a l'esgard des belles promesse qu'on me fessoit, et auqu'elles je puis avoir d'auttant moins de regret, qu'on m'a souvent en me recomodant avec mes ennemis promis des merveilles et jamais rien tenus, pour ce qui reguardait touttes les teribles menaces que monsieur me faissoit faire que depuis 18 année, il m'avoit tant accoustumée a souffrir sans l'avoir méritée, et avoir des desgoust de toutte manières et des esclats de toutte sortes, qu'il y avoit long temps que j'avois prepares mon esprit à cela, et que rien sur cela ne pouvoit me surprendre, mais qu'au millieu de mes peines je trouvois vne très grand consolation, et qui estoit que comme toute la terre verroit bien que mes maux et malheurs ne viennent que de mons. desfiat et ses amis cela me serviroit de justification pour le passes le pressent et l'advenir, que tout les honnestes gens seroit pour moy et plainderois mon sort, qu'on ne m'a que trop apris à suporter les malheurs, mais qu'on ne m'aprendra jamais a estre lache et sacrifier mon fils, pour mon plaisir; que si comme on me le mande on empeche encore

mad. de Beuveron a me voir, que cela marquera a tout
le monde que le Caprice seul et la mechancette de
desfiat l'avoit chasses la première fois comme celle cy,
et ainsi ils montreront eux mesme que tout les suposition qu'ils avoit fait en ce temps la contre moy et
elle estoit fausses, et ainsi au lieu d'un mal on me
fera vn bien, pour ce qui est que monsieur fait sonner
si haut qu'il veust estre le maistre chez luy; il peust
se souvenir que ce n'est pas moy, qui l'en empesche
et cela est si veritable qu'on sait bien qu'il fait passer
touttes les graces de sa maison par les mains de M^r le
chev. de loraine, mad. de grancay et mons. desfiat,
qu'ils sont plus craint et plus honnores et plus res-
pectes que moy que tous les domestiques qui en-
tourent monsieur sont leur creature, que leur tiranie
va jusques a mes domestiques qu'on n'en fait pas entrer un seul chez moy sans qu'il soit obliges de donner
de 2 et 3 milles pistoles à ces messieurs la;
qu'ainsi on voyoit bien que je n'avois n'y crédit n'y
autorité, par conséquent fort Éloignée d'estre mais-
tresse, que de remontrer a monsieur avec le respect
que je luy dois les veritables interest de mon fils, et
tacher d'empecher qu'il ne deviene malhonnest homme
mais qu'il paroissoit bien plus que ceux que j'avois
nomes estoit ces maitres en ce qu'il font que monsieur
promette de vivre bien ou mal avec sa famme selon
qu'il leur plait, et leur est uttile, qu'ils veulent le
rendre maistres encore de l'esprit de son fils, par
qu'elle voye que ce peust estre, et qu'ainsi c'est d'eux,
qu'il devoit se guarder et non pas de moy, qui en tout
ay toujours eüe vne complaissance aveugle pour mon-

sieur, et que je le marquois bien en ne m'estant pas encore plainte de ce qu'il preferoit l'interest d'un de ses domestique tres malhonnest homme, a mon repos et a mon contentement que je supliais monsieur de s'espargner la peine de me faire tant de message puisque je ne pouvois que repetter ce que j'avois deja dit. »

Le lendemain il m'envoya le chancelier, non pas comme venant de sa part, mais simplement pour voir si l'on pourrait me persuader. Monsieur le chancelier *Terast*[1] vint à moi avec sa douceur naturelle et dit : « Madame permettes vous qu'on vous parle d'une chose qui fait grand bruit, et comme on ne peust estre vostre veritable serviteur et ne pas souhaitter vostre respos trouveries vous bon qu'on vous parla ».
— « Tant qu'il vous plaira, lui dis-je, mais si vous ne me donnez des meilleures raisons que ceux qu'on ma donnes, j'ores de quoy vous respondre. »

Il me fit encore un long préambule, puis finit par me dire que je devais pourtant consentir à ce que d'Effiat devînt gouverneur « parce que Monsieur l'a fort en teste. » Je répondis : « En vérité Mons. terast, apres la protestation que vous venez de me faire, je ne comprend pas que vous voullies me conseiller de mettre mon fils dans les mains du plus vicieux de tout les homme, voulles vous le rendre liberal en donnant pour gouverneur les plus avaricieux et interesses de tout les hommes, a ce que Monsieur m'a dit auttre fois luy mesme, et qu'il ne sauroit me nier, voulles

---

1. Terat.

vous que mon fils soit attaches à ces devoir, en ayant par deffiat l'exempel chez luy, du plus debauches de tout les humains voules vous le rendre veritable en luy donnant vn menteur et vn menteur mechant qui par ces suposition m'a voulu *prendre* (perdre) moy mesme, et voulles vous que pour recompence de tout les maux que j'en souffre, mon fils en soit la victime cela n'est point juste. »

« Ah Madame, dit-il, quand vous parlerez ainsi on ne sait que respondre mais je vous prie de considérer que quoy qu'on n'ait pas touttes les vertus, quand on a de l'esprit comme mons. deffiat en a, on la peust enseigner a vn jeune prince et ne voyes vous pas souvent les meres les plus debauchées, Ellever à merveille leur filles ils[1] savent mieux esvitter le mal l'ayant pratiqué. »

« Voila un exemple, répondis-je, que vous me donnes la qui est aisses a confondre vne vieille mere débauchée qui veust ensuitte faire la prude ne sauroit rien faire de la fille, mais vn méchant et desbauches gouverneur saura toujours faire quelque chose de son pupil et je ne désire pas que mon fils mette la vertu si vantée, de mons. desfiat a l'espreuve et si monsieur m'en voullait croire il laisserait ce soin à d'auttres. » C'est ainsi que je me débarrassai de celui-là aussi.

Depuis j'ai appris que le roi a choisi pour gouverneur du duc de Bourgogne l'un des hommes les plus vertueux du monde, je lui ai écrit et l'ai prié de faire un choix pour mon fils aussi ; mais il ne m'a répondu ni

---

1. Elles.

par écrit ni verbalement... Vous avez peut-être entendu dire que l'on accuse aussi d'Effiat d'avoir donné à feu Madame le poison que le chevalier de Lorraine avait, dit-on, envoyé de Rome par Morel. Qu'elle soit vraie ou fausse, cette accusation constitue un beau titre d'honneur pour lui confier mon fils...

Saint-Cloud, le 21 septembre 1689.

... Il faut que vous sachiez la suite de cette histoire : J'ai parlé au roi ; Sa Majesté dit que ce sont purs mensonges de prétendre qu'il veut avoir d'Effiat pour gouverneur de son neveu, qu'il en a au contraire détourné Monsieur pendant toute une année. Je lui répondis que je priais très humblement Sa Majesté d'avoir encore cette bonté pour mon fils de choisir un honnête homme pour lui et de le proposer à Monsieur ; ce que le roi m'a promis... Le roi a besoin de Béthune et ce ne pourra être lui...

Saint-Cloud, le 30 octobre 1689.

... On m'a conté hier une chose qui m'a tout à fait attendrie et que je n'ai pas pu entendre sans verser des larmes. La voici : les pauvres gens de Mannheim se sont retirés dans leurs caves et y vivent comme dans des maisons, voire qu'ils y tiennent le marché tous les jours, comme si la ville était encore dans son ancien état. Quand un Français vient à Heidelberg, les pauvres gens l'abordent en masse et lui demandent de mes nouvelles, puis commencent à parler de S. G. l'Électeur mon père et de feu mon frère...

Versailles, le 8 février 1690.

La pauvre Dauphine est de nouveau bien mal. Elle est maintenant entre les mains d'un capucin que l'on nomme frère Ange. On prétend qu'il a guéri le duc Max de Bavière et sa femme de maladies bien dangereuses. Fasse Dieu que la chose réusisse ici aussi, mais malheureusement il y a peu d'apparence à cela... On la tue à force de déboires. On fait tout ce qu'on peut pour me réduire au même état; mais moi je suis une noix plus dure à casser que Mme la Dauphine et avant qu'elles ne soient venues à bout de moi, les vieilles femmes y casseront bien quelques dents...

Versailles, le 12 juin 1690.

Il ne m'a pas été possible à Saint-Cloud de répondre à votre deuxième lettre parce que, à l'enterrement de la pauvre Mme la Dauphine, j'ai si horriblement pleuré pendant six heures entières que deux jours après je n'y voyais pas encore. Outre que j'étais fort triste de perdre Mme la Dauphine que j'aimais beaucoup, la vue de nos armes[1] qui se trouvaient partout sur le cercueil et sur les tentures noires de l'église, me rappela si vivement la mort de S. G. l'Électeur mon père, de Mme ma mère et de feu mon frère que j'ai cru éclater à force de pleurer... Le mercredi qui suivit

---

1. Les armes de la maison de Wittelsbach qui en 1294 se partagea en deux branches : la branche palatine, dont était Madame, et la branche de Bavière, dont était la Dauphine.

cette affreuse cérémonie, nous sommes allés à Marly et y avons séjourné jusqu'au samedi; mon chagrin aurait bien dû s'y dissiper, car on y menait la vie ordinaire: toutes les chambres étaient remplies de joueurs; l'après-dînée on chassait, le soir il y avait musique, mais cela n'a fait qu'augmenter ma tristesse...

Saint-Cloud, le 9 juillet 1690.

... Je sais à cette heure parfaitement comment les choses se passent en Espagne, aussi bien par les lettres de la chère reine défunte que par tous les domestiques qu'elle avait auprès d'elle. D'après leurs récits et d'après ce qu'ils m'ont dit du roi d'Espagne, il me paraît peu probable que la reine actuelle puisse être enceinte, à moins que depuis la mort de notre reine, sa première femme, il ne soit devenu bien plus fort... Mais il ne m'est pas permis d'en dire davantage depuis que par piété on a fait défense ici aux comédiens, tant français qu'italiens, de dire un seul mot à double entente, sous peine d'être chassés... Je ne sais quelle tournure prendront les choses avec le Duc de Savoie. De tous les Français qui l'ont vu, pas un seul ne dit du bien de lui. Tous disent qu'il est avare, quinteux, et haïssant tout le monde... Il est bien malade à présent, dit-on. Sa femme, enceinte de cinq mois, s'est blessée. Heureusement ce n'était qu'une fille... Je ne crois pas que l'histoire de cette cravate qu'elle doit avoir arrangée à quelqu'un soit vraie, car on la tient si enfermée, qu'à peine elle voit une âme.

Versailles, le 30 juillet 1690.

... Quand le roi d'Angleterre fut monté en carrosse pour retourner à Saint-Germain, il trouva à cent pas de la porte du château un de ses valets de chambre qui lui annonça que dans toute l'Irlande on donnait pour certain que le maréchal de Schomberg était tombé dans la bataille et que le jeune prince d'Orange était mort de ses blessures. Nous avons appris depuis que ce qu'on disait du pauvre maréchal était vrai, mais que le prince n'était que légèrement blessé. Vous n'avez pas idée de la joie que la nouvelle de sa mort a causé à la populace et quoi qu'on eût envoyée des commissaires de quartier pour mettre fin au tumulte, ils n'y ont pu parvenir. Il a duré deux fois vingt-quatre heures où ils n'ont fait que boire et manger.

... Les cordeliers ont allumé un grand feu devant leur couvent, ils sont venus se mettre en rond et ont sauté, chanté et dansé tout autour... Ce qu'il y a d'étrange, c'est que l'autorité du roi, tout absolue qu'elle est, n'a pas pu empêcher cela...

... Le roi d'Angleterre n'est pas bien « viff en replique » ; quelquefois aussi il fait bien de se taire. Il faut tout de même que je vous conte le dialogue qu'il a eu avec mon chevalier d'honneur :

« Sire, lui dit M. de La Rongère, que sont devenus les français qui estoit avec V. M. ? » — « Je n'en say rien, répondit le roi. — « Comment dit La Rongère, V. M. n'en sait rien et ce qu'ils n'estois pas avec vous », « vous me pardonneres, dit le roi, mais je m'en vais vous dire le prince d'orange est arrives avec 40 mille hommes, je n'en avois que la moitié tant, il avoit 40 Canon je n'en avois que 16, j'ay veu qu'il tiroit son aisle droitte du costé de Dublin, et qu'il m'alloit couper le chemin, et je n'aurois pas pust revenir, sur cela je suis partis et suis venus icy, mais, dit la rongère, on parle de quelque pont que V. M., n'a pas guardes, aparament, vous n'en aviez pas besoin, » — « o pour les pont, dit le roi, je les avois fort bien fait guarder, mais on y a menes du monde et du Canon et ce Canon a fait retirer les troupes que j'y avois mis, et le prince d'orange les a passes. »

Saint-Cloud, le 20 août 1690.

... Ci-joint toutes les chansons que l'on chante en ce moment. Elles ne sont pas précisément élogieuses pour notre bon roi d'Angleterre et vous verrez en les lisant que tout en aimant le roi et en détestant le prince d'Orange les gens de ce pays-ci estiment celui-ci plus que l'autre, comme le prouvent les chansons. Jeudi dernier, nous avions ici le pauvre roi et la reine. Celle-ci était bien sérieuse, tandis que lui était très gai... J'entendis dans la calèche un dialogue qui m'a bien divertie. Monsieur, selon son habitude, parlait de ses joyaux et de ses meubles et finit par dire au roi :

« Et V. M. qui avoit tant d'argent, n'aves vous pas fait faire et accomoder quelque belle maison ? » — « De l'argent, dit la reine, il n'en avoit point je ne luy ai jamais veu un sou ! » Le roi répliqua : « J'en avoit, mais je n'ai point achettes des piereries n'y meubles, ny n'ay point fait accomoder des maisons, je l'ay tout employes, a faire bastir de beaux Vaisseaux, fondre des Canons et faire des mousquet. » — « Ouy dit la reine, cela vous a servis de beaucoup et cela a tout estes contre vous. » Et la conversation en resta là.

Si la prophétie du dernier roi d'Angleterre est vraie, le bon roi Jacques ne pourra pas même faire un bon saint. Mme de Portsmouth, que nous avions ici il y a quelques jours, m'a en effet raconté que le feu roi avait coutume de dire : « vous voyes bien mon frere, quand il sera roy, il perdra son royaume par zelle pour sa religion, et son ame pour de villaines genipes, Car il n'a pas le goust assez bon pour en aimer de belles. » Et la prophétie s'accomplit déjà : les royaumes sont à vaul'eau et l'on prétend qu'à Dublin il avait deux affreux laiderons avec lesquels il était toujours fourré... Plus on voit ce roi, plus on apprend de choses sur le compte du prince d'Orange et plus on excuse ce dernier et on le trouve digne d'estime. Vous penserez peut-être qu'on revient toujours à ses premières amours [1] ; ce qu'il y a de certain, c'est qu'une intelligence comme la sienne me plaît plus qu'un beau visage...

Versailles, le 6 septembre 1690

... A Marly... j'ai chassé à cheval avec le bon roi [2] et notre roi suivait la chasse en calèche avec la reine

---

1. Guillaume d'Orange était le cousin de Madame. Celle-ci en 1661 avait fait un séjour en Hollande.
2. Jacques.

d'Angleterre. Je crois qu'elle souhaiterait bien que son mari ne vît jamais de plus belles dames que moi ; de cette façon elle aurait le cœur tranquille et à l'abri de la jalousie et le bon roi Jacques n'attraperait pas de soufflets. Son valet de chambre assure qu'à Dublin il avait deux maîtresses, mais ici sa conduite est exemplaire ; j'ignore si c'est par crainte de son épouse ou bien pour se régler sur la mode d'ici et faire le dévot sous tous les rapports ; car il va assidûment au salut et aux sermons...

Versailles, le 10 septembre 1690.

Selon votre recommandation, je vais vous dire franchement ce que je pense de la dite comtesse de Soissons[1]. Pour autant que je la connais, je la considère comme tout à fait innocente de la mort de son mari ; je ne crois pas qu'elle l'ait empoisonné. Je pense qu'ici on ne le croit pas non plus, mais on a fait semblant de le croire, afin de lui faire peur et de l'amener à prendre le parti qu'elle a pris en effet, à savoir de s'en aller. Car on la craint vu qu'elle est très intelligente et qu'on la tient pour très intrigante...

Quand l'an dernier elle m'écrivit après la mort de notre chère reine d'Espagne, le roi me fit faire défense par Monsieur de lui répondre. Je crois qu'elle ne vous déplaira pas... Il y a beaucoup de gens ici qui ne sont pas moins intrigants qu'elle et qu'on n'exile quand même pas. Sa sœur, Mme de Bouillon, est rentrée en grâce...

1. Olympe Mancini.

Saint-Cloud, le 13 septembre 1690.

... Ce qu'il y a de certain, c'est qu'on donne présentement un tour étrange à la religion et à la piété en ce pays-ci. Cela ne me dit pas le moins du monde et je suis tentée de faire comme cet Anglais que l'on nomme *Fildin* (Filding) [1]. Il y a quelques années de cela, Wendt lui demandait à Fontainebleau : « estes vous huguenot mons., — Non dit-il, » — « Vous estes donc catholique, répliqua Wendt. » — « Encore moins, répond l'Anglais. — Ah, dit Wendt, c'est que vous estes luthérien ». — « Point du tout », dit Fildin ; — « et qu'estes vous donc » reprend Wendt — « Je m'en vay vous le dire, répond l'Anglais, j'ay un petit religion apart moy. » J'estime que moi aussi j'aurai bientôt « vn petit religion apart moy ». Et le bon roi Jacques également aurait mieux fait d'agir de la sorte plutôt que de perdre trois royaumes par bigoterie.

Fontainebleau, le 20 octobre 1690.

... Maintenant que j'ai mieux appris à connaître ce bon roi, je l'aime bien. C'est le meilleur homme du monde et je le plains de tout mon cœur, car quelquefois il pousse des soupirs à fendre l'âme. Il m'a prise à part aussi et m'a fait passer un véritable interrogatoire pour apprendre de moi si vraiment sa fille la princesse d'Orange a tellement pris à cœur son

---

[1]. En date du 25 février 1706, Madame raconte la même histoire à la raugrave Louise. L'Anglais alors s'appelle Lincoln.

infortune qu'elle n'a pas voulu danser lors de la visite de l'électrice de Brandebourg à La Haye...

Versailles, le 5 décembre 1690.

... Cette année-ci je suis un peu mieux vue que l'an passé. Je ne sais d'où me vient ce bonheur, car je n'en fais ni plus ni moins et vais mon droit chemin... S'il est vrai que le cardinal Azolin[1] a empoisonné la reine Christine, il a bien mérité de mourir si misérablement. La femme de chambre doit bien savoir ce qui en est, elle qui sans nul doute a vu la chose. La mode d'empoisonner les gens devient par trop commune; on prétend qu'on a donné son reste de la même façon à la pauvre infante de Portugal. On raconte aussi nombre de cruautés que M. de Cadaval doit lui avoir fait subir...

Versailles, le 7 janvier 1691.

... Après les vêpres, le roi m'a fait la grâce de m'envoyer deux mille pistoles. Bien que ce soit du pain mangé d'avance et que je ne puisse en profiter, vu que je n'ai employé cet argent qu'à payer mes vieilles dettes, la chose ne m'en a pas moins fait plaisir, d'abord parce que je vois par là que cette année-ci je ne suis plus autant en disgrâce que l'année dernière et que secondement cela soutient mon crédit auprès de ceux qui me prêtent de l'argent, de voir que je paie mes dettes...

---

1. Le cardinal Azolini, intendant de la reine Christine et son principal héritier.

Si la princesse de Toscane attend pour se remarier que M. le Dauphin ait convolé, elle pourrait bien coiffer Sainte Catherine, car je ne pense pas qu'il se remarie. L'état de veuf lui plaît trop... Sa plus grande passion présentement, c'est de jouer au lansquenet. De quelle autre sera-t-elle suivie? L'avenir nous l'apprendra...

Paris, le 29 mars 1691.

... Notre veuf est un original : je crois que jamais on n'a vu son pareil en fait d'insensibilité. Dieu seul sait qui ma fille épousera... mais il me semble qu'on n'a pas envie du tout de remarier le veuf...

Saint-Cloud, le 24 mai 1691.

Quant à M. de Madaillan, je ne le connais ni ne l'ai vu de ma vie... La marquise de Foire (?) m'a montré beaucoup de portraits en vers qu'il a faits de nous tous qui sommes à la cour. Je me suis informée sur son compte auprès d'autres personnes et l'on me dit qu'il est homme de qualité mais un peu toqué. Voilà tout ce que j'en sais. En Hollande, on a grand tort de le prendre pour un espion, car il est certain que nul que lui n'est plus zélé pour le prince d'Orange...

Versailles, le 22 juillet 1691.

M. de *Louvroy* [1] s'est mal trouvé de son habi-

---

1. Louvois.

tude de boire de l'eau... Mais j'ignore si c'est l'eau minérale ou l'eau de fontaine qui lui a fait mal. Tous les médecins et tous les chirurgiens qui l'ont ouvert ont affirmé, et affirmé par écrit, qu'il était mort d'un horrible poison. Ça été pour lui l'affaire d'un petit quart d'heure de passer de santé à trépas. Une demi-heure auparavant, je l'avais rencontré et lui avais parlé. Il avait de si belles couleurs et semblait si bien portant que je lui dis : « Il paraît que vous vous trouvez fort bien de l'eau de Sorge [1]... » L'on a déjà arrêté l'un de ses domestiques que l'on soupçonne d'avoir empoisonné une aiguière d'argent de laquelle M. de Louvois a bu dans le courant de l'après midi. On saura bientôt si c'est vrai ou non... Puisqu'il devait mourir, j'aurais souhaité que cela eût pu arriver il y a trois ans : le pauvre Palatinat s'en serait bien trouvé !...

Saint-Cloud, le 10 août 1691.

... Je vous ai déjà mandé la mort de M. de Louvois... Pour ma part, j'aurai mieux aimé qu'une vieille ordure crêvât, plus tôt que lui, car à présent elle va être plus puissante que jamais...

Saint-Cloud, le 23 août 1691.

... S'il est vrai que M. de Louvois soit mort empoisonné, je ne pense pas que ce soit du fait de ses fils, quelque méchants qu'ils puissent être. Je crois plutôt que c'est un médecin qui a fait le coup pour plaire

1. Forges.

à une vieille femme que M. de Louvois a vivement contrariée et sur le compte de laquelle il a parlé bien librement alors qu'il menait Sa Majesté à Mons. Le roi n'a pas eu l'air bien *incommodé* après cette mort ; de longtemps je ne l'avais vu si gai...

Saint-Cloud, le 7 septembre 1691.

...Le galant[1] a tellement peur de la vieille ordure du grand homme que même s'il avait envie de se remarier il n'en laisserait rien paraître tant qu'il verra que la chose n'a pas l'agrément de la dame. C'est effrayant comme il la craint, ayant l'âge qu'il a ; il est vis-à-vis d'elle comme un enfant qui tremble devant sa gouvernante... Elle m'a fait une visite à Marly, cela ne lui étai plus arrivé depuis trois ans, mais j'ai grand peur qu'on n'en ait à mes pauvres enfants.

Fontainebleau, le 28 septembre 1691.

...M. de Louvois est maintenant si bien oublié ici qu'on ne s'inquiète pas de savoir s'il a été empoisonné ou non. Son fils, M. de *Berbesieu*[2] va se marier bientôt et cela avec une dame que son frère aîné, M. de Courtenveau, devait épouser. La dame, Mlle d'Hussay[3], a préféré le cadet, en quoi elle a grandement raison : L'aîné est sot et fort laid, tandis que Barbezieux est bien gentil et très intelligent. Ils sont aussi

---

1. Le Dauphin.
2. Barbezieux.
3. D'Uzès (Cruzol-Uzès).

riches l'un que l'autre. Quoique l'aîné tout d'abord parût bien amoureux, il s'est immédiatement résigné à la volonté de son frère. Mais à mon avis celui-ci fera bien de ne pas manger souvent avec lui, vu qu'il a empoisonné son gouverneur à Rome. Notre grand homme est incapable d'une pareille chose. Je sais et je connais des gens qui lui ont offert d'assassiner le prince d'Orange, mais il n'y a jamais voulu consentir, mais je crois sans peine qu'il s'en trouve encore beaucoup qui ont ce zèle indiscret. Il faut pourtant que le prince d'Orange ait une vraie grandeur d'âme pour si peu redouter la mort; qu'il ait du mérite, nul ne le peut contester.

Mon fils a honte qu'on ait fait de telles sottises dans l'armée où il est...

A LA RAUGRAVE LOUISE[1].

Paris, le 22 décembre 1691.

... Si vous écrivez à Caroline[2], dites-lui que dès longtemps j'aurais répondu à sa lettre si j'avais su quelle adresse mettre ; elle est duchesse à cette heure, mais il ne m'est pas permis de lui donner ce titre parce qu'on ne reconnaît pas ici le prince d'Orange comme roi d'Angleterre ; on ne laisserait donc pas davantage passer ses duchesses. Moi, de mon côté, je ne veux pas l'appeler comtesse de Schomberg

1. Demi-sœur de Madame.
2. La raugrave Caroline, duchesse de Schomberg, demi-sœur de Madame.

sur l'adresse, car je suis fort aise de la savoir duchesse...

A LA DUCHESSE DE HANOVRE.

Paris, le 27 décembre 1691.

... Je ne sais qui a fait accroire à Sa Dilection l'Électeur de Brandebourg qu'ici l'on porte des aigrettes de diamants sur les chapeaux. Ni jeunes ni vieux n'en portent. Je n'ai vu personne en porter si ce n'est un danseur à l'Opéra... Je ne peux donc pas vous envoyer de modèles... Mais ce qui se porte beaucoup, c'est une boucle de diamants brillants retenant la plume devant et au retroussé on porte de gros diamants qui forment une espèce d'agrafe...

Vous aurez sans doute déjà appris les belles histoires qu'à faites M. de Mauroy, supérieur des pères de la mission des Invalides... Ce qu'il y a d'étrange, c'est que tant de femmes de qualité s'y trouvent mêlées. Il y en a près d'une douzaine. A l'une il payait une pension, à l'autre il a fait un présent de vingt mille écus; à une autre encore il a fait faire un beau carrosse, à celle-ci il a payé des habits, à celle-là des bijoux; bref, il était d'une grande libéralité. M. de Louvois s'imaginait que c'était un saint : il lui donnait tous les ans dix mille écus à distribuer aux pauvres. Il les employait à ce que vous savez et outre cela il a fait soixante mille écus de dettes...

M de Mauroy avait aussi des barbes postiches si bien faites qu'on ne s'apercevait de rien. Or un jour il loue un fiacre et dit au cocher d'arrêter devant une église. Ce que fit le cocher, mais voyant au lieu d'un père de la mission descendre un abbé il s'étonna fort ; néanmoins il pensa que sans doute il se trompait. Peu après l'abbé revient... et se fait mener à une maison qu'il désigne... Arrivé là le cocher voit descendre un officier, avec une écharpe, une grande perruque et une épée. Cette fois-ci l'étonnement du cocher est plus grand encore. Quelques heures après, l'officier supposé remonte en voiture et se fait conduire à une autre église et quand le cocher s'y arrête il voit descendre son premier missionnaire avec sa calotte et sa petite barbiche. Du coup le cocher fut persuadé qu'il avait mené le diable ; il se sauva en criant à tous ceux qu'il rencontrait : « Ah j'ay menes le diable tout aujourd'huy !... »

J'ai dit à Monsieur que vous étiez curieuse de savoir si lui aussi était dévot. Il rit de bon cœur et me répondit : « Dittes à vostre tante que je conte plus que jamais mes diamants et que je ne suis pas plus dévot que j'estois quand j'ai eu l'honneur de la voir, faittes luy aussi bien des complimens de ma part. » Mais, entre nous, il est dévot quand même, car cela le divertit. Tout ce qui est dévotion l'amuse parce qu'il aime bien les cérémonies...

Versailles, le 21 février 1692.

... On vous a mal renseignée en vous disant que je me suis conduite comme une enfant à propos du mariage[1]. Je ne suis plus d'âge à tenir une conduite puérile...

---

1. Du duc de Chartres avec Mlle de Blois.

Quant à ma bru, je n'aurai pas de peine à m'habituer à elle, car nous ne serons pas si souvent ensemble que nous puissions être à charge l'une à l'autre. D'ordinaire elle est du particulier du roi, qui est un *sanctum sanctorum* où de simples mortels comme moi n'entrent pas... Pour ce qui est des avantages faits à mon fils, je désire qu'ils soient aussi brillants qu'on vous l'a dit. Mais comme presque tout est en promesses et en espérances, je n'ai pas été trop éblouie en cette affaire. Je n'ai jamais pu comprendre, je l'avoue, que Monsieur, qui vit si parfaitement bien avec son frère et en toute soumission et obéissance, n'ait pas pu espérer que Sa Majesté donnerait à son fils unique de quoi vivre selon son rang sans le forcer à faire un mariage tellement inégal...

Paris, le 5 mars 1692.

...Grâces soient rendues à Dieu ! Le mariage de M. du Maine est une affaire faite et enfin ce poids m'est ôté du cœur. Je crois qu'on a dû rapporter à la vieille ordure du roi ce que disait le peuple de Paris et que cela lui aura fait peur. Les gens du peuple disaient très haut que ce serait une honte si le roi donnait sa bâtarde à un prince légitime de sa famille ; que cependant, comme mon fils donnerait le rang à sa femme, ils laisseraient faire ce mariage, quoique à contre-cœur ; mais que si la vieille femme s'avisait de donner ma fille à M. du Maine, ils étrangleraient celui-ci avant que le mariage ne fût consommé et que la vieille femme, qu'ils appellent encore sa gouvernante, ne serait pas en sûreté. Dès que ce bruit se fut répandu on apprit l'autre mariage avec la fille de M. le prince, ce qui causa une grande joie dans Paris. Je sais grand gré aux bons Parisiens de s'être ainsi intéressés à moi...

Je vais vous conter ce que j'ai appris de nouveau sur les dictons de Mme de Cornuel [1]. Je ne sais si vous avez entendu parler de cette dame. Elle a plus de quatre-vingts ans, mais elle est encore aussi vive que si elle n'en avait que vingt-cinq. C'est la même qui disait de notre roi d'Angleterre après qu'elle eut vu Sa Majesté : « Nostre roy à beau faire et bien traitter le roy d'Angleterre il n'en fera jamais que la sauce au peauvre homme. » Quand dernièrement elle vint à la cour et vit Mme de Maintenon et M. de *Berbezieux* : « J'aye veue, dit-elle, la plus estonnante chose du monde à la cour, l'amour près du tombeau et le ministère dans le berceau... »

Versailles, le 12 avril 1692.

... Il faut espérer qu'à force d'attendre nous attraperons finalement le duc de Bourgogne [2]. Ce ne serait pas un vilain morceau non plus. Vous êtes trop bonne de regarder le visage d'ours-chat-singe de ma fille. Sa taille n'est pas mal...

Saint-Cloud, le 1er mai 1692.

... Ce qui doit résulter de la descente en Angle-

---

1. Mme Cornuel.
2. Pour sa fille.

terre, l'avenir nous l'apprendra ; mais il ne m'est pas possible de croire que le prince d'Orange se laissera arracher les trois royaumes aussi facilement qu'il les a pris à son beau-père...

Paris, le 15 mai 1692.

... M. le prince est en grande faveur présentement: il en deviendra plus orgueilleux encore que par le passé! J'en suis marrie pour notre bonne duchesse douairière de Hanovre : son procès s'en trouvera mal. Il y a deux jours, le roi a donné à M. le prince les biens confisqués au chevalier de Longueville, cela doit se monter à sept cent mille francs, à la condition qu'il donnerait cinquante mille écus au prince de Conti...

A ce qu'on m'a dit, notre roi d'Angleterre ne doit s'être embarqué que dimanche dernier. Tourville a un ordre de la main même du roi d'attaquer l'ennemi où qu'il le trouve : on recevra donc bientôt la nouvelle d'une bataille navale...

Saint-Cloud, le 22 mai 1692.

... Quoique ces dévotes gens soient mes prochains je ne peux pas les aimer comme moi-même et quand je fais mon examen de conscience, je m'aperçois d'une seule chose, c'est que je n'aime que ceux qui m'aiment ou qui pour le moins ne me haïssent point : je tiens donc pour fort difficile de se conformer en ceci aux Saintes Écritures...

Saint-Cloud, le 31 mai 1692.

... J'espère que le siège[1] ne durera pas longtemps, car déjà la terreur est grande dans la ville. Plus de cinquante dames de qualité sont venues à pied avec leurs enfants et leurs servantes dans le camp du roi. On les a prises, et les considérant comme « prisonnières de guerre » on les a enfermées dans un couvent. Il me semble que ces dames ont ou bien une haute opinion de la discrétion des soldats français ou qu'elles craignent plutôt pour leur vie que pour leur honneur et leurs bijoux. Elles avaient emporté tous leurs diamants et ont été prises par des soldats allant à la picorée ; mais comme elles leur ont promis à chacun un écu ils ont mené toute la bande au camp du roi sans prendre un liard...

Paris, le 8 juin 1692.

... Il y a longtemps que la vieille ripopée du roi a ce pouvoir effrayant. Elle n'est pas si folle que de se faire déclarer reine ; elle connaît trop bien l'humeur de son homme. Si elle faisait cela elle tomberait bien vite en disgrâce et serait perdue...

L'ambassadeur de Venise a dit dans l'armée du roi que mon oncle[2] avait donné un million à l'empereur pour être fait prince Électeur. Il me semble que l'oncle aurait pu avoir cela à meilleur compte...

1. De Namur.
2. Le duc Hanovre.

Le roi Guilaume et notre monde sont maintenant très près les uns des autres. Fasse Dieu que cela finisse sans bataille! Le grand homme est au lit, il est maláde de la goutte. J'imagine que la bataille navale[1] sera un mauvais emplâtre pour ses douleurs...

Saint-Cloud, le 12 juin 1692.

... Il est à craindre qu'on n'apprenne bientôt qu'une horrible bataille a eu lieu. Le cœur me bat fort rien que d'y penser. Il y a à la vérité une rivière entre nos gens et l'ennemi, mais on dit que le prince d'Orange fait préparer des ponts ; je suis donc bien en peine de mon garçon...

Saint-Cloud, le 19 juin 1692.

... Pour dire la vérité vraie, notre bon roi Jacques est un brave et honnête homme, mais le plus niais que j'ai vu de ma vie : un enfant de sept ans ne ferait pas d'aussi grosses fautes que lui... la piété l'abêtit énormément...

J'en gagerais ma tête, notre roi n'a pas approuvé ni ordonné l'assassinat[2]. Il en est incapable. Mais ce qui me fait croire que c'est la vieille femme qui a ordonné la chose, c'est qu'elle a mandé au roi, me dit-on, qu'elle savait pertinemment que le prince d'Orange avait envoyé un émissaire à Philippeville

---

1. Bataille de la Hogue (29 mai 1692).
2. Le complot de Grandval. Voir MACAULAY, *Guillaume III*, troisième volume, chap. I.

pour empoisonner les fontaines... Vous voyez bien ce dont elle est capable, car le prince, j'en suis sûre, songeait autant à empoisonner les fontaines que moi présentement à me pendre. Mais elle a fait courir ce bruit pour pouvoir dire que c'est un mensonge qu'on ait voulu assassiner le roi Guillaume, mensonge qu'il répand pour pallier sa tentative d'empoisonnement...

Paris, le 28 juin 1692.

... Tant que le roi Guillaume ne sera pas de l'autre côté de la Sambre, je serai bien tranquille...
On dit que la vieille ripopée est d'une détestable humeur dans la ville où le bien-aimé de son cœur l'a laissée. J'espère que sa santé s'en ressentira. C'est triste pour elle de ne pas l'avoir vu de tout un mois, et j'imagine que la joie sera grande de part et d'autre quand la citadelle de Namur se rendra et qu'ils se reverront. Pendant les voyages, le grand homme loge dans la même maison que son ordure, mais ils ne couchent pas dans la même chambre et tout se passe avec le plus grand mystère. Vous voyez par là qu'il ne l'a pas encore déclarée sa femme ; mais cela n'empêche pas qu'il ne s'enferme avec elle journellement quand ils sont ensemble et que toute la cour, tant hommes que femmes, ne soit obligée d'attendre à la porte...

Saint-Cloud, le 7 août 1692.

... Il faut pourtant que je vous conte la grande terreur que j'ai eue lundi dernier, laquelle, Dieu soit loué! s'est changée en joie. J'étais déjà déshabillée et j'allais me coucher, à minuit, quand j'entendis tout d'un coup Monsieur qui parlait dans mon antichambre. Le sachant déjà dans sa chambre et au lit, je me levai en hâte et courus à sa rencontre pour voir ce que c'était. Il tenait une lettre ouverte à la main et me dit : « Ne vous effrayes pas, vostre fils est blesses, mais ce n'est que légèrement ; il y a eue vn furieux combat en Flandre et L'infanterie du roy a deffaitte celle du prince d'Orange, on ne sait que cela en gros à ce que le roy me mande et il n'y a aucun détail. » Je vous laisse à penser dans quelles angoisses me jeta cette nouvelle ; je restais à mon balcon jusqu'à près de trois heures du matin, pour voir s'il ne venait pas de courrier de mon fils. Il en arrivait un de demi-heure en demi-heure. L'un apporta la nouvelle de la mort du marquis de Bellefonds ; l'autre annonça que M. de Turenne était blessé à mort. Sa mère en effet est ici ainsi que sa belle-mère Mme de Ventadour qui l'aime comme s'il était son propre fils. Elles logent justement au-dessus de ma chambre et j'entends leurs cris... Le lendemain enfin, après le dîner, arriva un gentilhomme qui a été le sous-gouverneur de mon fils ; il s'appelle La Bertière. Il nous annonça que mon fils avait essuyé deux coups de feu : l'un avait mis en pièces la casaque sur ses épaules, sans le toucher, grâce à Dieu; l'autre balle lui a pénétré dans le bras gauche. Il l'a retirée lui-même. On lui a écharpé tout le bras, puis on l'a pansé. Après il est retourné à l'endroit où était la mélée et ne l'a quitté que quand tout été terminé. D'abord nos gens ont ployé ; les Anglais et les Hollandais franchissaient les haies et les fossés ; ils avaient déjà enlevé trois canons quand arriva M. de Luxembourg avec le régiment des gardes, le prince de Conti, M. le Duc et mon fils. Ils rallièrent les hussards et ranimant leur courage ils les menèrent eux-mêmes à l'ennemi. Cela donna du courage aux soldats, tellement qu'ils renversèrent tout et repoussèrent l'ennemi si loin en rase campagne que non seulement ils reconquirent leurs canons, mais qu'en outre ils lui en enlevèrent sept...

Saint-Cloud, le 18 septembre 1692.

... A propos de lettres ouvertes a la poste, il faut que je vous conte une histoire arrivée il y a quelques années. La grande Mademoiselle reçoit des lettres de ses gens d'affaires et elle voit fort bien qu'on les avait ouvertes. Elle répond à tout, puis elle ajoute : « Comme Monsieur de Louvois à vn très bon esprit et qu'il vera cette lettre avant vous auttres, je le prie en ouvrant mon paquet d'y mettre vn mot de conseil pour mes affaires ils n'en iront que mieux. » Depuis on ne lui a plus ouvert de lettres...

Versailles, le 7 décembre 1692.

... Il est certain que le nouvel appartement de Monsieur est fort beau. Dans le dernier cabinet, Monsieur a fait mettre des tableaux qui ne vous sont pas inconnus ; tous les trois proviennent de la galerie de Heidelberg, à savoir la Mort de la sainte Vierge Marie, entourée de tous les apôtres, le tableau de Samson tuant les

Philistins et celui de Prométhée avec le vautour qui lui ronge le foie... Il y a cinq grands lustres de cristal dans le cabinet... où Monsieur joue tous les soirs...

Versailles, le 18 janvier 1693.

... Je ne suis pas ignorante au point de ne pas savoir quelle différence il y a entre un Électeur de Brandebourg et Monsieur, sous le rapport du pouvoir et de la richesse; mais afin d'empêcher Monsieur de voir qu'il est en quelque sorte que l'esclave de son frère, on lui donne une haute idée de sa grandeur, dont rien n'approche et qui pourtant est sans fondement aucun et purement imaginaire...

Versailles, le 1er février 1693.

A Paris, on vole plus que jamais et on s'y prend de plus d'une manière. (L'autre jour), les voleurs virent une calèche où étaient deux dames. Elles avaient des poinçons[1] de diamants dans la commode[2]. Ils se mirent à crier : « Mesdames arrestes, arrestes, la fleche de votre carosse est rompue, vous alles verser. » Le cocher arrête et veut voir ce qui en est; les dames aussi. Elles mettent la tête à la portière; les filous leur arrachent la commode avec les diamants et se sauvent avec...

La grande mode à Paris est présentement que les dames s'enivrent comme des hommes et fassent toute

---

1. Aiguille de tête.
2. Sorte de coiffure.

sorte de choses ignobles et du désordre. Il y en a pour le moins une demi-douzaine qui mènent cette vie honteuse. Elles sont de la plus haute qualité. Quand on raconte à Mme Cornuel quelle existence dévergondée menaient les dames du faubourg (c'est ainsi qu'on les appelle parce qu'elles logent toutes au faubourg Saint-Germain) : « Mons dieu, dit elle, ne les blames pas, vous veres que c'est une mission qu'on ora envoyée la, pour ramener les jeunes hommes du vice à la mode. » Cette dame a quatre-vingt sept ans...

Marly, le 9 avril 1693.

... Notre bonne grande Mademoiselle a enfin vu arriver le terme de ses souffrances dimanche dernier à six heures du soir et lundi dernier, le premier président a ouvert son testament. Monsieur est légataire universel. Elle donne à M. le Dauphin sa belle maison de Choisy. Elle fonde beaucoup d'hôpitaux et récompense tous ses domestiques. C'est tout ce que contient le testament. Hier nous lui avons rendu les honneurs : il nous appartenait de lui donner l'eau bénite, en manteaux longs et en mantes. Elle n'est morte de rien autre chose que de l'ignorance des médecins ; ils n'ont pas connu sa maladie et l'ont tellement échauffée avec l'émétique que l'inflammation s'est mise aux intestins, ce qui l'a enlevée...

Lauzun pour faire croire qu'il était marié avec elle a fait, immédiatement après sa mort, demander en mariage une dame que pourtant il savait être promise à un autre et dont le roi lui-même avait déjà signé le contrat. Le jour qui suivit l'ouverture du testament, c'est-à-dire mardi, il s'est présenté au roi et à toute la famille royale en manteau long. Après être resté trois quarts d'heure chez Monsieur, il sortit de la chambre, puis revint un instant après avec un grand paquet portant six sceaux de Mademoiselle et dit à Monsieur : « Apropo j'ay oublier de vous mettre ce papier entre les mains que Mademoiselle a donne il y a 6 ans a guarder à Mme de Nogent » (c'est la sœur de Lauzun). Monsieur répondit qu'il ne pouvait ouvrir le paquet, qu'il fallait l'envoyer au premier président.

Ce paquet inquiéta fort M. le Dauphin et Monsieur, car si c'avait été un autre testament fait depuis six ans, ils n'auraient rien eu de l'héritage, celui qu'on a ouvert immédiatement après la mort de Mademoiselle datant d'il y a huit ans, c'est-à-dire de 1685. A minuit, Monsieur reçut la nouvelle qu'on avait ouvert le testament, mais qu'il datait de 1670. Lauzun qui, sans aucun doute, savait cela, aura voulu se divertir un peu; c'est donc un méchant et ingrat animal...

Versailles, le 28 juin 1693.

... Mme de Chartres, Mme la duchesse et la princesse de Conti sont toutes trois revenues enceintes du voyage (à Namur); le roi ne peut donc pas prétendre que ç'a été un voyage stérile...

Monsieur s'ennuie horriblement à Vitré. Tel il a été dans son jeune âge, tel il est aujourd'hui, et cet hiver il a encore acheté pour deux cent mille écus de charges au régiment des gardes pour récompenser des jouvenceaux qui l'ont diverti en tout honneur comme dit maître Johannes...

Colombes, le 23 août 1693.

... Mon fils a mené à cinq reprises la cavalerie qu'il commande en chef à l'ennemi[1] et deux heures durant il a essuyé le feu de toute l'artillerie ; ce n'est qu'après qu'il est entré en ligne... Si mon fils ne faisait pas campagne tous les ans, à l'âge où il est, il se ferait mépriser affreusement et perdrait toute considération...

Fontainebleau, le 10 octobre 1693.

... Elle (Mme de Maintenon), rend le roi cruel. Par lui-même, il ne l'est pas... Lui, qui précédemment paraissait tout triste quand ses troupes faisaient du désordre, avoue maintenant que c'est lui-même qui ordonne de tout saccager. Elle le rend dur et tyrannique, tellement qu'il n'a plus pitié de rien...

Quant à Monsieur, j'ai beau faire de mon mieux pour lui persuader que je ne veux nullement le troubler dans ses divertissements et son amour pour les hommes, il croit toujours que je veux empêcher qu'il ne donne tout son bien à ses galants et quand il est dans l'intention de faire à l'un d'eux un gros cadeau de 100,000 francs ou de vingt mille écus, il me cherche lui-même cent querelles auprès du roi et me montre une grande haine afin de me faire mépriser et de m'ôter par là les moyens de lui faire obstacle. Quand il n'a rien de pareil en tête, tout va paisiblement, mais ces occasions se présentent plus de trois ou

---

1. Bataille de Noerwinde.

quatre fois an. La femme de mon fils est une désagréable et méchante enfant. Elle ne se soucie aucunément de mon fils et méprise Monsieur, comme si elle était quelqu'un de bien...

Versailles, le 6 juin 1694.

... J'ai appris depuis peu que mon cocher du corps m'a accusée auprès de M. La Reynie[1] de mal parler de l'État et de tout écrire en Allemagne et que cet homme allait s'enfuir. J'ai envoyé Wendt lui demander pour quel motif il avait fait cela. Il a répondu que son confesseur le lui avait ordonné, parce qu'on s'est aperçu que j'étais encore huguenote. Immédiatement après, le garnement a décampé...

A LA RAUGRAVE LOUISE.

Saint-Cloud, le 2 septembre 1694.

... A ce que je vois il y a grande compagnie à Frankfort, pour l'heure ; j'espère que cela vous changera un peu et vous divertira. Toute vieille que je suis, j'avoue qu'il ne me déplairait pas de jouer encore une fois aux petits jeux, proverbes et histoires, comme nous faisions dans notre jeune temps. Depuis la mort de S. G. notre père, je n'ai plus dansé : les danses françaises m'en ont dégoûtée...

---

1. Lieutenant-général de police.

A LA DUCHESSE DE HANOVRE.

Versailles, le 28 novembre 1694.

... Depuis que le roi est dévot, ceux qui le gouvernent lui ont inspiré une telle horreur des autres religions, qu'il croit que tous ceux qui appartiennent à l'une ou à l'autre d'entre elle sont damnés...

Versailles, le 5 décembre 1694.

... M. le Dauphin a un piqueur du nom de La Violette. Il a près de quatre-vingts ans et quand on le voit de dos on le prendrait pour un gars de dix-huit, tellement il se tient droit. Il fait sauter à son cheval tous les fossés, quelque larges qu'ils soient; ne boit que du vin pur, jamais d'eau, et ne veut pas manger de soupe parce qu'il y a de l'eau dedans. Il va tous les jours en forêt et chasse dix heures durant sans se fatiguer...

... Je suis bien aise que vous ayez passé l'année climatérique. Le pauvre maréchal de Bellefonds y est; il a soixante-trois ans; il est à la mort...

Je suis très heureuse que la satire vous ait divertie. Il faut que quelques personnes s'y soient retrouvées fort exactement dépeintes et qu'elles aient porté plainte, car elle a été défendue. La satire de Despréaux n'atteignait que les gens de la ville, tandis que celle-ci, qui est de Regnard, atteint les gens de la cour...

Versailles, le 9 décembre 1694.

... Du moment qu'il y a des cachets et des agates parmi les reliques que l'oncle a données à l'abbé Molanus, il pourrait fort bien s'en trouver dans le nombre qui ressemblent à la relique qu'un roi de France a donnée à la Sainte-Chapelle... On croyait qu'elle représentait l'histoire d'un saint, et on lui a voué de tout temps une grande vénération. Il y a quelques années, un savant qui s'entend aux antiquités est allé à la Sainte-Chapelle, par curiosité, pour voir ce qui s'y trouvait. En examinant cette relique au grand jour il découvrit que c'était Auguste avec toute sa famille — les traits ressemblant parfaitement à ceux des médailles — représenté au moment où li reçoit Germanicus aux champs Élysées.

Paris, le 23 décembre 1694.

... Nous avons failli n'avoir plus de comédie. La Sorbonne, pour plaire au roi, a voulu la faire interdire. mais l'archevêque de Paris et le père de La Chaise doivent lui avoir dit que ce serait trop dangereux de défendre les divertissements honnêtes parce que cela pousserait la jeunesse à plusieurs vices abominables... Moi, tant qu'on ne l'abolira pas entièrement je continuerai d'y aller... Il y a quinze jours, comme on prêchait contre la comédie en disant qu'elle « animait les passions », le roi se tourna vers moi et me dit : « Il ne preche pas contre moy, qui ne vas plus à la commedie, mais contre vous auttres qui l'aimes et y alles. » — « Quoy que j'aime la Comedie, répondis-je, et que j'y aille, mons. dagien[1] ne prêche pas contre moy, car il ne parle que contre ceux qui ce laissent exitter des passions aux comedies et ce n'est pas moy. Elle ne me fait d'autre effect que de me divertir et à cela il n'y a nul mal. » Le roi ne dit mot...

Versailles, le 16 janvier 1695.

... A Paris, le théâtre est toujours tellement rempli de spectateurs, qu'ils sont pêle-mêle avec les acteurs, ce qui est bien désagréable. Et puis il n'y a rien de plus ennuyeux que nos soirées de Paris : Monsieur joue du lansquenet à une grande table ; mais il ne m'est pas permis de m'approcher, ni de me montrer au jeu, car Monsieur a la superstition de croire que je lui porte malheur quand il me voit ; nonobstant il veut que je me tienne dans la même pièce ; toutes les vieilles femmes qui ne jouent pas, je les ai sur le dos. Cela dure de sept à dix et me fait affreusement bailler. Tous les deux jours, l'après-dînée, je suis obligée d'aller à Port-Royal, pour ne rien changer à mes anciennes habitudes, mais je n'y vais plus avec le même plaisir qu'autrefois...

Versailles, le 3 février 1695.

... Il fait un tel froid ici qu'on ne sait que faire. Hier, à la grand'messe, je crus que j'aurais les pieds

---

1. M. d'Agen, *Mascaron*.

gelés, car quand on est avec le roi il n'est pas permis, par respect, d'avoir une chancelière. J'eus un dialogue bien comique avec notre roi. Il me tançait vertement de ce que j'avais mis une écharpe : « On n'a jamais estés à la procession en escharpe », dit-il. « Cela se peut, répondis-je, mais il n'a jamais fait aussi froid qu'il fait. » — « Auttrefois, dit le roi, vous n'en metties pas. » — Auttrefois, repliquai-je, j'estois plus jeune et ne sentois pas tant le froid. » « Il y en avoit de plus vielle que vous, dit-il, qui ne mestois pas d'echarpe. » — « Ce que (c'est que) répondis-je, ces vielles la aimoit mieux ce geller que de mettre quelque chose qui ne sioit pas bien, et moy j'aime mieux estre mal misse et ne me pas morfondre la poictrine Car je ne me pique pas de gentillesse. » A quoi il ne répondit rien...

Versailles, le 6 février 1695.

... Il y a deux ans de cela, M. le Dauphin était dans l'intention d'épouser ma fille et il le dit à la vieille ripopée. Elle ne le contredit pas... mais fit chercher la princesse de Conti et sa confidente Mlle Choin et leur ordonna de ne laisser de repos à M. le Dauphin qu'il ne leur eût promis de ne plus penser à ce mariage. Deux mois durant elles n'eurent de cesse nuit et jour, jusqu'à ce qu'il le leur eût promis.

... J'espère quelle ira en enfer, où la conduitte le père, le fils et le Saint-Esprit. C'est par ces mots qu'un petit capucin d'ici avait coutume de terminer ses sermons (« vous ires en enfer ou vous conduisse, etc... »).

Versailles, le 10 février 1695.

... Je sais bien que mon fils ne peut être parfait, mais sans être parfait il pourrait bien s'appliquer à des choses plus sérieuses, ce dont, Dieu merci, il est capable, plutôt que de s'occuper jour et nuit de balivernes. C'est ce qui lui attire le mépris de la cour et fait qu'on le tient pour incapable de s'acquitter d'une tâche sérieuse. Sa situation[1] est nouvelle en France et s'il ne prend soin de s'y maintenir il ne sera que trop vite mis sur le même pied que les princes du sang...

Versailles, le 3 mars 1695.

... Ici personne ne veut plus danser ; par contre ils apprennent tous la musique. C'est la très grande mode maintenant et elle est suivie par tous les jeunes gens de qualité, tant hommes que femmes.

Si Monsieur ne faisait que perdre son argent au jeu, il n'y aurait trop rien à redire, mais qu'il donne son bien par cent mille francs du coup parfois et qu'il veuille rattraper tout cela en nous rognant les vivres à moi et à mes enfants, voilà qui n'est pas agréable et cela nous réduit à un état tel que si Monsieur venait à mourir, — ce dont Dieu nous préserve ! — nous serions réduits à vivre uniquement des grâces du roi... Il en résulte en outre que nous n'avons jamais un liard et que nous manquons souvent du nécessaire...

---

1. De petit-fils de France.

Il n'est que trop vrai que les morts ne reviennent pas : le prince de Conti m'avait, trois semaines avant sa mort, promis pour sûr de revenir, si cela était possible, pour me donner des nouvelles de l'autre monde, mais je ne l'ai pas vu réapparaître...

A LA RAUGRAVE LOUISE.

Versailles, le 5 mars 1695.

... J'ai bien pensé que Caroline[1] prendrait fort à cœur la mort de la reine Marie. Tous ceux qui ont connu cette reine en font le plus grand éloge. Le roi Jacques d'Angleterre que nous avons ici, n'a pas voulu que nous portions le deuil de sa fille. Il a fortement insisté pour qu'on n'en fît rien. Cette mort ne lui a pas causé de peine du tout. J'en ai été très étonnée, car il me semble que l'on ne saurait oublier ses enfants ; quelque mal qu'ils vous fassent, la voix du sang parle. D'après la description qu'on m'avait faite du roi Guillaume, je n'aurais cru de ma vie qu'il serait si tendre pour son épouse. Je lui en sais un gré infini et le plains de tout mon cœur. Si cela m'avait été permis, j'aurais écrit à Caroline de lui faire mes compliments de condoléance...

Il a fait si froid ici qu'à la table du roi le vin ainsi que l'eau gelaient dans les verres...

---

1. Duchesse de Schomberg.

A LA DUCHESSE DE HANOVRE.

Marly, le 16 mars 1695, 6 heures du soir.

... L'essentiel est que le roi Guillaume soit de nouveau en bonne santé : la tristesse lui passera bien avec le temps... Présentement le roi me laisse de nouveau dormir au sermon.

Choisy, le 7 avril 1695.

... L'*Amadis* m'a bien divertie, voilà pourquoi je me souviens si bien du contenu, mais je n'ai pas eu la patience, comme mon oncle, d'en lire tous les vingt-quatre livres...

... Je ne pense pas que l'abbé de Loccum vienne bientôt à bout de sa tâche qui est de réunir les églises chrétiennes, car où il y a des intérêts en jeu, l'on ne cède que difficilement. Je ne crois pas que M. de Meaux lui-même le souhaite ; si tous les hommes, en effet, étaient de la même religion, évêques et prêtres n'auraient plus rien à dire...

Paris, le 1er mai 1695.

... Je crois que, comme l'on est tellement dévot à la cour, les auteurs se sont imaginé qu'on ferait meilleur accueil à leur pièce, s'ils y mêlaient un peu de piété. Au début cela a réussi, mais à cette heure on ne peu plus souffrir leur comédie. Quand les acteurs l'annoncèrent la dernière fois, le parterre répondit :

« Nous n'en voulons plus ! » — « Pourquoi cela ? demandèrent-ils ; elle a pourtant été fort goûtée. » Le parterre répondit : « Cette comédie[1] n'a pas estée sifflée parce que c'estoit en Carême et que tous les siffleurs estoient occupes à Versailles à siffler le sermon de l'abé Boileau. » C'était là une jolie réponse...

A LA RAUGRAVE LOUISE.

Paris, le 14 mai 1695.

...La danse est donc hors de mode partout? Chez nous en France, dès qu'il y a une assemblée, on ne fait que jouer au lansquenet ; c'est le jeu qui est ici le plus en vogue ; les jeunes gens ne veulent plus danser. Quant à moi, je ne joue ni ne danse. Pour ce qui est de jouer, j'ai deux fort bonnes raisons de n'en rien faire : premièrement, je n'ai pas d'argent ; secondement, je n'aime pas le jeu. On joue fort gros jeu ici : les gens sont comme fous ; l'un pleure, l'autre frappe du poing sur la table, que toute la chambre en tremble ; un troisième blasphème que les cheveux s'en dressent sur votre tête ; bref, tous ont l'air d'être comme hors d'eux ; on prend peur rien qu'à les regarder...

A Paris, on ne peut guère jouir du beau temps, cependant je sors en carrosse tant que je peux ; deux

---

1. *Judith*, tragédie de l'abbé Boyer. C'est à la Champmeslé elle-même que l'on fit cette réponse. (M. DE LERIS, *Dictionnaire des Théâtres*.)

fois aussi j'ai été courre le cerf. Vous direz peut-être que je suis trop vieille pour prendre part aux chasses et je suis bien de votre avis, mais j'aime mieux être ridicule que malade. Or il n'y a pas de meilleur dérivatif à mes douleurs de rate que la chasse et le mouvement violent ; je continue donc bravement à chasser...

A LA DUCHESSE DE HANOVRE.

Saint-Cloud, le 7 juillet 1693.

... Il me semble que cela ne peut pas produire une bonne impression sur les jeunes gens que de faire une telle affaire à propos d'une bagatelle, d'un opéra[1] où il ne se trouve rien qui puisse choquer ni Dieu ni les hommes. De cette façon, MM. les prédicants feront plus de catholiques que le roi avec ses dragons...

Saint-Cloud, le 7 juillet 1695.

... Je crois que Monsieur est dévot pour ressembler en tout point à Henri III. Si c'est là le chemin du ciel je n'y entrerai certainement pas. Quand je ne suis pas obligée d'aller à la grand'messe, j'en ai sitôt fait avec mes dévotions : j'ai un chapelain qui expédie la messe en un quart d'heure, ce qui fait bien mon affaire...

1. Les ministres protestants de Berlin avaient fait à l'électeur de Brandebourg des remontrances au sujet de l'Opéra.

Versailles, le 21 août 1695.

...Vous avez grandement raison de croire que c'est à tort qu'on se déchaîne contre le maréchal de Villeroy ; mais on le fait par complaisance pour le boiteux[1].

A LA RAUGRAVE LOUISE.

Saint-Cloud, le 17 septembre 1695.

Quoique nous ayons eu aujourd'hui de telles histoires ici que j'en ai la tête toute à l'envers, je vais répondre quand même à votre lettre du 27 août-6 septembre que j'ai reçue cette après-dînée, car qui sait quels obstacles pourront surgir demain. Mais, avant de répondre à votre lettre, laissez-moi vous dire tout ce qui nous est venu de monde depuis le moment où elle m'est parvenue. Premièrement il m'est arrivé tout un essaim de duchesses, vu qu'il me fallait recevoir aujourd'hui en audience l'ambassadrice de Venise ; après cela, l'audience elle-même qui a duré pas mal de temps, car tout se passe avec gravité et cérémonie ; ensuite, quand l'audience fut finie, M. le Dauphin est venu avec la princesse de Conti. Quand ils furent partis, Mme la duchesse *Brachane*[2] est arrivée pour prendre congé, car elle va à Rome ; puis la

---

1. Villeroy et le duc du Maine avaient laissé échapper Vaudemont, qui s'était mis en sûreté sous les murs de Gand.
2. De Brasciano ; la même qui plus tard portera le titre de « princesse des Ursins ».

bonne Mme de Klenk est venue dans mon cabinet ; et à peine était-elle partie qu'arrive le surintendant de ma maison pour m'entretenir d'une affaire...

Je vous ai écrit l'autre fois que mon fils est de retour maintenant. La joie de le revoir m'a été gâtée quelque peu, car il a eu de nouveau deux accès de fièvre tierce. C'est pourquoi je lui ai supprimé tout à fait son quinquina. Aujourd'hui, grâces en soient rendues à Dieu, le troisième accès n'a pas eu lieu. Je ne sais dans quelle gazette vous avez lu ce qui est arrivé à mon fils, mais tout ce que vous y avez vu était vrai. Il me semble que toutes les gazettes, à l'exception de celles de Paris, disent à peu près la vérité depuis un temps. J'avoue que mon fils aime beaucoup la guerre et ceux qui l'y voient disent qu'il y est très appliqué et qu'il apprend bien son métier, mais moi je ne suis pas à mon aise du tout, car à ce métier-là on perd souvent bras ou jambes, sinon la vie...

A LA DUCHESSE DE HANOVRE.

Fontainebleau, le 27 septembre 1695.

...Il est vrai qu'on est injuste envers le pauvre duc de Villeroy ; mon fils me l'a dit aussi, mais quand les Français se mettent en tête de haïr quelqu'un, il n'y a plus chez eux ni rime ni raison : il faut qu'ils chantent tout ce qui leur passe par la tête...

Je n'ai jamais cru que notre roi songeât à la monarchie universelle...

Je n'étais pas à la cour quand arriva la nouvelle

que le prince d'Orange avait retenu Boufflers prisonnier[1] ; mais les personnes qui s'y trouvaient m'ont raconté que d'abord le roi pâlit et en trembla de colère ; mais le lendemain il doit avoir dit : « Le prince d'Orange a raison ; si l'on avait ponctuellement suivi mes ordres, ceci ne serait pas arrivé et la garnison de Dixmude eût été immédiatement relâchée... »

M. de Boufflers n'est pas traité avec plus de ménagements que le maréchal de Villeroy comme vous le verrez par les chansons ci-incluses...

A LA RAUGRAVE LOUISE.

Fontainebleau, le 27 septembre 1695.

... Ma tante m'a écrit de drôles d'histoires sur le compte de Mme l'abbesse d'Herford[2]. Nous avons aussi un Courlandais au service ici qui prétend être très avant dans les bonnes grâces de cette abbesse : il m'a montré une lettre d'elle qui prouve qu'elle s'intéresse fort à lui. Il s'appelle Ambotten. Elle me l'a fait recommander aussi très chaudement par Mme de Platen. C'est un jeune homme de vingt ans, pas laid ni mal fait, mais pas agréable du tout ; il est intelligent, écrit bien, mais il est fort épris de lui-même. Elle voudrait bien l'avoir de nouveau auprès d'elle, mais Ambotten

---

1. Après la capitulation de la citadelle de Namur. Voir MACAULAY, *Guill. III.* III, III.

2. Élisabeth, comtesse palatine, sœur de la duchesse Sophie de Hanovre, l'amie de Descartes, à Leyde. Voir FOUCHER DE CAREIL, *Descartes et la princesse Palatine.*

ne veut pas retourner là-bas. Par là vous voyez, chère Louise, que j'ai beaucoup entendu parler de l'humeur dont est cette abbesse...

Je n'ai pas eu connaissance des vers qu'on a envoyés d'Angleterre à la princesse de Conti. Namur va exercer la « vaine poétique[1] », dans toutes les langues. Ici l'on ne fait que chansonner tout le monde ; le roi lui-même n'est pas epargné, mais on se déchaîne tout particulièrement contre le pauvre duc de Villeroy. Il ne se passe pas de jour qu'on n'entende une nouvelle chanson contre lui.

Fontainebleau, le 8 octobre 1695.

... Je vous sais beaucoup de gré de vous réjouir avec moi de l'arrivée de mon fils. Il a été malade pendant quelque temps encore, mais depuis qu'il est ici, il s'est guéri en jouant au mail et en chassant et se porte parfaitement à cette heure, Dieu merci.

Certes l'on a chansonné aussi le maréchal de Boufflers à Paris. Voici sa chanson sur l'air de la *Joconde* :

« Quoy Bouffler duc (?) on a grand tord,
C'est insulter la France ;
Guillaume l'aurait fait milord,
C'est sa vray récompense, etc. »

Vous voyez bien qu'ici on met tout en chansons.

Vous me parlez de votre figure, que vous appelez surannée, et vous oubliez que j'ai dix ans de plus que vous. Il ne m'appartient pas de parler des visages des gens, aussi n'aimerai-je ni ne haïrai-je jamais per-

1. La veine poétique.

sonne à cause de sa beauté ou de sa laideur ; il nous faut dire avec Jodelet[1] : « Maistre valet, si nous estions artissans de nous mesme, on ne verroit partout que des beautés extrêmes. »

A LA DUCHESSE DE HANOVRE.

Fontainebleau, le 12 octobre 1695.

... On parle maintenant du roi Guillaume sur un tout autre ton que par le passé. Partout on entend dire : « C'est vn maistre homme, c'est vn grand Roy et digne de l'estre », et autres semblables choses. Vous avez bien raison de dire qu'on ne loue que ceux qui ont du bonheur.

... Il ne faut pas vous étonner de ce qu'on chante ainsi les louanges du roi Guillaume. Tout est affaire de mode ici et depuis un an on ne parle que trop librement sur le compte d'un chacun, tant ami qu'ennemi. La couronne elle-même ne vous met pas à l'abri des critiques : c'est surtout des têtes couronnées que l'on parle, ce sont elles que l'ont chansonne le plus...

J'ai ri de bon cœur de ce que vous dites du castel d'arrière. Il est bien vrai qu'ici le roi Guillaume est réputé être de cette confrérie-là. Seulement on ajoute qu'il n'en tient plus autant que par le passé...

---

1. *Le Jodelet ou le Maistre valet*, comédie de Scarron.

A LA RAUGRAVE LOUISE.

Paris, le 30 octobre 1695.

... Il faut que je vous remercie pour les deux Virgiles que j'ai enfin reçus hier. Quoique ce ne soient pas ceux que j'ai lus jadis — ils appartenaient à Charles-Louis et étaient, comme je vous l'ai dit, en vers blancs — ils ne me sont pas moins agréables parce qu'ils me viennent de vous, chère Louise. Je les lirai pour m'entretenir dans l'habitude de la langue allemande, et ne pas l'oublier ; ils ne me seront donc pas inutiles...

Marly, le 1er décembre 1695.

... M. Fabricius... m'écrit qu'il compte faire un tour à Saint-Cloud, si la paix se fait. Je n'ai pas le temps aujourd'hui de faire réponse à son billet ; remerciez-l'en, je vous prie, et dites lui que je serais bien aise de le voir à Saint-Cloud. Mais entre nous, s'il venait ici, il ne faudrait pas qu'il m'appelle « altesse ». Ce titre est bon pour les princes du sang, tandis que nous et nos enfants on nous appelle « altesse royale » ; en dehors des petits enfants de France personne ne porte ce titre...

Versailles, le 11 décembre 1695.

... Je trouve que la mère de Spiegel a bien parlé et je considère comme un grand éloge que l'on dise que j'ai le cœur allemand et que j'aime ma patrie. Je chercherai à le mériter avec l'aide de Dieu jusqu'à ma fin. Je n'ai le cœur que trop allemand, car je ne peux pas encore me consoler de ce qui s'est passé dans ce pauvre Palatinat ; il ne m'est pas possible d'y songer sans être triste le reste du jour...

A LA DUCHESSE DE HANOVRE.

Port-Royal, le 18 décembre 1695.

... Je vous remercie bien humblement de la lettre imprimée de M. Leibnitz. Je la trouve fort bien écrite et je ne puis comprendre comment il lui a été possible d'expliquer avec tant de clarté une chose si embrouillée. Je ne doute pas que je ne fasse grand plaisir à la reine d'Angleterre en la lui montrant. Dès que je verrai Sa Majesté je la lui donnerai à lire...

A LA RAUGRAVE LOUISE.

Versailles, le 1er janvier 1696.

... Le commissaire Lasalle m'eût bien obligée en m'apportant vos portraits. Je vais tâcher d'apprendre où le gaillard a passé ! Je vous enverrai le mien en habit de chasse, parce que ces portraits sont plus ressemblants ou, pour dire la vérité, étaient plus ressemblants que les autres ; car depuis que j'ai eu la petite vérole, je ne me suis plus fait peindre et suis devenue encore bien plus laide..

A LA DUCHESSE DE HANOVRE.

Versailles, le 5 février 1696.

...Pendant les deux derniers jours que j'ai passés à Paris, il est venu deux personnes qui me demandèrent, chacune à part, si je savais quels bruits couraient sur mon compte : le chevalier de Bouillon doit avoir dit publiquement, à la comédie et à l'opéra, que j'étais fort éprise de lui et cela en termes si insolents qu'on n'oserait me les répéter. Je réponds que tout ce que dirait le chevalier de Bouillon ne pourrait faire de tort à personne, vu qu'il est si ivrogne et si menteur que personne n'ajouterait foi à ses discours ; s'il persistait dans cette gentillesse, je le couvrirais d'un tel ridicule qu'il en aurait pour la vie. Depuis lors je n'avais pas vu le chevalier de Bouillon et je ne pensais plus à lui, quand lundi dernier, en entrant ici à la comédie, je vis quelques jeunes gens me regarder et avec des sourires moqueurs faire signe au chevalier. Cela m'échauffa la bile. On parlait justement d' « apostropher » et je dis tout haut devant M. le Dauphin : « Voila vn homme la haut que j'apostroperes tantost » — « Et qui ? demanda M. le Dauphin. » — « Le chevalier de Bouillon, répondis-je ; il me revient de tous costé qu'il se vante que j'ay une si grande passion pour luy, comme je ne m'en suis point aperceüee, je veux luy demander au moins quelles sont les grandes et belles qualités qui m'ont temps charmées et si par ses discours il continue a estre si aimable, il me forcera de prier le roy de m'esloigner ce flambeau qui réduit mon cœur si fort en cendre », dis-je en riant.

M. le Dauphin ordonna immédiatement à mon fils d'avertir le chevalier de Bouillon qu'il eût à ne plus se montrer où je me trouverais. Le soir même son père, M. de Bouillon, vint vers moi et me fit un grand compliment sur le chagrin qu'il avait d'apprendre qu'on avait faussement accusé son fils auprès de moi. Il me dit de lui nommer les gens qui m'avaient rapporté cela ; si s'étaient des hommes, son fils se battrait avec eux ; si s'étaient des femmes, il leur couperait le nez. Je me mis à rire et lui répondis : « Le roi a défendu toute espèce de duels, mais votre fils aurait fort à faire s'il voulait se battre avec tous ceux qui ont entendu ses impertinences à l'opéra et à la comédie. »

« — Mais, répliqua M. de Bouillon, qu'est-ce qui peust vous avoir fait croire que mon fils ayt peu faire vne telle impertinance? » — « Deux raison, répondis-je, la première est l'insolence dont il en a usses avec ma cousine la duchesse de Hanovre. » — « Ah madame, dit-il, la différence est bien grande. » Je répondis : « Elle n'est pas si grande que vous penses, et si vous l'avies corriges allors, cecy ne luy seroit pas arrives, la seconde raison qui m'a fait croire ce qu'on a dit de vostre fils, est, que c'est vn ivrogne que j'ai veüe si ivre à Fontainebleau qu'il vous a devant moy à la chasse appeles vieux fol et qui est capable de ces deux folie peust être capable de tout. » — « Ah si je l'avois entendu, dit M. de Bouillon, je luy orois passes mon espée au travers du corp. Il ne tenoit qu'à vous, répondis-je, car vous esties encore plus près de luy que moy qui l'ay ouy. » — « Eh bien, dit M. de Bouillon, Madame, puisque vous este convaincue du tort de mon fils, que voulles vous que j'en fasse l'envairay-je a la Bastille le metterois-je dans vn cu de basse fosse, voulles-vous que je lassome de coup. » — « C'est à vous, répliquai-je, a voir comme vous poures corriger vostre fils, ce n'est pas mon affaire, tout ce qu'il a dit de moy'est au dessous de moy, mais pour arester ces insolences, j'ay voulu le traitter selon ces mérittes, et le tourner publiquement en ridiculle afin de desaccoustumer les ivrognes a parler de moy dans leur vin cependant je vous suis obliges d'avoir pris cette affaire avec tant de chaleur. »

— « Je prieres le roy, répartit-il, de vous faire dire qui vous l'a dit. » — « Le roy, répondis-je, a trop de bonté pour moy pour me faire dire ce que je ne veux pas et d'aillieur je ne vous conseille pas d'en parler au roy qui peust aissement aprofondir l'affaire et la trouvant orage[1] puniroit plus severement vostre fils que vous mesme, croyes moy coriges le vous mesme et qu'il n'en soit plus question »[2].

Ainsi finit notre discours. Peu après vint Monsieur à qui je contai tout ce qui s'était passé. Ce soir-là et le lendemain, il approuva tout ce que j'avais dit et fait, mais hier je le trouvai dans un tout autre senti-

---

1. Grave.

2. A propos du chevalier de Bouillon, voir *Journal de Dangeau*, vendredi, 5 mars 1695. (Ve vol.)

ment et il me dit que j'avais fort mal agi en faisant un affront public au chevalier.

« Monsieur, répliquai-je, aimeries vous mieux que le bruit continua qu'il a respandu que je l'aime et le lorgne? » — « Non, dit Monsieur, mais il n'y a que la moitié de la cour qui approuve ce que vous aves fait. » — « Tant mieux, dis-je, il faut que ceux qui le desaprouve soyent la jeunesse amis du chev. de Bouillon et je l'ay fait expres car je say que ces espece ne craigne rien plus au monde que d'estre apostrophes et c'est vne terreur que j'ay voulu leur donner afin de ne plus parler de moy, car je ne desire ny estre affiches ny chantes comme les princesse et c'est pourquoy je marque que je ne me taires pas si on ce joue a moy afin de me sauver de leur insolence. » Monsieur repondit : « Voila qui est bien n'en parlons plus. »

Aujourd'hui le cardinal de Bouillon est venu me voir et m'a fait cent compliments auxquels j'ai répondu poliment. Cette affaire a provoqué de terribles disputes à la cour : plus de la moitié disent que j'avais eu raison, par le temps qui court, de faire peur aux jeunes gens afin de mieux me faire respecter ; d'autres disent que j'aurais dû le faire plus secrètement.

A LA RAUGRAVE LOUISE.

Versailles, le 11 février 1696.

... Quelquefois les mariages réussissent, mais c'est bien rare : il n'y en a pas deux sur mille... On peut dire des bons mariages comme du phénix : on n'en trouve qu'un par siècle...

... Par ce que vous me dites des jeunes cavaliers allemands, je vois qu'ils doivent être devenus semblables à ceux d'ici ; il n'y a pas grand'chose à espérer d'eux. C'est la guerre, à mon avis, qui en est la cause ; c'est elle qui en a fait de tels malotrus qu'ils ressemblent aux simples soldats dans les corps de garde...

A LA DUCHESSE DE HANOVRE.

Marly, le 1er mars 1696.

... Nous allons bientôt mener une existence fort ennuyeuse ici, car nous avons un jubilée. La chose est bien mal nommée, vu que rien n'est plus triste. Il faut être constamment fourré dans les églises, manger force poisson, jeuner et communier. De plus pendant tout le temps que dure la chose, pas de divertissements, ni comédie, ni opéra. Tout en un mot est ennuyeux. Le roi Jacques fera son jubilée en mer, car Sa Majesté est partie hier pour Calais où elle s'embarquera avec une armée pour l'Angleterre. A quoi cela aboutira, *sal den tied leren*[1].

Versailles, le 7 mars 1696.

... Hier Mlle de Klenk m'a fait ses adieux ; elle partira jeudi, samedi au plus tard. Je vais donc écrire à

1. Le temps doit nous l'apprendre. (Hollandais.)

ma bien-aimée tante où en sont les choses ici. Je commencerai par Monsieur. Il n'a rien en tête que les jeunes gens ; il passe des nuits entières en orgies avec eux et leur donne d'énormes sommes d'argent... tandis que ses enfants et moi nous avons à peine le nécessaire. Quand il me faut des chemises et des draps de lit, je suis obligée de les mendier un temps infini, alors que précisément il donne dix mille écus à La Carte pour acheter son linge en Flandre et parce qu'il sait que je ne puis ignorer où passe tout l'argent, il se méfie de moi et craint que je ne raconte la chose au roi, lequel pourrait chasser ses mignons ; quoi que je fasse et que je dise pour lui prouver que je ne trouve rien à redire à sa façon de vivre, il ne me croit pas et me fait journellement de nouvelles querelles auprès du roi...

Journellement aussi il excite mes propres enfants contre moi. A fin que mon fils ne s'aperçoive pas combien peu on fait pour lui, son père lui permet toutes les débauches et l'y maintient quoiqu'elles lui attirent la haine du roi... il se moque de moi avec lui, et ils mènent une vie à Paris que c'en est honteux. Les inclinations de mon fils sont bonnes pourtant, il pourrait devenir un homme sérieux si Monsieur ne le dépravait pas. Quant à ma fille, Dieu merci, il ne la plonge pas dans les débauches et je dois le dire en l'honneur de la vérité : elle n'a pas la moindre propension à la galanterie... Mais il l'entoure de canailles telles que c'est un vrai miracle qu'elle ne soit point corrompue. De plus il lui inspire une telle haine contre les Allemands qu'elle ne peut presque pas endurer d'être avec moi, parce que je suis une Allemande. Cela me fait craindre qu'il n'en advienne d'elle comme de mon fils et qu'un de ces jours elle ne se laisse persuader d'épouser le bâtard[1]. Devant les gens, Monsieur me fait bonne mine, mais au fond il ne peut me souffrir... Il fait tout ce qui est en son pouvoir pour me faire haïr non pas seulement du roi, mais aussi du Dauphin et de tout le monde...

Quant à la Maintenon, elle est tellement jalouse de son autorité que Monsieur lui fait un véritable plaisir en disant du mal de moi. A plusieurs reprises, elle eût voulu me monter contre lui, car elle m'a souvent fait dire que Monsieur parlait mal de moi au roi, mais j'ai répondu que le roi — j'en avais l'espoir — serait assez juste pour examiner ce qui était vrai ou non... Quoiqu'elle soit plus polie avec moi, je ne peux croire que jamais elle me rendra de bons offices...

La femme de mon fils est une déplaisante personne. Trois ou quatre fois par semaine, elle s'enivre comme un corroyeur. . D'ailleurs le roi me préfère tous les bâtards. Doit-on aller quelque part avec lui, c'est de la part des princesses qu'on va chercher les dames; elles sont de tous les particuliers et tous les soirs il me faut voir entrer Mme de Chartres dans le cabinet du roi tandis qu'à moi on me ferme la porte au nez... Le roi sait si bien que c'est plaire à Monsieur que de me mépriser, que toutes les fois qu'ils sont mal ensemble et que le raccommodement se fait, il en résulte des

---

1. Le comte de Toulouse.

faveurs pour les jeunes gens qui sont ses favoris et des mauvais traitements pour moi.

Toute l'argenterie venue du Palatinat, Monsieur l'a fait fondre et vendre et en a donné l'argent aux jeunes gens. Tous les jours il en vient de nouveaux, il vend ou met en gage tous ses joyaux... de sorte que s'il venait à mourir aujourd'hui — ce dont Dieu nous préserve! — demain je devrais vivre uniquement des grâces du roi et ne trouverais pas de pain. Monsieur dit très haut — et il ne l'a caché ni à sa fille ni à moi — que, commençant à se faire vieux, il n'avait plus de temps à perdre, qu'il emploierait tout et ne ménagerait rien pour se bien amuser jusqu'à sa fin. Pour ceux qui lu survivraient, à eux de voir comment ils passeront leur temps; qu'il s'aimait mieux que moi et ses enfants; c'est pourquoi, tant qu'il vivrait, il ne s'occuperait que de lui. Et il le fait comme il le dit.

A LA RAUGRAVE LOUISE.

Versailles, le 8 mars 1696.

... Je sonderai le roi, si je trouve le joint, pour savoir s'il serait disposé à vous laisser la jouissance de vos biens dans le Palatinat; je vous enverrai immédiatement la réponse. Je ferai, chère Louise, tout ce qui est en mon pouvoir et serai vraiment heureuse si je peux vous rendre service à vous, à votre sœur et à votre frère. Mais ce qui me fait craindre un refus de la part du roi c'est que Charles-Maurice[1] est au

---

1. Le dernier survivant des demi-frères de Madame.

service de Brandebourg ; c'est pourquoi je ne parlerai qu'en faveur de vous et d'Amelise[1] et aussitôt après vous aurez la réponse. Je n'en soufflerai mot à âme qui vive, si ce n'est au roi et comme si cela venait de moi, par prévoyance de l'avenir ; ainsi je ne vous compromettrai en rien...

P. S. J'ai oublié de vous dire que je n'ai pas encore pu parler au roi, car de toute la semaine il n'est pas allé à la volerie et en dehors de cette chasse je ne vois le roi qu'à table. Mais demain nous sortons avec les faucons ; j'espère alors trouver l'occasion de lui parler...

Versailles, le 25 mars 1696.

... J'ai tristement commencé le carême. La bonne duchesse de Guise, cousine de Monsieur et du roi, la fille de feu Monsieur, est morte en cinq jours, ici, dans notre voisinage ; cela m'a bien peinée. C'était une bonne et pieuse princesse. Nous mangions tous les jours ensemble ; il n'y avait que mon antichambre entre ma chambre et son cabinet ; je l'ai donc vue jusqu'à sa fin... Elle avait prédit sa mort : elle savait fort bien qu'elle mourrait maintenant, mais elle n'a pas dit d'où elle le savait. Quand elle tomba malade mon fils l'était bien plus qu'elle ; il avait une forte fièvre continue avec redoublements, la poitrine lui faisait mal et il avait une forte toux. Mais je n'ai pas permis qu'on lui donnât beaucoup de médicaments : comme je voyais bien que sa maladie ne provenait que de la vie

---

1. La raugrave Amélie-Elisabeth, demi-sœur de Madame.

déréglée qu'il avait menée à Paris pendant le carnaval, je l'ai fait se tenir très chaudement, bien se nourrir et boire de l'eau pour se rafraîchir. De cette façon il a été guéri au bout de cinq jours, tandis que la pauvre Mme de Guise, à qui l'on tira du sang six fois pendant sa maladie, est morte...

A LA DUCHESSE DE HANOVRE.

Versailles, le 1er avril 1696.

... Les Français ne peuvent perdre l'habitude de se moquer des gens. Il faut qu'ils rient de tout ce qu'ils entendent. Maintenant qu'ils voient que le roi Jacques ne revient pas et qu'ils pensent quand même qu'il n'y plus rien à faire, ils ont affiché ceci à Paris : « Cent escus à gaignes qui pourra trouver vne manière honeste pour faire revenire le roy d'Angleterre à Saint-Germain. » Cette idée m'a semblé si drôle que je n'ai pas pu m'empêcher d'en rire quoique je ressente une vive compassion pour le bon roi.

Je vous ai déjà écrit qu'ici on nie la tentative d'assassinat... Le roi doit avoir dit : « Le prince d'Orange me rendra bien la justice de ne pas croire que je l'ay voulus faire assassiner car il sait bien que j'ay tenus des gens deux ans en prissons de m'avoir seulement fait la proposition de l'assassiner. » Vous voyez par là que notre roi n'y a aucune part. Sans doute les conspirateurs auront résolu la chose entre eux ; peut-être que le duc de Berwick, qui est un peu brutal, a eu cette idée et aura proposé la chose au nom des deux rois, et à leur insu, car, à ce que l'on m'a rapporté, on n'est pas très content ici de ce duc...

A LA RAUGRAVE LOUISE.

Versailles, le 8 avril 1696.

... Il m'est arrivé quelque chose de bien désagréable. J'avais fait faire mon portrait pour Caroline[1] et commandé celui de ma fille à un bon peintre. Celui-ci me promet de le faire. Quand je m'imagine que tout est achevé et que j'envoie chez lui, il me fait répondre qu'il n'a pas fait le portrait, car en ayant fait un pour Monsieur et celui-ci ne l'ayant pas payé, il a cru que je ne le paierais pas davantage et s'est abstenu de le faire. Il faut donc que je me mette en quête d'un autre peintre pour avoir le portrait de ma fille.

A LA DUCHESSE DE HANOVRE.

Paris, le 24 avril 1696.

... L'histoire que vous me racontez de cette Hollandaise me rappelle celle du comte de Gramont. Quand, il y a deux ans, il était à la mort, on lui lut la Passion. De sa vie il ne l'avait entendue en français, aussi ne la connaissait-il pas. Quand on arriva à l'endroit où les apôtres abandonnent Notre-Seigneur Jésus-Christ, le comte de Gramont se mit à pleurer et

---

1. La duchesse de Schomberg, demi-sœur de Madame.

dit : « Ah les traistre, mais aussi pourquoi prenait-il des maraud pour le suivre et des communes gens comme des pêcheurs, que ce ne faisait il suivre par des gentilhommes gascon, il ne l'auroit jamais trahis n'y abandonnes. » Puis il appela sa femme et lui dit : « Comtesse tout ce qu'on me vient de lire la, cela est-il bien vray ? » La comtesse de Grammont me l'a raconté elle-même et j'ai demandé au comte si c'était vrai. Il en convient.

A LA RAUGRAVE LOUISE.

Versailles, le 13 mai 1696.

... J'ai trouvé un autre peintre maintenant ; j'espère donc pouvoir vous envoyer avec le temps, à vous et à Caroline aussi, les trois portraits. Le peintre qui m'a répondu par un refus n'est pas plus mal élevé que tout autre Français. Être mal élevé, c'est là la très grande mode, comme aussi que les personnes les plus haut placées aient tout à endurer des plus petites gens...

Il paraît bien que le roi Guillaume n'est pas cruel du tout, car il a pris soin lui-même que son beau-père pût se sauver avec toute sa famille. Il me semble qu'il ne veut pas le moindre mal au duc de Berwick, parce qu'il ressemble tellement à feu sa femme. Notre reine d'Angleterre ici a un portrait de feu sa belle-fille ; quand elle me l'a montré, j'ai cru que c'était le duc de Berwick en habits de femme ; le fait est qu'ils étaient assez proches parents pour se ressembler. Présentement l'on sait fort bien ici que le roi Guillaume est un homme de cœur et j'avais bien raison de soutenir cela...

Je mets du temps à parler au roi ; vous voyez bien par là, chère Louise, que je ne me presse pas et que j'attends le moment opportun. Ici l'on ne peut pas, comme je vous l'ait déjà dit, parler comme l'on voudrait ; car on voit le roi fort rarement et quand on a quelque chose à lui demander, il faut bien prendre son temps, de façon à lui parler quand il est de bonne humeur, sans cela on n'obtient rien...

A LA DUCHESSE DE HANOVRE.

Marly, le 16 mai 1696.

... On ne saurait imaginer combien le grand homme est niais pour ce qui touche à la religion, car il ne l'est sous aucun autre rapport. Cela provient de ce qu'il n'a jamais lu quoi que ce soit qui eût trait à la religion, ni la Bible non plus et qu'il se contente de croire bonnement ce qu'on lui débite là-dessus. Aussi, tant qu'il avait une maîtresse qui n'était pas dévote, lui ne l'était pas non plus ; mais depuis qu'il est tombé amoureux d'une femme qui ne parle que de pénitence, il croit tout ce que celle-ci lui dit et cela au point que fort souvent le confesseur et la dame sont en désaccord, car il ajoute foi plutôt à ce qu'elle lui dit qu'à ce que dit le confesseur...

Saint-Cloud, le 20 mai 1696.

... Je dois avouer que, lorsque j'entends louer le grand homme dans les sermons d'avoir persécuté des réformés, cela m'impatiente toujours : je ne peux pas souffrir qu'on loue les méchantes actions...

Saint-Cloud, le 23 mai 1696.

...Je ne peux souffrir que des rois s'imaginent plaire à Dieu en priant. Ce n'est pas pour cela qu'il les a mis sur le trône, c'est pour faire le bien, exercer le droit et la justice : voilà quelle devrait être la vraie dévotion des rois ; de plus ils devraient tenir la main à ce que les prêtres ne s'occupent que de prier et ne se mêlent d'aucune autre chose. Quand un roi dit sa prière matin et soir, cela suffit ; du reste il doit rendre ses sujets heureux autant qu'il est en lui...

Saint-Cloud, le 3 juin 1696.

... Le roi Jacques avoue lui-même que si l'on avait été en Hollande au lieu d'envahir le Palatinat[1], il serait présentement encore sur son trône, car j'en ai causé une fois avec lui. Mais il y a une chose que je n'ai jamais pu comprendre et que je n'ai pas osé lui demander, à savoir pourquoi il n'a pas employé les trente mille pistoles qu'il avait dans son cabinet, en

1. En 1688.

Angleterre, à faire le bien, à attirer à lui les cœurs de ses sujets afin qu'ils lui restassent fidèles et pourquoi aussi il n'a pas emporté cet argent au lieu de le laisser dans son cabinet. Cela me paraît horriblement niais...

Port-Royal, le dimanche 15 juillet 1696.

...Tout ce que l'on dit de l'autre monde est bien incompréhensible. La *Métamsicose*[1] ne me déplairait pas à condition qu'on gardât le souvenir de ce qu'on était précédemment...

Le docteur Fagon est une figure dont vous vous ferez difficilement une idée. Il a les cuisses grêles comme les jambes d'un oiseau, la bouche encombrée par les dents de dessus qui sont toutes noires et pourries, de grosses lèvres qui rendent la bouche saillante, les yeux tout couverts, le teint jaune foncé, la figure allongée et l'air aussi méchant qu'il l'est en réalité. Mais il est fort intelligent et très politique. Je ne crois pas, comme vous le verrez par cette description, qu'il vous eût été possible de vous faire une idée exacte du personnage...

Je souhaite de tout mon cœur que ce que la duchesse d'Ostfriesland vous a écrit puisse se réaliser, à savoir qu'il se fasse une paix générale et que ma fille épouse le duc de Lorraine, car de l'humeur dont je la sais je crois qu'elle sera plus heureuse avec ce duc qu'avec le roi des Romains...

1. La Métempsycose.

A LA RAUGRAVE LOUISE.

Saint-Cloud, le 22 juillet 1696.

Ma bien chère Louise, ma bien chère Amélise, hier soir j'appris par la *Gazette de Hollande* et cela tout à fait par hasard, mais avec un saisissement qui n'en a pas été moins grand, que le Dieu tout-puissant a rappelé Caroline[1] à lui. Je vous assure que je sens toute la gravité de cette perte et je vous plains du fond de mon cœur, car je peux bien me figurer ce que vous deviez souffrir toutes deux en cette triste occurrence. Que le Dieu tout-puissant vous console et vous donne mille joies en retour de cette douleur...

Je vous prierai seulement d'envoyer la lettre ci-jointe au duc de Schomberg. Je lui ai écrit en français, ne sachant pas comment, en allemand, traiter un duc, ni quel titre lui donner. Soyez assurée de toute l'affection que je vous porte à tous ; vous n'en douteriez certes pas si vous pouviez voir combien de larmes me fait verser la mort de Caroline... Faites aussi mes condoléances à Charles-Maurice et embrassez-le de ma part !

A LA DUCHESSE DE HANOVRE.

Saint-Cloud, le 26 juillet 1696.

...L'autre jour l'on disait, à Saint-Germain, devant la petite princesse d'Angleterre, que le duc de Bour-

---

1. La duchesse de Schomberg, demi-sœur de Madame.

gogne épouserait la princesse de Savoie. La bonne enfant se mit à pleurer à chaudes larmes et dit qu'elle avait cru que le duc de Bourgogne n'épouserait personne d'autre qu'elle, mais que du moment qu'il voulait épouser la princesse de Savoie, elle irait dans un couvent et ne se marierait de sa vie. On ne peut la consoler, elle est toute triste depuis qu'elle sait la nouvelle...

Saint-Cloud, le dimanche matin, 29 juillet 1696.

...Vous pouvez bien vous figurer que je souhaiterais de tout mon cœur que ma fille pût épouser le roi des Romains ; mais, à ce que j'apprends, l'empereur n'en a pas envie et je doute que notre roi insiste fort, car à ce que l'on m'assure, la vieille ordure a eu encore sa petite saleté[1] en tête et désirerait que ma fille l'épousât. Mais cela ne fait nullement mon affaire, c'est pourquoi je serais très aise qu'elle pût vite épouser le roi des Romains pour être débarrassée de ce souci...

Je doute que la princesse de Savoie soit heureuse ici, car le duc de Bourgogne est horriblement froid et a mauvaise tête; de plus elle va tomber aux mains des dévotes qui verront d'un mauvais œil toute joie et tout plaisir qu'elle aura...

Port-Royal, le 2 août 1696.

... L'opinion de M. Helmont[2] ne veut pas m'entrer

---

1. Le comte de Toulouse.
2. Jean-Baptiste Van Helmont, médecin et théosophe mystique (1577-1644.)

dans la tête, car je ne peux comprendre ce que c'est que l'âme et comment elle peut passer dans un autre corps. A raisonner d'après mon simple jugement, je crois plutôt que quand nous mourons, tout périt, qu'il ne reste rien de nous et que chaque élément dont nous étions formés reprend à lui sa partie pour refaire quelque autre chose... La grâce divine, à ce qu'il me semble, peut seule nous faire croire que l'âme est immortelle, car cela ne nous vient pas naturellement à l'esprit...

A LA RAUGRAVE LOUISE.

Saint-Cloud, le 12 août 1696.

... Il serait à souhaiter que chacun de nous finît comme Caroline. Je trouve qu'elle est morte avec une vraie fermeté. Quiconque peut avoir une foi solide en l'autre monde est certes heureux, car en ce monde-ci il n'y a espérer et à trouver que peu de consolation et de joie. Ceux-là non plus ne sont pas les moins heureux qui partent les premiers. Il me semble que nous tous qui sommes les enfants de S. G. feu l'Électeur nous n'avons guère à nous vanter d'être heureux ici-bas. Fasse Dieu que nous trouvions le bonheur éternel !...

P. S. — Vous me rendrez service en m'envoyant les bas et les épingles que feu Caroline a commandés pour moi. Écrivez-moi ce qu'ils coûtent. Je lui dois une paire de bas ; elle ne m'a jamais écrit ce qu'ils avaient coûté...

A LA DUCHESSE DE HANOVRE.

Versailles, le 2 septembre 1696.

... Je suis derechef en disgrâce, sans l'avoir mérité. Dès que j'entre chez le roi, madame l'ordure s'en va; quand je la prie de rester, elle ne répond rien et n'en sort pas moins avec une moue moqueuse. On me traite d'une façon bien impolie. Tous les jours on me fait attendre une demi-heure à la porte du roi avant de me laisser entrer, quelquefois même on me renvoie, quoique dans ce moment-là tous les bâtards du roi et Monsieur lui-même se trouvent dans la chambre... Je vais droit mon chemin; cependant il y a deux jours je n'ai pu m'empêcher d'en dire un mot au roi : Ma fille avait été faire une promenade en voiture avec Mⁿᵉ de Chartres. Monsieur me demanda devant le roi si elle n'était pas rentrée; je lui répondis : « J'ay envoyes ches Elle monsieur, car comme on me fait toujours attendre vne demi-heure avant que je puisse savoir si j'ores l'honneur d'entrer icy j'ai cru que ma fille pourroit avoir tout le temps de venir ». Le roi ne souffla mot.

... A Paris, les voleurs ont affiché un placard portant ceci : « Jusques icy nous n'avons fait que voler, mais si on continue de rouer ceux qu'on prendra de nous auttres, nous tuerons et ne ferons quartier à personne; et dans le fait ils commencent à assassiner le monde. J'en suis tout angoissée à cause de mon fils qui aime tant se promener la nuit à Paris...

Si l'on peut recouvrer sa virginité après n'avoir pas

pendant dix-neuf ans couché avec son mari, pour sûr je suis redevenue vierge...

Versailles, le 6 septembre 1696.

... Hier soir il arriva ici une nouvelle qui me causa une grande peine et m'a fait frémir; c'est l'annonce de la mort misérable de la pauvre reine d'Espagne[1]. On l'a ouverte et on a retiré l'enfant qui vivait encore, pour le baptiser. C'était un garçon. C'est un effroyable malheur pour le royaume. Une dame allemande du nom de *Berlibs*[2] et deux femmes de chambre de la pauvre reine avaient également mangé de ce pâté d'anguilles empoisonné; elles sont mortes en même temps qu'elle. C'est quelque chose d'affreux et la princesse qui va devenir reine d'Espagne est bien à plaindre... Je ne peux pardonner aux Espagnols d'empoisonner ainsi toutes leurs reines; on ne sait plus comment s'y prendre avec eux : notre reine[3], ils l'ont empoisonnée parce qu'elle n'avait pas d'enfants; celle-ci, ils l'empoisonnent parce qu'elle était enceinte...

Le roi ne voit âme qui vive, hormis aux heures de ses repas, si ce n'est les princesses, les médecins, M. le Dauphin, Monsieur, les bâtards ses fils et Mme de Maintenon. Moi, je ne vois présentement Sa Majesté qu'un demi-quart d'heure, entre une heure moins un quart et une heure, pas davantage. Les autres peuvent

---

1. C'était une fausse nouvelle. Anne-Marie de Neubourg ne mourut qu'en 1740.
2. Berleps.
3. La fille de Monsieur et d'Henriette d'Angleterre.

le voir trois fois par jour. M. le Dauphin dîne et soupe avec la princesse de Conti, les deux filles de Mme De Lislebonne, Mme de Chatillon et les demoiselles d'honneur de la princesse. Il y est fourré tout le jour et ne voit personne d'autre de la cour. Monsieur, il est vrai, mes enfants et moi nous dînons et nous soupons ensemble, mais après le repas, chacun s'en va de son côté. . L'entrax[1] du roi sera bientôt guéri...

Versailles, le 13 septembre 1696.

... Avant hier j'ai vu panser Sa Majesté le roi. La plaie est plus longue que la main et a la forme d'une croix. Il endure toutes ses souffrances avec une grande patience et beaucoup de fermeté. On me traite maintenant un peu mieux qu'au début et on ne me laisse plus si longtemps attendre à la porte. Je ne pense pas que la plaie puisse être fermée avant un mois. Il faut espérer que la santé du roi en sera meilleure. Je le souhaite de tout mon cœur, car de l'humeur dont je sais le fils du roi, tout serait encore six fois pis que maintenant, s'il devenait roi. En effet, comme disait ce jésuite à M. d'*Hoffincourt*[2], il est *en bon chemin,* c'est-à-dire qu'il n'aime pas à raisonner. On laisse raisonner les abbés parce que ceux qui prêchent doivent tout savoir, dit-on.

1. L'anthrax.
2. D'Hoquincourt ?

Versailles, le 20 septembre 1696.

... Le prince de Galles est l'enfant le plus gentil qu'il soit possible de voir ; il sait le français maintenant et cause volontiers... Il ne ressemble ni à son père ni à sa mère, mais beaucoup à tous les portraits du feu roi d'Angleterre son oncle, et je suis persuadée que si les Anglais voyaient cet enfant, ils ne pourraient douter qu'il ne soit de la famille royale...

Fontainebleau, le 30 octobre 1696.

... Je vous prie de vouloir bien faire mes remerciements à M. Leibnitz. Je trouve que ce qu'il a composé est fort bien écrit et j'admire avec quelle netteté et quelle facilité il peut écrire sur un sujet aussi difficile. De savoir que les bêtes ne meurent pas tout à fait, cela m'est d'une grande consolation par rapport à mes chers petits chiens. L'opinion de Descartes au sujet des rouages d'horlogerie m'a paru bien ridicule. Un jour j'embarrassai fort un évêque qui partage tout à fait cette manière de voir. Il est jaloux de sa nature. Je lui dis : « Quand vous estes jaloux, estes vous machine ou homme, car apres vous je ne connois rien de plus jaloux que mes chien ainsi je vouderois savoir si c'est un mouvement de la machine ou vne passion de l'âme ? » Il se fâcha et partit sans me répondre...

Versailles, le 8 novembre 1696.

...Avant de répondre à votre gracieuse lettre du 10-29 octobre, il faut que je vous parle un peu de la future duchesse de Bourgogne qui est enfin arrivée à Fontainebleau lundi dernier. Le roi, Monseigneur, Monsieur et mon fils ont été dimanche la recevoir à Montargis. J'ai attendu dans son appartement à Fontainebleau jusqu'à son arrivée et je l'ai reçue en riant, car j'ai pensé mourir de rire. Il y avait une foule et une presse telles que la pauvre Mme de Nemours et la maréchale de La Mothe reçurent une poussée si forte qu'elles arrivèrent sur nous à reculons, la longueur de toute une chambre, et finalement tombèrent sur Mme de Maintenon. Si je n'eusse retenu cette dernière par le bras, toutes trois auraient roulé les unes sur les autres comme un château de cartes. C'était fort drôle. Pour ce qui est de la princesse, elle n'est pas précisément très grande pour son âge, mais elle a la taille jolie et fine comme une vraie poupée, de beaux cheveux blonds et en abondance, les yeux et les sourcils noirs, les cils très longs et fort beaux, la peau très lisse mais pas très blanche; le petit nez n'est ni joli ni laid ; la bouche est grande et les lèvres épaisses ; bref elle a la bouche et le menton autrichiens. Elle marche bien, a bonne mine et est gracieuse, très sérieuse dans tout ce qu'elle fait, pour un enfant de son âge, et très politique. Elle fait peu de cas de son grand-père[1] et nous regarde à peine, mon fils et moi ; mais dès qu'elle aperçoit Mme de Maintenon, elle lui sourit et va vers elle les bras ouverts ; de même quand elle voit la princesse de Conti.

1. Monsieur.

Vous voyez par là combien elle est déjà politique. Ceux auxquels elle parle disent qu'elle est très intelligente. Elle a tout à fait le rang de duchesse de Bourgogne, mais on l'appelle « la princesse » tout court. Elle ne mange pas avec le roi, mais seule. Tout le monde redevient enfant : avant-hier la princesse d'Harcourt et Mme de *Ponchartrin* jouèrent à colin-maillard, et hier ce fut au tour de M. le Dauphin, de Monsieur, de la princesse et du prince de Conti, de Mme de Ventadour, de deux autres de mes dames et au mien (comment trouvez-vous la compagnie ?). A dire vrai, je n'étais pas fâchée de me démener un peu...

Au Port-Royal, le 11 novembre 1696.

.. Je trouve que la religion gâte bien des choses en ce monde, du moment que ma fille ne peut épouser le roi Guillaume. Je ne peux blâmer ce roi de ne pas vouloir se remarier, car c'est un grand embarras d'être marié et l'on n'est pas sûr que cela réussisse chaque fois...

Paris, le 25 novembre 1696.

...Vous saurez sans doute maintenant comment notre petite fiancée a été reçue et qu'on lui a finalement donné le rang de duchesse de Bourgogne, bien qu'elle n'en porte pas encore le nom. Du moment qu'elle a dû avoir le pas sur moi, il importe peu que cela se fît un an plus tôt ou plus tard, car, sauf le pas, je n'ai jamais eu aucun autre agrément d'être la première.

Mme de Chartres et Mme la duchesse ont eu un grand éclaircissement avec le roi, la semaine passée. Mme de Chartres doit s'être mieux disculpée que sa sœur. La dame régnante, bien qu'elle eût de grandes raisons d'être mécontente d'elles, n'en a pas moins eu la générosité de leur obtenir une audience du roi. Les gaillardes n'épargnent pas plus le père que la belle-mère, car il y a trois ans elles firent de drôles de chansons sur son compte. Cette fois-ci il ne leur a pas mâché sa façon de penser, dit-on. Il paraît qu'il est plutôt irrité à cause de Mme de Maintenon que pour ce qu'elles lui ont dit à lui-même. C'est quelque chose d'inouï que la passion qu'il a pour cette femme. Tout Paris dit qu'aussitôt la paix conclue, le mariage sera déclaré et que la dame prendra son rang. C'est une raison de plus pour moi de m'estimer heureuse de n'être plus la première, comme cela au moins je marcherai derrière quelqu'un de bien et ne serai pas obligée de présenter la chemise et les gants à cette dame. Et du moment que cela doit se faire, je voudrais que ce fût déjà un fait accompli, car alors tout reprendrait la vraie forme d'une cour...

Je ne sais si la duchesse de Bourgogne sera plus heureuse que Mme la Dauphine, Mme la grande-duchesse et moi. Quand nous arrivâmes, nous fûmes trouvées merveilleuses l'une après l'autre ; mais bientôt on se lassa de nous. C'est qu'aussi nous n'avions pas cet avantage que tous ceux qui étaient le mieux en cour dussent avoir des égards pour nous, comme c'est le cas pour la petite princesse...

Il est impossible d'être plus politique qu'elle : l'on

dit que son père l'a élevée ainsi... Elle n'est pas belle du tout, mais moi je ne la trouve pas aussi laide que les autres. Elle est intelligente, c'est certain, cela se lit dans ses yeux...

Paris, le 29 novembre 1696.

...Je comprends moins bien la dernière lettre de M. Leibnitz que sa lettre allemande : il s'y trouve beaucoup de mathématiques et je n'en sais pas un mot, mais je la donnerai à lire à des savants et je les chargerai d'y répondre. Tous les savants sont à cette heure fort embarrassés avec toutes les taxes[1] qu'ils sont obligés de payer et qui les touchent au moins autant que la philosophie...

Versailles, le 9 décembre 1696.

...Pour vous prouver que j'ai raison de croire que notre Jupiter aurait encore des Alcmènes, s'il osait et si on ne lui faisait peur de Pluton, il faut que je vous raconte ceci : la semaine dernière, il y avait ici une fort belle femme, cousine de la maréchale de La Mothe ; elle s'appelle Mme de La Boissière. Elle passa quelques jours ici, puis s'en retourna à Paris. Notre Jupiter alors demanda : « Où est Mme de La Boissière ? » — « Elle est retournée à Paris, lui répondit-on. » — « J'en suis fort aise, dit-il, car j'avoue que quand je la vois, je ne puis m'empêcher d'avoir toujours les yeux attachés sur elle. »

---

1. La capitation.

A LA RAUGRAVE LOUISE.

Versailles, le 16 décembre 1696.

... Mon crédit ici, soit dit entre nous, a toujours dépendu de la haine ou de l'affection que me portent les dames en faveur et parce que l'actuelle ne me veut pas du bien, je ne suis pas bien vue. Je ne le regrette que pour un motif, c'est que cela m'empêche de rendre service à mes amis ; à part cela, je m'en soucie, entre nous, comme d'un fêtu. Je vais mon droit chemin et n'ai, Dieu merci, rien à me reprocher. Mon parti est pris, advienne que pourra. S'il s'opère un changement, j'accepterai la chose avec joie ; s'il ne s'en opère pas, ce ne sera pas pour moi un chagrin mortel. Se présente-t-il une occasion de servir mes amis, eh bien ! je parle alors courageusement et sans crainte ; fait-on ce que je demande, j'en suis bien aise ; ne le fait-on pas, alors ceux qui me refusent commettent une injustice ; donc, tant pis pour eux...

Je voudrais que le roi Guillaume épousât ma fille et que par là nous obtenions une bonne paix.

A LA DUCHESSE DE HANOVRE.

Versailles, le 16 décembre 1696.

... Je n'ai pas encore pu mettre la main sur un bel-esprit afin de lui montrer les écrits de M. Leibnitz...

On tient la fiancée du duc de Bourgogne fort enfermée : le roi nous a défendu à tous de ne jamais nommer devant elle l'opéra, l'appartement des jeux, la comédie ; la pauvre enfant me fait pitié !...

Versailles, le 2 janvier 1697.

... A ce qu'il me semble, le roi Jacques passait jadis pour être intrépide et ferme, mais jamais pour être intelligent, car je me souviens que Mme de Fienne me disait souvent : « Le roy d'Angleterre[1] a beaucoup d'esprit et est fort agréable, mais faible, le duc de Jorg[2] a du courage et de la fermeté, mais il n'a point d'esprit et est ennuyeux à mourir. »

Versailles, le 17 janvier 1697.

... Je me garde donc bien de parler souvent à la princesse. Aujourd'hui elle ira dîner avec le roi à Marly ; ainsi vous voyez qu'on la divertit fort ; mais elle ne doit s'amuser avec personne d'autre que le roi et Mme de Maintenon. Je crois que les comédies qu'on va lui faire jouer à Saint-Cyr la dégoûteront de toutes les autres, de sorte qu'elle ne pourra plus les souffrir quand elle sera grande. Quand elle est seule avec le roi et Mme de Maintenon on lui laisse faire toutes ses volontés, elle peut se démener tant qu'elle veut. L'avenir nous apprendra ce que vaut une pareille éducation...

---

1. Charles II.
2. Le duc d'York, Jacques II.

Versailles, le 18 janvier 1697.

... Mon fils ne se conduit guère mieux (que Monsieur). Il donne tout ce qu'il a à sa maîtresse ; au nouvel an, il lui a fait des cadeaux pour quinze cents pistoles : deux pendeloques de huit cents pistoles, le reste en bijoux. Il se laisse également gouverner par ses valets de chambre et il est si affreusement débauché que je crains qu'à la fin cela ne lui coûte la vie.

M. le Dauphin ne se mêle de rien au monde : il passe sa vie chez la princesse de Conti, dont il se moque, mais dont il est gouverné tout autant que son père l'est par la Maintenon. Il est amoureux d'une comédienne qu'il fait venir à Meudon ; il passe ses nuits avec elle ; le jour il fait exécuter des travaux dans le jardin et regarde travailler les ouvriers... Il ne dîne pas ; il ne fait que déjeuner, puis à quatre heures il mange avec tous les gentilshommes qu'il a auprès de lui. Il reste deux heures à table et s'enivre. C'est ainsi qu'il passe sa vie.

Mme la duchesse mange, boit, joue au lansquenet et dit du mal de tout le monde...

A LA RAUGRAVE LOUISE.

Versailles, le 22 janvier 1697.

... C'est une chose bien fâcheuse que les prêtres fassent que les chrétiens soient obligés d'être à couteau tiré les uns vis-à-vis des autres. Les trois religions chrétiennes, si l'on suivait mon avis, devraient se considérer comme n'en formant qu'une seule et ne pas s'informer de ce que croient les uns et les autres, mais uniquement si l'on vit selon l'Évangile, et prêcher contre ceux qui vivent mal. On devrait laisser les chrétiens contracter mariage entre eux, les laisser aller dans telle église qui leur plairait, sans trouver à y redire ; de cette façon il y aurait plus d'union entre les chrétiens qu'il n'y en à cette heure

J'ai le roi Guillaume en si haute estime que j'aimerais mieux l'avoir pour gendre que le roi des Romains. Je peux dire de ma fille, sans mentir, qu'elle n'a aucun penchant à la coquetterie et à la galanterie ; sous ce rapport, elle ne me donne aucun tracas et je crois que quel que soit l'homme qui l'épouse, il n'aura rien à craindre à cet égard. Elle n'a pas de beaux traits, mais elle a bonne mine, une belle taille, une jolie peau et bon cœur.

Versailles, le 18 février 1697.

... Si Mlle de Malause n'avait pas une si parfaite réputation je ne l'aurais pas priée de se lier d'amitié avec vous. Sa proche cousine ne m'a jamais plu ; elle n'était pas de loin en aussi bon renom qu'elle. La Romy (car c'est d'elle, je crois, que vous parlez) me paraissait toujours en outre être un peu moqueuse et médisante et ces gens-là sont faux d'ordinaire...

Vous avez fort bien fait de ne pas aller chez la

princesse de Danemarck [1] du moment qu'elle ne veut pas vous saluer. Elle a tort d'être si orgueilleuse, car Mme sa mère était de bien moindre condition que vous n'êtes. Au dehors, cela fera bon effet quand on saura que vous n'avez pas renoncé en Angleterre aux honneurs auxquels vous croyez avoir droit ; je trouve donc que le duc de Schomberg vous a bien conseillé... Comprenez-vous l'anglais suffisamment pour prendre du plaisir à la comédie ?...

Les plénipotentiaires français ont reçu leurs passeports ; ils partiront donc sous peu. Fasse Dieu que nous ayons bientôt une bonne paix.

M. le Dauphin est allé à Meudon avec la princesse de Conti, la veuve, avec beaucoup de dames, de cavaliers et mon fils pour s'y divertir. Monsieur est parti aujourd'hui pour Paris pour faire de même, et moi je suis ici toute seule à bailler aux corneilles à force d'ennui.

Paris, le 14 mars 1697.

... Quand la male chance vous tient une fois, elle s'attache comme une ombre à vos pas et l'on ne parvient pas à s'en dépêtrer. J'en ai fait, hélas ! l'épreuve depuis un temps trop long !

... Vous avez bien raison de dire, chère Louise, qu'il est rare, en ce temps-ci, de trouver quelqu'un qui soit désintéressé ! En France, cela est plus rare encore qu'en aucun autre lieu du monde, car l'on ne peut dire combien l'intérêt règne ici ; mais c'est là le naturel des

---

[1]. La princesse Anne, fille de Jacques II et d'Anne Hyde.

Français, ce n'est pas la guerre qui les a rendus tels...

Ici l'on ne peut pas boire de *betterthel*[1] ; on a de trop mauvaise bière en France ; elle est fade et aigre au point qu'on ne peut la boire, car dans le temps j'ai voulu en goûter. Je me souviens fort bien comme j'en buvais à Heidelberg.

A ce que je vois, Mlle Pressenville vous a dit la vérité : la noblesse pauvre est traitée bien mal en France ; cela fait pitié à voir.

Les prêtres ne peuvent demeurer sans disputes ; lorsqu'ils n'ont pas à disputer contre d'autres religions ils se querellent entre eux, comme je le vois tous les jours ici. Je m'en tiens à ce que le bon et honnête colonel Webenheim avait coutume de me répéter : « Il n'y a qu'une bonne et vraie religion au monde et elle peut se rencontrer dans toute sorte de cultes et de langues, c'est la religion des honnêtes gens. Ceux-là sont partout du même avis et parce qu'il n'est pas possible de vivre absolument en honnête homme, à moins qu'on ne vive selon les préceptes de l'Évangile, c'est là certes la vraie religion. Mais le nombre en est bien petit ! »

Je suis convaincue que ma fille va coiffer sainte Catherine, selon toute apparence. Votre roi[2], sans doute, épousera la princesse de Danemark ; le roi des Romains, à ce que je m'imagine, la seconde princesse de Savoie ; le duc de Lorraine, la fille de l'empereur; donc il ne reste plus rien pour la mienne.

---

1. Bitter ale, pale ale.
2. Le roi d'Angleterre.

Les plénipotentiaires sont partis pour la Hollande, maintenant. On verra bientôt ce qu'ils auront fait de bon. Je ne crois pas qu'on puisse trouver encore un homme au monde qui n'ait le roi Guillaume en haute estime ; moi, pour ma part, je n'en ai jamais fait un secret...

Versailles, le 17 mars 1697.

... A ce que je vois, les grands seigneurs anglais sont d'un sang tout aussi mêlé que nos ducs ici : il y en a à peine deux dans le nombre qui puissent faire preuve de quatre quartiers...

Je ne croyais pas qu'il y eût de la musique dans les comédies anglaises, à l'exception de quelques violons qui jouent pendant les entr'actes. La comédie, c'est ma distraction favorite. Sa Grâce notre défunt père avait coutume de dire qu'il n'y a pas au monde de plus belles comédies que les comédies anglaises ; j'espère donc qu'elles vous offriront quelque distraction...

A LA DUCHESSE DE HANOVRE.

Saint-Cloud, le 28 mars 1697.

... J'ai entendu parler aussi de la prophétie que vous me mandez, mais cet homme[1] a une si bonne santé que je crois qu'il vivra fort longtemps. Son fils ne fera qu'à sa tête et l'on verra de drôles de choses ; il est fier, têtu et enclin à la colère ; ceux

1. Louis XIV.

dont il sera le maître auront fort à faire avec lui. Ses trois enfants[1] sont tenus dans un affreux isolement ; ils mangent tous les trois ensemble, se promènent seuls et n'assistent à aucun spectacle. Le matin, à neuf heures, ils vont chez le roi qui ne les voit plus de tout le jour. Quand il y a appartement, ils arrivent juste pour la musique et, dès qu'elle est finie, ils s'esquivent. L'aîné a une façon de parler sèche quoique rapide ; le cadet parle très rarement, d'une manière lourde et lentement ; le troisième est toujours gai et heureux de tout cœur quand on lui cause ; il ne peut pas se tenir coi comme messieurs ses frères ; c'est un vrai frétillon...

A LA RAUGRAVE LOUISE.

Saint-Cloud, le 15 mai 1697.

... Le soir, nous fûmes informés que la petite fille de mon fils était à la mort ; nous sommes donc allés à Paris et y avons passé toute la journée. Monsieur lui a fait donner des gouttes d'Angleterre ; depuis lors elle va un peu mieux. Je doute qu'elle puisse se remettre car la pauvre enfant est en trop mauvais état : elle a été sevrée trop tôt.

... Je voudrais que vous m'eussiez donné de plus amples détails sur la cérémonie à laquelle vous avez assisté à Windsor, car de tels sujets, indifférents en eux-mêmes, me sont d'un grand secours dans la con-

---

1. Les ducs de Bourgogne, d'Anjou et de Berry.

versation : j'ai souvent grand'peine à trouver quelque chose à dire.

Si vous connaissiez la situation, vous ne vous étonneriez pas de ce que je ne sois plus gaie. Toute autre à ma place, si elle n'avait pas eu mon humeur fondamentalement joviale, serait morte de chagrin depuis longtemps ; tandis que moi, le chagrin me rend grosse et grasse. J'ai peu de relations ici, je vis à part, comme une petite ville libre[1] ; je ne peux pas dire que j'aie plus de quatre amies dans toute la France...

A LA DUCHESSE DE HANOVRE.

Saint-Cloud, le 16 mai 1697.

... Hier je fus à Paris. La pauvre petite Mlle de Chartres est à la mort ; on attend sa fin d'un moment à l'autre. Elle me fait pitié ; mais voyant que sa mère ne versait pas une larme, que son grand'père ne songeait qu'au jeu et que dans cette intention il allait chez Sessac[2], que la mère se faisait servir une bonne collation de quatre grands plats, je pensai que ce serait folie de ma part de m'affliger toute seule ; mais comme je ne pouvais pas voir ce spectacle sans en être attristée, je montai bravement en voiture et revins ici...

1. Proverbe allemand.
2. L'un des grands joueurs. « Filouta au jeu le roi Louis XIV. » (*Recueil de Mauvepas.*)

A LA RAUGRAVE LOUISE.

Saint-Cloud, le 21 juin 1697.

Très chère Louise, il y a quinze jours environ, je reçus votre chère lettre du 11-21 mai, mais il m'a été impossible de vous répondre, car je n'étais pas encore assez adroite pour me servir de la main gauche, et de dicter mes lettres à Mlle de Rathsamhausen serait chose bien pénible, vu qu'elle a une orthographe impossible. Vous pensez peut-être, chère Louise, qu'il n'eût pas été plus difficile de lire ce qui était de la main de cette demoiselle que de lire ce que j'écris de la main gauche et cela peut bien être, mais je crois que vilaine écriture pour vilaine écriture, vous préférerez prendre la peine de déchiffrer mes pattes de mouche plutôt que celles d'une autre ; c'est pourquoi je vais moi-même tout vous raconter et vous dire l'état où je suis.

Il y a tout juste quatre semaines aujourd'hui, j'allais chasser le loup avec M. le Dauphin. Il avait plu et les chemins étaient glissants. Nous avions cherché un loup deux heures durant et n'en avions pas trouvé, nous allions donc nous diriger vers une autre enceinte où l'on croyait que le loup viendrait. Tout d'un coup quelqu'un passe au galop à côté de moi, cela donne envie à mon cheval de galoper aussi, il se cabre un peu et de ses pieds de derrière il touche l'herbe humide, les deux pieds lui manquent et il tombe tout doucement sur le côté droit ; mon coude droit donne juste contre une pierre, ce qui me disloqua le gros os du bras. On alla immédiatement chercher le chirurgien du roi, mais on ne put le trouver. Son cheval avait perdu un fer, il était allé dans un autre village pour lui en faire remettre un Un paysan qui se trouvait sur les lieux dit qu'il y avait à deux lieues de là un très habile barbier qui journellement remettait bras et jambes. Quand j'entendis qu'il avait tant d'expérience, je montai en calèche et m'y fis mener. J'endurai de grandes douleurs en route, mais dès qu'il m'eut remis le bras, je ne ressentis plus rien. Je remontai en calèche et revins ici au grand trot.

Le lendemain, Monsieur et ses chirurgiens eurent la curiosité de voir si mon bras était bien remis ; je crois qu'il s'y mêlait un peu de jalousie de ce que le paysan eût si bien fait la chose, et ils s'en vont faire croire au pauvre homme que s'il n'examine pas aussitôt mon bras, le sphacèle pourrait s'y mettre. Le pauvre paysan se laisse persuader par les méchants chirurgiens, me met le bras à nu, tandis qu'il aurait dû rester dans l'appareil pendant neuf jours ; ils font mouvoir le bras et me remettent l'appareil si mal que le lendemain il fallut tout rouvrir. Cela amena une si affreuse enflure de la main et du bras que présentement encore je ne peux faire usage de la main ni la porter à la bouche ; tandis que je pouvais tout faire avant que ces maudits chirurgiens n'eussent ôté le premier appareil... Je serais tout à fait guérie s'ils avaient laissé faire mon paysan...

Vous m'avez réellement obligée en me renseignant sur ce que vous avez vu en Angleterre. J'ai dû

rire de bon cœur de cette étrange comédie de
Psyché...

A LA DUCHESSE DE HANOVRE.

Saint-Cloud, le 11 juillet 1697.

... On disait hier que mylord Portland avait fait prier le maréchal de Boufflers de venir conférer de quelque chose avec lui. Chacun veut y voir un présage de paix. S'il en était ainsi, ce serait donc « Guillaume et non Louis qui donnerait la paix à l'Europe »..

Saint-Cloud, le 14 juillet 1697.

... M. de Vendôme aura, je pense, été bien aise d'apprendre que le prince de Conti est élu roi de Pologne et qu'il va être obligé de partir, car les deux étaient rivaux et se disputaient la faveur de M. le Dauphin : toute la cour avait pris parti soit pour l'un soit pour l'autre ; moi seule suis restée neutre. Hier est arrivée la nouvelle que M. de Vendôme a pris deux fois la contrescarpe de Barcelone et que deux fois il en a été chassé, et cela le 4 et le 5 de ce mois, mais le 6 il s'y est maintenu et ses troupes s'y sont logées. Il y a péri beaucoup de monde ; il est impossible de mieux se défendre que ne l'ont fait les assiégés...

A LA RAUGRAVE LOUISE.

Saint-Cloud, le 19 juillet 1697.

... Quand on me défit si mal l'appareil une première fois, la douleur était si forte que j'en suais à grosses gouttes quoiqu'il ne fît pas chaud du tout ce jour-là ; bref, les chirurgiens ont déchargé leur bile sur moi et je m'en ressentirai longtemps encore... je crois que j'en resterai paralysée...

C'est bien mauvais signe pour un pays quand on s'y informe si la personne qu'on veut épouser est riche, car cela prouve qu'on ne se soucie pas de la vertu. Je crois que l'Angleterre n'est pas le seul pays où il y a des mauvais ménages et des maris fantasques. Si l'on n'en veut pas rencontrer, il faut quitter cette terre et quiconque a envie de se marier ne doit pas me demander conseil, car je ne suis pas pour le mariage...

A LA DUCHESSE DE HANOVRE.

Saint-Cloud, le 4 août 1697.

... Je sais grand gré au czar d'avoir de si bons sentiments et de se montrer si reconnaissant envers l'électeur de Brandebourg. On m'a raconté une chose — je ne sais si elle est vraie, mais je la tiens de bonne source, — à savoir que notre roi doit avoir fait venir le prince de Conti et lui avoir dit qu'on se moquait de tous deux de ce que le prince restait ici sans bouger et abandonnait paisiblement son royaume à un autre en n'allant pas se mettre à la tête de son parti, et que par conséquent il lui demandait s'il n'avait pas l'intention de se mettre en route. D'abord le prince doit avoir répondu qu'il ferait tout ce que Sa Majesté lui ordonnerait. « Je crois parfaitement, aurait répondu le roi, que vous êtes obéissant en tout, mais je veux absolument que vous me disiez pourquoi vous ne m'avez pas demandé à partir. » A cela le prince doit avoir fait cette réponse-ci : « Je suis tout prêt à partir si Votre Majesté veut m'envoyer là-bas comme un prince de son sang, avec une escorte et des troupes, mais je ne juge pas à propos de me mettre en route comme un « malheureux Erant », sans même savoir si les Polonais veulent de moi pour leur roi, ou non. Je ne sais rien que ce que mande l'abbé de Polignac, et les nouvelles qu'il envoie je les ai souvent trouvées fausses; pas un Polonais ne m'a écrit ; il me semble donc que ce serait compromettre la réputation de Votre Majesté elle-même si dans une pareille incertitude je courais le monde tout seul. » Le roi, dit-on, aurait été fort satisfait de cette réponse et de là se serait rendu au Conseil. Mais le même soir une personne à laquelle le roi a rapporté sa conversation avec le prince — on ignore qui — doit lui avoir répondu que le prince de Conti se souciait fort peu du royaume de Pologne, vu qu'il était maître absolu de Monseigneur et prétendait par conséquent régner en France. Cela doit lui avoir fait monter la moutarde au nez au point qu'à cette heure il déteste le prince. Celui-ci a, dit-on, trouvé ce soir-là le roi totalement changé à son égard...

Saint-Cloud, le 8 août 1697.

... Quoique Paris, l'armée et bien des gens de la cour prétendent que le roi Guillaume a songé à ma fille, il m'est impossible d'y ajouter foi... La vieille ordure ferait bien en sorte que la chose n'ait pas lieu.

Je ne peux croire que le roi Guillaume ait envie de se remarier et même, si cela était, je ne pense pas que le Parlement permettrait qu'il épousât une catholique, une Française...

... Je me suis bien dit qu'on ne ferait pas de difficultés pour le déclarer[1] roi, il porte ce titre à bon droit et il y a beau temps qu'ici tout le monde dit « le roi Guillaume »...

Saint-Cloud, le 15 août 1697.

... Lundi dernier je dînai chez ma tante à Maubuisson. D'abord elle me parut taciturne et distraite, j'eus peur qu'elle ne fût pas bien, mais dans le courant de l'après-dînée elle devint toute gaie. Nous nous mîmes à faire des châteaux en Espagne : Je ne souhaitais plus qu'une chose, à savoir que ma fille devînt reine d'Angleterre et que le roi Guillaume l'emmenât à la Haye. Je vous y donnerais rendez-vous et nous y ferions un séjour, vous et moi. Hélas! je sais bien qu'il n'en peut rien être, malgré cela je prends plaisir à en parler comme d'une chose qui pourrait se faire. Mais ma tante l'abbesse et moi nous nous entretenions tout bas : elle m'avait avertie que les nonnes croyaient que j'étais venue à Maubuisson pour y chercher des consolations à propos de ma fille vu qu'on voulait lui faire épouser un huguenot. Elles auraient donc été scandalisées au delà de toute mesure, si elles avaient entendu que je désirais tant la chose...

---

1. Reconnaître ?

A LA RAUGRAVE LOUISE.

Saint-Cloud, le 4 septembre 1697.

... Je sais dès longtemps que le duc de Schomberg est fantasque : son propre frère, feu le comte Charles, me l'avait dit. Mais je pensais qu'il ne l'avait été que vis-à-vis de sa femme et que ses belles-sœurs ne se ressentiraient pas de son humeur. Cela est bien vrai que le célibat est le meilleur état : le meilleur mari ne vaut pas le diable. Les réflexions d'Amelise m'ont fait rire de bon cœur et certes elles seraient vraies s'il dépendait de nous de ne pas nous marier et si nous avions la libre disposition de nous-mêmes ; mais je suis convaincue que tout dépend du destin et que nous ne sommes pas libres de faire ce que nous voudrions...

L'amour dans le mariage n'est plus du tout de mode ; les époux qui s'aiment bien passent pour ridicules. Les catholiques, dans leur catéchisme, rangent le mariage parmi les sacrements ; mais dans le fait ils vivent avec leurs femmes comme ceux qui ne croient pas que ce soit un sacrement et plus mal encore : c'est chose convenue que les hommes ont des liaisons galantes et dédaignent leurs femmes...

Dût ma vie en dépendre, on ne m'autoriserait pas à aller dans une ville d'eaux située hors du royaume et d'ailleurs il y a beaucoup de bains en France qui sont fort bons ; je ne peux donc pas me flatter qu'on me permettrait de faire un voyage en Allemagne. Barège et Bourbonne, voilà les bains où l'on va ici...

A LA DUCHESSE DE HANOVRE.

Saint-Cloud, le 15 septembre 1697.

... J'aime cet enfant (le prince de Galles) de tout mon cœur. Il est impossible de le voir sans l'aimer. Il a un bien bon naturel... Je crois qu'avec le temps il deviendra un grand roi, car quoiqu'il n'ait que neuf ans, je suis persuadée que dès maintenant il gouvernerait mieux que son père...

A LA RAUGRAVE LOUISE.

Fontainebleau, le 9 octobre 1697.

... Je vous remercie bien des sentiments que vous me témoignez à propos de ma fracture. Depuis que je frotte le bras d'une huile qu'on m'a envoyée d'Italie, de Florence, il va incomparablement mieux. Il est certain que tout le mal provenait des chirurgiens d'ici. Je commence tout de même à espérer que je ne resterai pas paralysée. Hier j'ai voulu voir un peu si je savais encore monter à cheval ; mais il se mit à pleuvoir si fort, que j'ai à peine pu rester une demi-heure à cheval...

Ce me serait toujours une grande joie de vous revoir... pouvu que vous ne me fassiez pas de compliments et me parliez librement et à cœur ouvert... Notre bon et honnête Charles-Louis (que je regrette et pleure toujours encore) en agissait ainsi avec moi...

Je n'ai rien de bien neuf à vous mander d'ici. Vous savez sans doute déjà que la paix est faite entre [1] l'Angleterre, la Hollande et l'Espagne. On pense que celle avec l'empereur et l'Empire ne tardera pas à se faire...

A LA DUCHESSE DE HANOVRE.

Paris, le 3 novembre 1697.

... Le prince de Conti divertira bien les Polonais quand ils le verront ivre, car il est bien drôle lorsqu'il a bu. Il s'imagine alors que ce n'est pas lui qui est gris, mais un autre. L'an dernier, il y avait appartement, je le trouvai qui avait une forte pointe. Il vint à moi et me dit : « Je viens de m'entretenir avec le nonce, il pue le vin et est complètement ivre et je crains fort qu'il ne puisse retenir toutes les belles choses que je lui ai dites, car il est trop ivre, dit-il, et avec cela il chantait, riait et faisait des compliments tout d'une haleine. » Il me fit rire de bon cœur. « Mais mon cousin, dis-je, ne serois-ce pas vous qui oriés beu par hasard. Car vous voilà bien gaillard. » Il répondit en riant : « Ah vous voila dans le mesme Ereur, de Mgr et de M. de Chartres et Mme la princesse de Conti. Car ils croyent tous que je suis ivre et ne veullent pas comprendre que c'est le nonce qui l'est », et si mon fils et moi nous ne l'avions retenu, il eût demandé au nonce où donc il s'était enivré...

1. Avec ?

A LA RAUGRAVE LOUISE.

Paris, le 10 novembre 1697.

... Vous aurez sans aucun doute appris déjà que la paix avec l'empereur et l'Empire est faite maintenant aussi et signée. Il faut qu'il y ait un sort sur cette paix générale, que nulle part on n'en reçoive la nouvelle avec joie quoiqu'on l'eût désirée depuis si longtemps; car le peuple de Paris n'a pas voulu non plus s'en réjouir ; il a fallu, pour ainsi dire, l'y contraindre...

En Pologne non plus, à ce que je crois, il n'y aura pas de grande guerre ; car on dit que les affaires de notre prince de Conti ne vont pas bien du tout là-bas, et qu'il va bientôt revenir ici. A mon sens ce serait plus heureux pour lui que de devenir roi de Pologne, car c'est un sale et sauvage pays et les seigneurs y sont par trop intéressés...

Je vois que vous aimez le jeu aussi peu que moi. L'hombre est très à la mode ici, on ne joue qu'au lansquenet et à l'hombre dans ce pays-ci. On ne danse plus que rarement, mais je crois que la mode va en revenir, car la future duchesse de Bourgogne danse dans la perfection.

... Écrivez-moi donc, chère Louise, quelle mine a le duc de Lorraine et de quelle humeur il est...

Mais voici qu'on m'appelle pour aller à l'église, car il est dimanche. Après l'église, nous aurons M. le Dauphin qui vient dîner avec nous ; après le dîner, il jouera au lansquenet et le soir nous irons tous ensemble à l'Opéra. Ce qu'on y joue maintenant n'est à la vérité qu'un ballet, mais c'est bien gentil. Il s'appelle *l'Europe galante*. On y montre comment les Français, les Espagnols, les Italiens et les Turcs font l'amour ; le caractère de ces nations y est si parfaitement dépeint, que c'en est très amusant...

A LA DUCHESSE DE HANOVRE.

Paris, le 14 novembre 1697.

... Il y a grande apparence que les Polonais n'ont fait venir le prince[1] que pour lui soutirer de l'argent. Ce sont des gens faux et intéressés, pires encore que les Anglais. L'abbé de Polignac doit avoir promis douze millions, lesquels, sans doute, ne seront jamais payés. Je crois qu'ici on n'est pas fâché du tout que l'abbé ait reçu des soufflets. Je plains le prince de Conti qu'on l'ait malgré lui embarqué dans une aussi désagréable et ennuyeuse affaire. Je voudrais qu'il fût de nouveau ici ; lui-même, à ce que je crois, le désire encore davantage. S'il prenait la route de terre pour revenir, le roi de Pologne[2] ne l'empêcherait pas et le laisserait bonnement aller, car cela mettrait fin à tout. Je m'étonne que ce roi n'ait pas gardé le père Wolf auprès de lui : c'est un gai compagnon et je crois qu'il ne l'aurait guère tourmenté avec des scrupules et des cas de conscience...

1. Le prince de Conti.
2. Auguste, électeur de Saxe.

A LA RAUGRAVE LOUISE.

Versailles, le 5 décembre 1697.

... Je ne sais s'il n'eût pas mieux valu pour moi et pour mon fils qu'il eût pu faire encore quelques campagnes, car ce pays-ci est horriblement dangereux pour les jeunes gens et ils gagnent plus d'honneur à la guerre qu'à ne rien faire ici que flâner et se débaucher, ce à quoi, entre nous soit dit, mon fils n'est que trop porté. Il pense que, parce qu'il n'aime que les femmes et n'est pas porté aux autres débauches, lesquelles présentement sont plus répandues ici qu'en Italie, il faille l'en louer et lui en savoir gré. Quant à moi son genre de vie ne me plaît nullement.

Dès que j'eus reçu votre lettre hier, je suis allée consulter Monsieur pour savoir s'il ne pourrait rien obtenir de Sa Majesté le roi. Mais, hélas ! il m'a dit sans ménagement que le roi n'en ferait rien. Il ne veut entendre parler d'aucun dédommagement et a ordonné à ses ambassadeurs de plutôt rompre les négociations. Je ne peux donc rien dire à présent, mais envoyez-moi un mémoire énonçant vos prétentions ; qu'il soit en français et plus détaillé que n'est votre mémoire allemand. Je le garderai par devers moi et quand une fois je verrai le roi dans un moment de bonne humeur je lui dirai de pourtant me restituer ce qu'il a détenu au préjudice de mes pauvres raugraves et je lui soumettrai alors le mémoire. Cela servira peut-être à quelque chose, qui sait ? Pour ce qui est de Monsieur, je lui ai dit sans ambages qu'il était encore votre débiteur. Il me répondit de lui remettre un mémoire, qu'il examinerait. Je ferai donc un extrait de votre note et la lui donnerai en recommandant l'affaire au chancelier et aux conseillers de mon seigneur et maître. C'est tout ce que je pourrai faire dans votre intérêt, chère Louise. Plût au ciel que tout dépendît de moi : vous obtiendriez satisfaction bien vite, car soyez persuadée que jamais je ne préférerai mes intérêts à votre amitié ! Ceux qui pendant de si longues années ont occupé notre pauvre patrie[1] s'en sont bien trouvés; c'est pourquoi ils ne veulent rendre rien de ce qu'ils en ont tiré. Moi du moins, je n'ai pas eu un liard de tout ce que Monsieur a pu recevoir en mon nom, je n'en verrai certes ni peu ni prou ! Voilà les mariages français : les maris sont les maîtres absolus de tout ce qui appartient à la femme. Je m'en suis bien aperçue. Le mémoire que vous m'enverrez, rédigé en français devra être adressé au roi et formulé très respectueusement ; il faudra y dire expressément que vous n'avez pas eu la jouissance de vos biens tant que le roi a occupé le Palatinat... Il me semble qu'il ne serait pas mal non plus de faire sonder à ce sujet les ambassadeurs à la Haye, afin que la chose ne paraisse pas trop nouvelle au roi, quand j'en parlerai à Sa Majesté...

1. Le Palatinat.

A LA DUCHESSE DE HANOVRE.

Versailles, le 8 décembre 1697.

Votre gracieuse lettre est venue bien à propos hier pour me donner de la joie et me consoler de l'ennui que j'ai enduré pendant le mariage[1]. Il y avait une telle presse qu'à chaque porte il m'a fallu attendre un quart d'heure avant de pouvoir entrer. J'avais une robe et une jupe de dessous si affreusement lourdes que je ne pouvais presque pas me tenir debout. Cette robe était d'or frisé avec des chenilles noires en forme de fleurs, ma parure consistait en perles et en diamants. Monsieur avait un habit de velours noir brodé d'or et tous ses gros diamants ; mon fils un habit de diverses couleurs[2], brodé d'or couvert de « toutes pierres ». Ma fille portait une robe et une jupe de velours brodés d'or, tout le corsage garni de rubis et de diamants ; la broderie était faite avec un tel soin que chaque rose était comme enchâssée ; la tête était chargée d'enseignes[3], de poinçons en rubis, de rubans d'or et de diamants. Le roi avait un habit de drap d'or avec des broderies sur les tailles de la nuance couleur cheveux[4]. Monseigneur portait également un habit de drap d'or, surchargé de broderies d'or. Le fiancé était en manteau noir brodé

1. Du duc de Bourgogne.
2. « Gris blanc », dit le *Mercure galant*.
3. Joyeau en forme de rose.
4. « Broderie délicate », dit le *Mercure*.

d'or. Il avait un pourpoint blanc brodé d'or avec des boutons de diamants ; le manteau était doublé d'atlas couleur de rose, avec broderies d'or, d'argent et couleur cheveux.

La fiancée avait un habit de drap d'argent et une jupe de dessous avec ruban d'argent, garnie de rubis et de diamants. Tous les diamants qu'elle portait dans sa coiffure et partout étaient ceux de la couronne. M. le duc d'Anjou avait un brocart d'or brodé d'argent ; M. le duc de Berry, mon favori, portait un habit de velours noir brodé de petites fleurs d'or. L'habit de Mme de Chartres était semblable à celui du duc d'Anjou. Elle portait une parure de diamants. Mme la duchesse avait un habit de velours couleur de feu brodé d'argent et une parure de diamants également. Mme la princesse de Conti portait le même habit que ma fille... Mme la Princesse portait une robe de velours couleur de feu [1], une jupe brodée d'argent et une parure de diamants. Voilà en fait de parures tout ce dont je me souviens.

A midi moins un quart on alla à la messe. Ce n'était qu'une messe basse dite par le cardinal de Coislin en sa qualité de premier aumônier. Avant le commencement de la messe les fiançailles furent célébrées. Le roi, Monseigneur, Monsieur et moi, nous nous tenions autour des fiancés. Quand vint le moment de dire *oui*, la fiancée fit quatre révérences, le fiancé n'en fit que deux, car il ne demandait que

---

1. Velours incarnat, dit le *Mercure*. La description du *Mercure galant*, d'ailleurs, diffère de celle de Madame.

le consentement de M. son père et de M. son grand-père, tandis que la fiancée demandait aussi celui de Monsieur et le mien, comme grands-parents. Quand commença la messe, le roi et nous autres nous retournâmes à nos places ; les fiancés restèrent agenouillés devant l'autel.

J'ai oublié de vous dire que l'assemblée avait eu lieu dans le salon du roi. Le fiancé avait cherché la promise, la lui avait amenée, puis ils avaient marché immédiatement devant le roi. La messe dite, le registre fut signé par le roi, la fiancée, le fiancé ; puis par Monsieur et moi comme parents, par le duc d'Anjou, M. le duc de Berry, mon fils et M. le prince comme témoins.

Lorsqu'on se retira, la fiancée prit son rang, comme duchesse de Bourgogne, derrière le roi ; mais le fiancé la menait quand même. On se rendit directement à table. Elle avait la forme d'un fer à cheval. Il ne s'y trouvait personne que les membres de la famille royale et tous les bâtards. Mme de Verneuil en était aussi, parce qu'elle est la veuve du bâtard de Henri IV. Je ne m'ennuyais pas à table, car j'étais assise à côté de mon cher duc de Berry qui me faisait rire : « Je vois, disait-il, mon frère qui lorgne sa petite fame mais si je voullois je lorgnerois bien aussi car il y a bien longtemps que je say lorgnes il faut regarder fixe et de costés. » En disant cela, il contrefaisait son frère si drôlement que je dus en rire.

Après le repas, on se rendit dans la chambre de la duchesse de Bourgogne ; on y resta un quart d'heure, sans prendre place ; puis chacun alla dans sa chambre. A sept heures, on se réunit de nouveau chez le roi. La foule y était telle que le roi, qui avait été chez Mme de Maintenon, ne put passer et qu'il dut attendre un quart d'heure à la porte que la cohue se fût un peu écoulée. Dans le salon du roi, on attendit pendant trois quarts d'heure l'arrivée de la famille royale d'Angleterre. Le roi, la fiancée et nous tous nous allâmes au-devant de Leurs Majestés jusqu'à l'antichambre. La reine avait un habit de drap d'or à fleurs noires et une parure de diamants ; le roi en avait un de velours couleur cheveux à boutonnières d'or. On passa en ordre dans le grand appartement où l'on joua au portique pendant trois quarts d'heure, de là on se rendit dans la galerie pour voir le feu d'artifice qui était splendide. Puis on alla se mettre à table. Les rois placèrent la reine entre eux deux ; les autres étaient les mêmes qu'à midi.

Immédiatement après le souper, on mena l'épousée dans sa chambre et on la déshabilla. La reine lui donna la chemise; le roi d'Angleterre en fit autant au duc de Bourgogne. On ne pouvait rien voir de plus beau que la toilette de la fiancée et le drap de lit garni d'une dentelle haute d'une aune, en point de Venise mais qui est fait à Paris, aux armes et chiffres des deux fiancés. Dès qu'on eût mis le fiancé au lit, le roi appela l'ambassadeur de Savoie et les lui montra couchés. Celui-ci expédia immédiatement un gentilhomme en poste à M. le duc de Savoie pour lui en porter la nouvelle. Cela fait, chacun s'en fut chez soi. Ce matin il n'y a rien de nouveau, mais ce soir à six heures le roi tiendra un grand cercle avec la duchesse de Bourgogne jusqu'à sept heures et quart, puis il y aura aptement. Nous sommes tous en toilette aujourd'hui encore...

Versailles, le 12 janvier 1698.

... Vous avez fort bien fait de remettre à M. Spanheim [1] la note de nos raugraves avec leurs prétentions et réclamations. Car présentement on a besoin de l'électeur de Brandebourg; on fera donc tout ce qu'il voudra. Ici on ne fait rien par charité chrétienne, générosité ou équité, mais uniquement par intérêt et selon la volonté de ceux dont on a besoin. Le meilleur moyen de réussir, c'est de prier Mme de Maintenon de vous être favorable, car tout se fait par elle. C'est par son entremise que le roi Guillaume a fait la paix et que la reine-duchesse [2] a fait le mariage de son fils avec ma fille...

Versailles, le 19 janvier 1698.

... On doute fort que les Polonais permettent que la reine reste avec le roi tant qu'elle sera luthérienne. Toute la chrétienté devrait aider le roi de Pologne à établir la souveraineté absolue sur les Polonais afin de venger tous les princes dont ces gens-là se sont moqués...

---

1. Envoyé de Brandebourg. La fille de la duchesse Sophie avait épousé l'électeur de Brandebourg.
2. Éléonore-Marie, duchesse douairière de Lorraine, sœur de l'empereur Léopold et veuve en premières noces du roi Michel Wisniowiecki de Pologne.

Versailles, le 30 janvier 1698.

... Cela vaudra bien mieux pour l'électeur de Brandebourg de frayer avec d'honnêtes gens et de gagner leurs cœurs, plutôt que de ranger des porcelaines et de faire accrocher des tableaux...

Versailles, le 2 février 1698.

... C'est grand dommage que l'on plonge mon fils dans cette vie de débauches. Si on lui avait donné des habitudes meilleures et plus honnêtes, il serait devenu un tout autre homme. Il ne manque pas d'intelligence, il n'est pas ignorant et dès sa jeunesse il était porté à tout ce qui est bon, louable et conforme à son rang. Mais depuis qu'il est devenu son maître et que d'infâmes gens se sont accrochés à lui, qui lui ont fait fréquenter de vulgaires prostituées, sauf votre respect, il est changé de visage et d'humeur au point qu'on ne le reconnaît plus. Il n'a plus de goût à rien, pas même à la musique, qui était sa passion jadis.

A LA RAUGRAVE LOUISE.

Marly, le 4 février 1698.

... Dès que je reçus votre mémoire, je voulus le remettre à Monsieur, mais il m'a ordonné de le garder jusqu'à ce qu'il réunisse son conseil, pour pouvoir de suite me donner une réponse définitive...

... Pour ce qui est du mémoire du roi, je ne le remettrai que quand M. Spanheim sera ici, ma tante m'ayant écrit que cet envoyé a reçu de son électeur l'ordre de parler en votre faveur... Votre mémoire n'est pas mal rédigé. Spanheim ne tardera pas, on l'attend d'un jour à l'autre.

... Il ne manque rien au mémoire destiné à Monsieur qu'une R derrière le mot Altesse, pour que cela fasse « Altesse Royale ». Mais ne vous en chagrinez pas, je la mettrai...

Vous m'avez, l'autre fois, rendu un véritable service en m'envoyant la *Gazette de Francfort*. Je vous prie, chère Louise, envoyez-la moi donc toutes les semaines...

A LA DUCHESSE DE HANOVRE.

Paris, le 13 février 1698.

... Ce qui me fait espérer que ce mariage [1] fera le bonheur de ma fille, c'est qu'elle ne s'effraye pas de la pauvreté de son futur, quoi qu'on puisse lui en dire. Elle s'imagine quand même qu'elle sera heureuse avec lui...

Paris, le 16 février 1698.

... Hier soir j'eus le plaisir de m'entretenir longuement avec mylord Portland [2]. Il me dit qu'il avait eu souvent l'honneur de vous rendre ses devoirs et qu'il n'avait pas assez pu admirer la perfection avec laquelle vous parlez anglais et hollandais...

1. Le mariage de Charlotte d'Orléans avec le duc Léopold-Joseph-Charles de Lorraine.
2. Ambassadeur d'Angleterre.

Monsieur qui, comme vous le savez, ne voit pas précisément d'un bon œil qu'on me témoigne de la considération, n'aime pas que mylord Portland vienne me voir et m'entretienne si assidûment, et comme il ne peut pas le lui défendre, il cherche à m'en détourner. « Ce mylord, dit-il, ne vous entretient tant que pour tâcher de vous tirer le vers du nez. » — « Cela serait à craindre avec vous, répondis-je, qui pouvez peut-être savoir des secrets du roy et de l'estat, mais moy qui n'en sais point je n'ay point à craindre qu'on me fasse parler, et j'aime fort à l'entretenir car il me parle de gens, que j'honnore et aime et cela ne peust nuire à personne et vous savez monsieur que quand on me parle de ma tante, de mon oncle et du duc de Zel[1] que j'écoutte[2] bien vollontier ceux qui parlent. » A cela il n'a rien pu me répondre, mais il reprit après : « Cela desplaira bien au roy et la reine d'Angleterre, à Saint-Germain. » — « Je n'y saurois que faire, dis-je, je les plains, je vouderois leur rendre service mais je ne puis m'empêcher d'avoir de l'estime pour le roi Guillaume, car il le meritte et je ne les trompe pas, je ne m'en suis jamais caché d'ailleurs, je ne puis chasser de chez moy vn ambassadeur d'un roy qu'on reconnoît pour tel, que le roy et vous receves à merveille, et qui me rend des soins et me fait mille honnestetes du roy son maistre qui demande mon amitié, en vérité tout cela mérite que je le traitte bien et lui fasse des honnestetés à mon tour, et le roy et la reine à Saint-Germain ont tort s'ils y trouvent à redire. »

1. Celle.
2. Je goûte.

A LA RAUGRAVE LOUISE.

Versailles, le 12 mars 1698.

... Depuis quinze jours environ, il ne fait plus froid ici et nous avons eu le plus beau temps du monde. J'en ai bien profité à Marly, j'ai beaucoup promené mes tristes pensées, à pied et à cheval, mais je ne suis point sortie en voiture avec le roi, si ce n'est hier. J'ai mis la chose à profit, j'ai parlé en votre faveur, et lui ai remis votre mémoire, mais je n'en ai reçu d'autre réponse que celle-ci : « Je vaires. » Je ferai savoir à M. Spanheim que j'ai remis le mémoire, afin qu'il prenne votre cause en main aussi, comme il en a reçu l'ordre.

... Quant à Monsieur, je crois que de ce côté-là vous aurez plus de contentement : j'ai sollicité en votre faveur tous ses conseillers. Le chancelier est entièrement gagné à votre cause et Monsieur est fort bien disposé. Je vais tâcher de mettre de notre côté les autres aussi, tels que le surintendant et le secrétaire...

A LA DUCHESSE DE HANOVRE.

Versailles, le 18 mars 1698.

... Dimanche mylord Portland a fait son entrée à Paris. Sa livrée était d'une grande magnificence. Il avait six carrosses, douze chevaux de main, douze pages, cinquante estafiers et un grand cortège de mylords. Mardi dernier, il a eu ses audiences ici, et comme en France il faut qu'on chansonne tout, on a fait aussi un pont-neuf sur cette entrée. Je vous envoie la chanson. Ce qui m'y paraît drôle, c'est qu'ils y chantent les louanges de l'ambassadeur du roi même qu'ils ont brûlé en effigie il y a quelques années et traîné dans les rues...

Mardi dernier, après l'audience, je mis un habit de chasse pour suivre le roi à la volerie. Il faisait le plus beau temps du monde. Je lui remis le *mémorial*[1] des raugraves, mais je ne reçus d'autre réponse que : « je veray. » A propos de ce « je veray », il faut que je vous raconte ce que fit un Gascon il y a quelques mois. C'était un officier réformé qui dans la dernière guerre avait bien fait son devoir et de plus avait perdu un bras. Il vint prier le roi de lui accorder une pension. A son ordinaire, le roi lui répondit « je veray. » L'officier lui dit : « Mais Sire si j'avois dit à mon général (je veray) lorsqu'il m'a envoyé à l'occasion ou j'ay perdu mon bras, je l'orois encore, et ne vous demanderes rien. » Cela a tellement touché le roi, qu'incontinent il lui a accordé une pension...

A LA RAUGRAVE LOUISE.

Saint-Cloud, le 26 mars 1698.

... Ce n'est pas ma faute si vous n'avez pas encore reçu mon portrait ni celui de mes enfants. J'avais

---

1. Le mémoire.

donné ordre à mon surintendant de faire faire ces portraits en toute diligence, mais je n'ai pas voulu qu'on les expédie sans que je les aie vus. Quand on me les montra, je les trouvai affreux : ils ne valaient absolument rien. Voyant ma colère, Béchamel[1] m'avoua que son fils l'avait prié de faire copier ces portraits par un peintre qui travaille pour lui et ce peintre n'a aucune valeur. Ainsi vont les choses ici. Je lui en ai franchement dit mon sentiment et lui ai ordonné d'en faire faire d'autres par un meilleur peintre...

La bonne Mlle de Malauze... va recevoir mon portrait en miniature, j'en ai chargé un de mes gens qui est allé en Angleterre avec l'ambassadeur d'ici. Il me semble que la ressemblance y est. On trouve qu'il est difficile de faire mon portrait, car je n'ai pas la patience de poser convenablement...

A LA DUCHESSE DE HANOVRE.

Marly, le 24 avril 1698.

Mon fils m'a raconté que comme on parlait de la Hollande et de l'Angleterre, M. de Wassenaer dit en parlant du roi Guillaume : « Il est roy d'Angleterre et stathouder d'Hollande » — « Dittes bien, répondit un mylord, il est roy de Hollande et stathouder d'Angleterre. » Wassenaer répliqua : « si on le prend par le cœur il est vray que le roy règne dans les cœurs en Hollande et c'est cela que vous voulles dire aparamment. » — « Non je le dis tout de bon, répondit l'An-

---

1. Le surintendant.

glais, il est le roy et le maistre absolu en Hollande, mais il ne l'est pas en Angleterre. Car il y a vn parlement qui luy sait bien ronger les ailles s'il veust aller trop loin. »

Mon fils demanda si Kapel était un homme de mérite. « Ouy, répondit un Anglais, il a le mérite d'avoir 17 ans et d'estre beau garçon, voilà comme le roy d'Angleterre le veust. » Et là-dessus ils se mirent à raconter cent infamies et historiettes sur les débauches du roi Guillaume. Il faut avouer que c'est une extravagante nation...

A LA RAUGRAVE LOUISE.

Saint-Cloud, le 10 mai 1698.

Très chère Louise, en revenant hier soir à huit heures de Paris, je reçus votre lettre du 23 avril-3 mai. J'y ai lu avec plaisir que Dieu merci vous voilà complètement rétablie... Cela ne m'étonne pas du tout d'apprendre que vous avez été malade au point de n'avoir pas pu penser à notre Seigneur Dieu autant que vous l'eussiez voulu. Cela n'eût pas tiré à conséquence, car ce que vous avez pu dire pendant le délire est indépendant de votre volonté, tandis que votre vie si vertueuse est le résultat de cette volonté et Dieu, qui est juste, aurait pris cela en considération et vous n'en fussiez pas moins allée en paradis, si vous étiez morte. Car comme le dit le catéchisme de Heidelberg, pourvu que nous ayons un vrai repentir et chagrin de nos péchés, que nous acceptions avec une vraie foi ce que Jésus a souffert pour nous, toutes nos autres faiblesses seront lavées par la passion et la mort du Christ. Vous n'aviez donc rien à craindre, chère Louise. Mais il vaut pourtant mieux aller au ciel tard que tôt. Le monde, il est vrai, ne vaut pas grand'chose, mais de mourir c'est tout de même chose affreuse et malheureusement nous ne savons guère ce qui adviendra de nous après cette vie...

A LA DUCHESSE DE HANOVRE.

Saint-Cloud, le 18 mai 1698.

... Je suis heureuse que mon historiette de Ninon vous ait un peu divertie. Elle aura beau mener telle vie qu'il lui plaira, on ne lui dira jamais rien, car elle est une des meilleures amies de la Pancerate [1], qu'elle connaît depuis de longues années : la liaison a commencé au Marais. Depuis que Mlle de Lenclos est vieille, elle mène une vie fort honnête; elle dit, à ce qu'on prétend, que jamais elle ne se serait corrigée, si elle n'avait pas trouvé elle-même la chose ridicule. Je ne savais pas que Charles-Louis [2] l'eût connue. Mon fils surtout est de ses amis, elle l'aime beaucoup. Je voudrais qu'il l'allât voir plus souvent et la fréquentât de préférence à ses bons amis. Elle lui inspirerait de meilleurs sentiments et plus nobles que ceux-ci ne font : elle s'y entend, paraît-il, car ceux qui sont de ses amis la vantent et ont coutume de dire : « il

---

1. De la Pantocrate, de l'omnipotente Mme de Maintenon.
2. Le raugrave Charles-Louis, demi-frère de Madame.

n'y a point de plus honnest homme que Mlle de Lenclos. » On prétend qu'elle est fort modeste dans ses manières et ses discours, ce que mon fils n'est pas le moins du monde...

A LA RAUGRAVE LOUISE.

Saint-Cloud, le 17 juin 1698.

... Les bonnes choses que j'ai entendues dans ma jeunesse, je ne les oublierai jamais et avec l'aide de Dieu je les conserverai écrites dans mon cœur.. Je n'ai pas justement besoin de grandes consolations pour mourir. Je ne désire pas la mort et ne la redoute pas davantage. L'on peut bien apprendre sans le secours du catéchisme d'Heidelberg à ne pas trop s'attacher au monde, surtout dans ce pays-ci, où tout est si plein de fausseté, d'envie et de méchanceté et où tous les vices s'épanouissent d'une façon inouïe... A cette grande cour-ci je suis devenue presque un ermite... aussi passé-je des journées entières toute seule dans mon cabinet, où je m'occupe à lire et à écrire. Vient-il quelqu'un pour me faire visite, je le vois un instant, je lui parle du temps qu'il fait ou des nouvelles du jour, puis je rentre dans ma solitude. Quatre fois par semaine j'ai mon jour de correspondance : le lundi j'écris en Savoie, le mercredi à Modène, le jeudi et le dimanche j'écris d'énormes lettres à ma tante de Hanovre, de six à huit je fais une promenade en voiture avec Monsieur et nos dames. Je vais à Paris trois fois par semaine et journellement j'écris à celles de mes amies qui y demeurent; je vais à la chasse deux ou trois fois par semaine...

La France est le pays où les remèdes valent le moins : les pharmacies ne sont pas bonnes du tout. On n'y débite que des lavements et des sirops tout à fait communs; on y est bien ignorant.

Est-il possible que les pasteurs de Francfort soient sots au point de considérer la comédie comme un péché ? Leur ambition — qui est de vouloir régner sur tous les hommes — est un péché bien plus grand que d'assister à un spectacle innocent qui vous fait rire un bout de temps. Je ne peux pardonner ces farces-là à nul d'entre les prêtres...

A LA DUCHESSE DE HANOVRE.

Marly, le 2 juillet 1698.

... Mais il faut que je vous conte le joli discours qui a été tenu hier au jeu. Mme la Duchesse me l'a raconté hier soir, car je ne regarde pas jouer : la cohue est trop grande, tout le monde y est assis pêle-mêle, hommes et femmes... Au lansquenet beaucoup de personnes s'imaginent couper la veine aux autres en battant les cartes et elles les battent donc fort souvent. Celui qui a la main est obligé de donner à battre à ceux qui le demandent. Or, hier, un grand joueur, qui s'appelle M. de Boissière, était fort malheureux au jeu. Il s'imagina que ceux qui avaient la veine lui porteraient bonheur en battant les cartes; il les passa donc au grand prieur qui lui dit : « D'où vient que vous ne donnes pas le jeu à Mme Dispinois[1] qui gaigne plus que moy. » Il répondit d'un air raducie : « J'orois bien voulu le faire à madame, mais je n'ay oses. Elle n'aime pas cela, c'est pourquoy je l'ay fait à monsieur. » Vous vous figurez l'éclat de rire qui suivit.

A LA RAUGRAVE LOUISE.

Marly, le 4 juillet 1690.

... L'autre fois déjà je vous ai écrit mon opinion sur le compte des pasteurs et des curés qui interdisent la comédie. Je ne dirai plus que ceci : Si ces messieurs voyaient un peu plus loin que leur nez, ils comprendraient que l'argent du commun n'est pas mal placé du tout lorsqu'on le dépense pour aller au spectacle. D'abord les comédiens sont de pauvres diables qui gagnent leur vie de cette façon ; ensuite la comédie vous donne de la joie, la joie de la santé, la santé des forces, qui permettent de mieux travailler ; donc ils devraient y pousser plutôt que de l'interdire. Vous avez bien raison, chère Louise, de ne pas vous faire un cas de conscience de telles bagatelles...

Saint-Cloud, le 8 juillet 1698.

... Je vous suis bien obligée, chère Louise, de l'offre que vous me faites de m'envoyer de bonnes drogues des pharmacies de Francfort. Lorsqu'il me faudra quelque chose je vous prierai de me l'envoyer. Tant

---

1. Mme d'Epinoy.

que je me porte bien, je n'ai besoin de rien. L'eau-de-vie de cerise, c'est ce qu'on peut avoir de mieux ici ; grand merci donc, il ne m'en faut pas ; mais si vous vouliez m'envoyer un petit flacon de l'eau de l'empereur Charles, contre les maux de tête, en m'en indiquant le prix, vous me rendriez un grand service. C'est la seule chose qui m'ait permis de passer le dernier hiver à Paris. Quand j'y entre, je mets le flacon au nez ; c'est ainsi que j'évite les fortes migraines...

A LA DUCHESSE DE HANOVRE.

Saint-Cloud, le 13 juillet 1698.

... D'après la description que M. de Meaux me fait des quiétistes, c'est une religion bien commode, car ils tiennent la prière et tout culte extérieur pour chose superflue, bonne pour les ignorants ; tandis qu'eux, s'étant une fois en leur vie donnés à Dieu, ne peuvent d'aucune façon être damnés ; ils n'ont plus rien à faire qu'à dire une fois par jour : Dieu est, rien de plus ; le reste du jour, il ne faut rien refuser à son corps de tout ce qu'il peut demander, ne le tenant que pour bestial...

Saint-Cloud, le 17 juillet 1698.

... Je crois que l'accomplissement de la grâce de Mme Guion vous fera bien rire. C'est bien plus amusant d'entendre raconter ces histoires-là à M. de Meaux que de lire le livre. Il m'a bien divertie pendant la promenade à Marly. Mme Guion m'a l'air d'être une vraie folle. Je suis bien de votre avis : on trouve peu de gens ayant la même opinion. Quand je vins en France, on me fit converser avec quantité d'évêques et d'archevêques, pour fortifier ma foi catholique. Mais j'avais peine à voir où elle était, cette foi catholique. En général, on me présentait la chose de la même façon ; mais quand on en arrivait à l'interprétation, il ne s'en trouvait pas un qui partageât la foi de l'autre. Cela me fit bien rire alors, mais je n'aurais plus certes su à quoi m'en tenir, si d'avance je n'avais pas pris mon parti et si je n'avais pas eu (comme disait cet Anglais) « mon petit religion a pars moy. » M. de Meaux est très intelligent, divertissant et agréable dans ses discours... et il n'est pas guindé.

Saint-Cloud, le 20 juillet 1698, 8 heures du matin.

... Je comptais bien que le livre de M. de Meaux vous divertirait. D'après ce qu'il m'a raconté de vive voix sur l'affaire de Mme Guion, M. de Cambrai ne prend son parti que pour cacher son ambition démesurée. Tout cela n'était qu'un jeu pour gouverner le roi et toute la cour ; rien n'est plus certain. On avait résolu de gagner Mme de Maintenon, — ce qui fut fait, — pour gouverner totalement le roi. On a trouvé chez eux des listes entières de charges à donner pour changer toute la cour et mettre leurs créatures dans les postes les plus élevés. La religion, c'est ce dont on se souciait le moins. Mais dès que Mme de Maintenon s'aperçut que M. de Meaux avait découvert la fourberie et que l'affaire pourrait mal tourner, elle eut peur que le roi ne s'aperçut de la manière dont elle le gouvernait, elle tourna casaque immédiatement et abandonna Mme Guion et tout son parti. Tout alors fut mis au grand jour. Je vous assure que cette querelle d'évêques n'a pas le moins du monde la foi pour but ; tout cela est ambition pure et l'on ne pense presques plus à la religion : elle n'est que le prête-nom. Les vers qu'on a faits là dessus disent donc vrai : c'est la foi seule qui périra. Je ne sais si vous les avez vus, en tout cas les voici :

> Dans ces Combats, ou nos prélats de France.
> Semblent chercher la vérité
> L'un dit qu'on détruit l'espérance,
> L'autre se plaint que c'est la charité,
> C'est la foy qu'on détruit et personne n'y pense.

Saint-Cloud, le 31 juillet 1698.

Depuis trois jours, il y a grand vacarme à la cour. Dimanche dernier, le prince de Conti, le duc de La Feuillade et le grand prieur de Vendôme jouaient à l'hombre, à Meudon. Le prince de Conti jouait. Le grand prieur, à ce que raconte le prince de Conti, avait codille sûr en main et frappa sur la carte afin que La Feuillade coupât, ce qu'il fit, et alors le prince de Conti perdit codille. Il dit au grand prieur : « Vous joues avec trop grand avantage faissant couper à codille sur. » Le grand prieur répondit : « Tout autre que vous ne me dires pas cela. » — « Je prend ces messieurs à tesmoins, dit le prince de Conti que je n'ay rien dit qui vous puisse offencer mais pour le Codille vous l'avies sur dans vostre main. »

M. le Duc et le marquis de *Chèvre*[1], regardaient le jeu ; le grand prieur se leva et dit : « Il n'y a plus moyen de jouer avec vous. » Le prince de Conti répondit : « Après cecy il despendra de vous de jouer avec moy ou non, mais pour le pressent il y a encore cinq poules à jouer je veux que vous les achevies. »

Le grand prieur se rassit et jura que c'était bien la dernière fois qu'il jouerait avec le prince de Conti. Quand la partie fut terminée, on dit à M. le Dauphin ce qui s'était passé. Il fit venir le grand prieur et lui défendit de plus rien dire au prince. Le lendemain, c'est-à-dire lundi, quand nous fûmes de retour de la chasse au loup, après le souper de Monseigneur, comme le prince de Conti voulait se rendre dans sa chambre et se trouvait tout seul dans la cour, le grand prieur l'aborda et lui dit : « Vous m'aves fort mal traittes hier vous deves m'en rendre raison. » Le prince de Conti se fâcha tout rouge et cria : « Tout auttre quel qu'il puisse estre que j'orois offences, je lui feroit raison, mais pour vous misserable je vous mesprisse trop pour cela, alles a la tranchée de Barcelone. » Tout Meudon, c'est-à-dire tous ceux qui avaient entendu la voix du prince, accoururent. Les deux adversaires se mirent tellement en colère qu'ils se reprochèrent tout ce qu'ils savaient l'un de l'autre et s'injurièrent comme des palefreniers. On les sépara. Le prince se rendit incontinent chez Monseigneur et lui raconta tout. Le grand prieur voulut en faire autant, mais M. le Dauphin refusa de le voir. Le lende-

---

1. Le marquis de Gesvres.

main, c'est-à-dire avant-hier, ils vinrent à Versailles. Le roi entendit le prince de Conti, mais au grand prieur il fit dire d'aller prendre ses ordres chez M. de Pontchartrain. Ces ordres étaient qu'il eût à se rendre immédiatement à la Bastille, ce qu'il fit. Dans le temps où tout cela se passait, M. de Vendôme était à Anet. Il est venu dès hier et a demandé au prince de Conti de pardonner à son frère. Celui-ci l'a fort bien reçu. On pense que tout se terminera paisiblement, mais on ne sait pas encore combien de temps le grand prieur restera à la Bastille...

Marly, le 7 août 1698.

... Ici on n'avoue pas que les livres de M. de Cambrai aient été approuvés à Rome, car on les examine encore. M. de Nevers s'est déclaré pour M. de Cambrai, comme vous le verrez par les vers ci-joints qu'il a faits lui-même. J'avoue mon ignorance, je n'en comprends pas la moitié. Je vois que le *mistique* n'est pas du tout mon affaire. Mme de Maintenon le comprend mieux : tout est mytérieux chez elle. Je dois confesser que rien ne m'a plus étonnée que de voir comment cette dame a abandonné son bien bon ami l'archevêque de Cambrai, car ils mangeaient et buvaient souvent ensemble, elle ne faisait aucune partie de plaisir sans qu'il en fût, nulle musique, nulle assemblée d'amis, il était de tout et maintenant elle le persécute à outrance ; c'est pourquoi il me fait pitié, car ce doit être bien douloureux pour ce brave et honnête homme de se voir abandonné et persécuté par ceux en qui il avait mis toute sa confiance. M. de Cambrai et Mme Guion ne peuvent nier les sottises qui sont rapportées dans le livre de M. de Meaux, car il y a des témoins et il n'a rien mis dans le livre qu'il ne puisse prouver...

Je crois que c'est par sincérité que les réformés ne veulent pas feindre de croire des choses auxquelles ils ne peuvent ajouter foi. S'il ne se fût agi que du prêche et des psaumes, ils ne se seraient pas laissé expulser. Et vraiment les psaumes ne sont pas aussi désagréables à entendre que les voyelles dans une grand'messe. Rien ne vous impatiente tant que cette piaillerie de *aaaa, eeee, iiii, oooo*. Si j'osais, je me sauverais bien souvent de l'église, car je l'endure à grand'peine... Je sais bon gré au Dr Luther d'avoir fait de si jolis cantiques ; cela a donné envie à bien des gens de se faire luthériens.

A LA RAUGRAVE LOUISE.

Saint-Cloud, le 12 août 1698.

... Tout ce qui reluit n'est pas or en France moins que partout ailleurs on peut faire ce qu'on veut quand on s'appelle Madame. Je ne viendrai donc guère à Nancy, chez ma fille, quand elle y sera. Il y aurait encore beaucoup à dire là-dessus, mais mes lettres ne suivent pas une voie assez sûre...

A LA DUCHESSE DE HANOVRE.

Marly, le 17 août 1698.

... Je suis avec M. de Cambrai et M. de Meaux comme les enfants qui aiment papa et maman : je fais grand cas de l'un et de l'autre. Je ne saurais en vouloir à M. de Meaux d'avoir voulu ôter Mme Guion de la tête à M. de Cambrai et je prends le dernier en pitié de s'être fié à des gens qui à cette heure le persécutent à ce point. Mais la pureté de sa vie et son intelligence font qu'on l'estime, M. de Meaux également ; je ne peux donc haïr ni l'un ni l'autre. Il n'est que trop vrai que M. de Cambrai est ambitieux, sans cela il n'eût pas pendant si longtemps été l'intime de Mme de Maintenon : il a régné en quelque sorte avec elle pendant un certain temps. Mais elle a changé tout d'un coup et ceux qui prétendent tout savoir assurent que cela provient de ce qu'il n'a pas été d'avis de proclamer le mariage...

A LA RAUGRAVE AMÉLIE-ÉLISABETH.

Port-Royal, le 22 août 1698.

Très-chère Amélise, lundi dernier j'ai reçu votre chère lettre du 2-12 de ce mois, mais il m'a été impossible d'y faire réponse le lendemain quoique ce fût jour de poste. J'avais trop pleuré, car lundi dernier une de mes bonnes amies est morte subitement d'une attaque d'apoplexie ; elle s'appelait la princesse

Despinois[1]. C'était une dame de grand mérite, elle avait beaucoup d'esprit, une politesse extrême et le meilleur cœur du monde ; elle ne pensait qu'à rendre service à ses amis et parents et était de la meilleure compagnie...

Quand on est belle, cela ne dure guère, un beau visage change bien vite, mais avoir bon cœur, voilà ce qu'il fait bon posséder en tout temps. Il faut que vous ayez perdu tout souvenir de moi pour que vous ne me rangiez pas parmi les laides : je l'ai toujours été et le suis devenue davantage encore par suite de la petite vérole ; de plus ma taille est monstrueuse, je suis carrée comme un dé, la peau est d'un rouge mélangé de jaune, je commence à grisonner, j'ai les cheveux poivre et sel, le front et le pourtour des yeux sont ridés, le nez est de travers comme jadis, mais festonné par la petite vérole, de même que les joues ; je les ai pendantes, de grandes mâchoires, les dents délabrées ; la bouche aussi est un peu changée, car elle est devenue plus grande et les rides sont aux coins : voilà la belle figure que j'ai, chère Amélise !...

Je crois qu'ils finiront par me rendre folle avec ces portraits : jamais je ne parviendrai à les obtenir des gens qui en sont chargés !...

Si vous vous imaginez qu'ici c'est un pays de cocagne, vous vous trompez fort. L'ennui règne ici plus qu'en aucun autre lieu du monde. Beaucoup de monde boit du thé, du café, du chocolat, mais moi je ne prends rien de toutes ces drogues ; j'ai idée que cela est contraire à la santé...

---

1. D'Épinoy.

Ma fille est tellement convaincue qu'elle sera heureuse avec le duc de Lorraine, que moi-même je me mets à l'espérer aussi...

Mme de Chartres nous a gratifié derechef d'une fille... L'aînée, qui vient d'avoir ses trois ans, est toute heureuse qu'on l'appelle Mlle d'Orléans et que sa sœur soit Mlle de Chartres...

A LA RAUGRAVE LOUISE.

Saint-Cloud, le 26 août 1698.

... De ma vie je n'ai su faire des vers, mais lorsque l'an dernier j'avais cassé le bras et que je ne pouvais rien faire d'autre, je me suis mise à faire des chansons ; j'en ai fait trois ou quatre en français, toutes fort mauvaises, et les ai envoyées à ma tante l'électrice de Brunswick [1]. Ma *vaine* [2] poétique s'en est allée avec le mal...

Ici les cavaliers ne sont pas entichés des dames au point de les enlever. Je croyais que les Anglais ressemblaient aux Français sous ce rapport. L'histoire de l'envoyé de Trèves et de sa fille me rappelle le proverbe hollandais qui dit qu'il faut écumer le pot sans quoi il s'écume de lui-même, marier sa fille, sans quoi elle se marie elle-même.

1. La duchesse Sophie de Hanovre.
2. Veine.

A LA DUCHESSE DE HANOVRE.

Saint-Cloud, le 31 août 1698.

... Je vous envoie aujourd'hui le livre de M. l'archevêque de Cambrai que je vous avais promis. Une chose qui, si j'ose le dire, ne me paraît pas juste, c'est qu'on a permis à M. de Meaux de faire imprimer et de publier son livre contre M. de Cambrai et qu'on ne veut pas autoriser celui-ci à en faire autant pour sa justification. Défense a été faite à tous les imprimeurs, sous peine d'amende, d'imprimer ses livres ; les exemplaires qu'on en a, on ne les obtient qu'en secret, par des mains amies... Je suis comme Pickelhering[1] quand il siège comme juge : il me semble toujours que c'est le dernier qui parle qui a raison...

En France, on laisse les opinions parfaitement libres : pourvu qu'on ne fasse pas de livres, qu'on aille assidûment à la messe et au salut, que dans aucun parti on ne soit de la cabale, on peut croire tout ce qu'on veut : on ne s'en préoccupe nullement.

Saint-Cloud, le 18 septembre 1698.

La pantocrate a un grand pouvoir, mais, à ce qu'on dit, elle n'est pas gaie du tout, elle pleure souvent à chaudes larmes ; elle parle fréquemment aussi de la mort, mais je crois qu'elle veut seulement

---

1. L'arlequin des farces hollandaises.

voir ce qu'on lui répondra. Ils[1] gâtent absolument la duchesse de Bourgogne. En voiture, elle ne reste pas un instant en place, elle s'assied sur les genoux de tous ceux qui se trouvent dans le carrosse et elle voltige tout le temps comme un petit singe. Tout cela on le trouve charmant. Elle est maîtresse absolue dans sa chambre ; on fait tout ce qu'elle veut. Quelquefois l'envie lui prend d'aller courir à cinq heures du matin. On lui permet tout et on l'admire. Un autre donnerait le fouet à son enfant, s'il se conduisait de la sorte. Ils se repentiront, je crois, avec le temps, d'avoir ainsi laissé faire à cette enfant toutes ses volontés...

Port-Royal, le 21 septembre 1698.

... A son retour de Compiègne, mon fils m'a raconté que M. de Meaux doit avoir dit : « Je prépare vne meulle de moulin qui escrassera tout vn coup mons. de Cambrai » et que quelqu'un lui aurait répondu : « S'il la voit venir il ce metera a l'escart et la laissera tomber. »

Quand la meule de moulin sera imprimée, je vous l'enverrai...

A LA RAUGRAVE AMÉLIE-ÉLISABETH.

... C'est un vieil usage allemand de sonner de la trompette et de battre la timbale (quand un prince sort de son appartement ou de son château). Chez le vieux duc Auguste de Brunswick, le timbalier se tenait

---

1. Le roi et Mme de Maintenon.

dans une galerie devant la chambre du duc et dès que celui-ci sortait de son appartement, il battait la timbale. Cela, je le trouvais exagéré, mais ce n'est pas de trop quand on sort en carrosse...

Je suis bien aise pour vous, chère Amelise, qu'on ait autorisé la comédie à Francfort. Je souhaite que vous vous amusiez bien à la foire. Vous me ferez vraiment grand plaisir en me mandant comment les choses s'y sont passées...

Saint-Cloud, le 27 septembre 1698.

Fontainebleau, le 10 octobre 1698.

J'ai trouvé le courrier avec la dispense pour le mariage de ma fille : la noce aura donc lieu irrévocablement lundi prochain; nous irons de suite ce jour-là à Paris et le lendemain elle partira. Vous pouvez facilement vous figurer, chère Amélise, que j'ai le cœur gros, et plus envie de pleurer que de rire, car ma fille et moi nous ne nous sommes jamais quittées... A tout instant, mes yeux se remplissent de larmes, il faut que je les cache, afin qu'on ne se moque pas de moi, car en ce pays-ci on ne comprend pas qu'on aime les siens tendrement...

A LA DUCHESSE DE HANOVRE.

Paris, le 15 octobre 1698.

... Je ne sais si le mariage de ma fille prendra une bonne fin, mais il a bien tristement commencé. Quand on les a mariés, tout le monde pleurait dans la chapelle: le roi, le roi et la reine d'Angleterre, toutes les princesses, tous les ecclésiastiques, tous les courtisans, jusqu'aux gardes et aux Suisses, tous les ambassadeurs, le peuple, en un mot tous, tous ont pleuré à chaudes larmes ; seul M. le Dauphin n'en a pas versé une seule. Il assistait à la cérémonie comme à un spectacle. La duchesse de Bourgogne a enfin prouvé qu'elle a un bon naturel, car elle a été triste au point de ne pas pouvoir manger. Elle n'a fait que pleurer amèrement après qu'elle eut dit adieu à sa tante.

Hier j'ai vu la toilette de ma fille et un meuble de quarante mille écus que le roi lui donne. On ne peut rien voir de plus beau. Il est en drap d'or épais et frisé de Venise, doublé de drap d'or. Dans les fleurs il manque un tout petit peu de couleur de feu. Le meuble se compose d'un lit, d'un tapis de table, de six fauteuils, de vingt-quatre chaises. C'est le plus bel ouvrage du monde, le célèbre Losné l'a fait. J'imagine qu'en Lorraine on trouvera que ma fille n'est pas mal équipée ; elle a pour vingt mille écus de linge, de dentelles et de point, le tout fort beau et en grande quantité, remplissant quatre énormes caisses.

A LA RAUGRAVE AMÉLIE-ÉLISABETH.

Fontainebleau, le 18 octobre.

... Voilà qui me fait plaisir que les femmes et les filles se soient arraché notre prince de Birckenfeld. Quand il sera de retour ici, je l'en plaisanterai bien.

Mais que va dire Fanchon Moreau de l'Opéra, elle qui est l'héroïne de ce prince ? Il va lui falloir chanter que l'inconstance des hommes est leur vice le plus commun. Mais à bon chat bon rat : elle ne lui sera pas plus fidèle à lui, qu'il ne lui est fidèle à elle, car la dame est de médiocre vertu et ne rebute personne. Je voudrais bien que les princesses allemandes lui fassent sortir de la tête cette *opératrice* française.

A LA DUCHESSE DE HANOVRE.

Fontainebleau, le 22 octobre 1698,
10 heures un quart du matin.

Mon Dieu! qu'à mon avis on élève donc mal la duchesse de Bourgogne ! Cette enfant me fait pitié. En plein dîner elle commence à chanter, elle danse sur sa chaise, fait semblant de saluer le monde, fait les grimaces les plus affreuses, déchire de ses mains les poulets et les perdrix dans les plats, fourre les doigts dans les sauces ; bref, il est impossible d'être plus mal élevée et ceux qui se tiennent derrière elle s'écrient : « A qu'elle a de grace, qu'elle est jolie ! » Elle traite son beau-père d'une façon irrespectueuse et le tutoie. Lui s'imagine alors qu'il est en faveur et en est tout joyeux. Elle traite, dit-on, le roi avec plus de familiarité encore.

Fontainebleau, le 25 octobre 1698.

... Dans la conversation familière M. de Meaux n'est ni fâcheux ni chagrin. Il n'a jamais fait de mal à personne et si la vieille ordure n'avait pas exigé qu'il persécutât celui-ci[1], il l'aurait certes laissé tranquille. Mais il ne fait pas bon refuser quelque chose à cette femme et plutôt que de perdre sa *fortune* on fait perdre la leur aux autres. Ce n'est guère généreux à la vérité, mais c'est pratique...

Fontainebleau, le 5 novembre 1698.

... Le duc de Lorraine a l'air de beaucoup aimer ma fille. Si seulement cet amour pouvait durer, ils seraient tous deux assez heureux. « Mais hélas il n'est point d'étternelles amours », comme on dit dans *Clélie,* et d'ordinaire il se trouve dans les cours beaucoup de méchantes gens qui prennent plaisir à brouiller les maîtres. Il m'est donc impossible de croire que le bonheur de ma fille soit assuré...

A LA RAUGRAVE AMÉLIE-ÉLISABETH.

Versailles, le 12 décembre 1698.

... L'abbé de Teseu[2] est un honnête gentilhomme que j'estime beaucoup. Je ne doute pas que sur ma recommandation expresse il ne prenne en main vos intérêts, en ce qui touche Monsieur. Pour ce qui est du roi, il y a peu de chose à espérer de ce côté-là, soit dit entre nous. Il ne veut pas entendre parler d'indemnité pour ce qu'on a perdu pendant la guerre.

---

1. Fénélon.

2. « Monsieur a fait partir l'abbé Teseu avec le titre de son envoyé aux conférences de la paix. Monsieur a des prétentions sur beaucoup de terres du Palatinat du côté de Madame. » (*Journal de Dangeau*, 14 mars 1697.).

C'est qu'il n'a pas filé de la soie, pendant la dernière guerre, comme l'on dit ici...

A LA DUCHESSE DE HANOVRE.

Versailles, le 21 décembre 1698.

... On joue le *Tartufe* d'autant plus librement que personne ne prétend en être un. Mais je pense que si quelqu'un s'avisait à cette heure de faire de ces comédies-là, la chose ne passerait pas comme cela, vu qu'on croirait alors y retrouver dépeints quelques *originaux* fort en faveur présentement...

Versailles, le 31 décembre 1698.

... Avant-hier on a chassé cinq des gens de M. le duc de Bourgogne, à savoir un exempt aux gardes, frère de M. de Cambrai, l'abbé de Langeron, deux gentilshommes de la manche, du Puy et de l'Echelle (ce dernier a été page du roi), et enfin un abbé de Beaumont. Ce ne sont que des dévots que maintenant ou accuse d'être quiétistes... La *pantocratie* n'est pas aussi fidèle aux amis qu'elle s'est faits depuis qu'elle est dévote qu'à ceux qui datent du Marais... Il est vrai qu'elle ne veut plus voir les hommes qui auparavant avaient été ses amis et ses amants. Barillon en est mort de chagrin...

Versailles, le 4 janvier 1699.

... Il y a une grande dispute à la cour et du roi jusqu'aux laquais tout le monde y prend part. C'est

M. Fagon qui a soulevé la question ; le cardinal d'Estrées, l'abbé de Beaubrun (?) et quelques autres encore sont de son bord ; tout le reste de la cour est de l'avis opposé. Voici l'objet de la dispute : Le siècle commence-t-il à l'année 1700 ou bien à l'année 1701 ? M. Fagon et son parti sont pour 1700, car alors, disent-ils, les cents ans sont accomplis ; mais les autres soutiennent qu'ils ne sont accomplis qu'à l'année 1701. Je voudrais bien connaître l'opinion de M. Leibnitz là-dessus. Où qu'on aille, on n'entend discuter que cela ; jusqu'aux porteurs de chaises qui s'en mêlent... S'il faut dire la vérité, je suis de l'avis de M. Fagon ; le roi, M. le Dauphin, le prince de Conti, Monsieur et toute la cour sont pour 1701...

Marly, le 8 janvier 1699, 11 heures du matin.

... Mme de *Chausne*[1] est morte en héros, sans peur, ne se souciant pas de la mort, ordonnant tout, comme quand on part pour un voyage. Le duc de Brissac au contraire, qui sa vie durant n'a pas cru en Dieu et a toujours mené une vie déréglée et débauchée, avait une peur affreuse de la mort. Il a fait venir un Italien qui avait été son favori et devant tout le monde il l'a prêché, lui disant qu'il eût à laisser ses débauches et à demander pardon à Dieu de ce qu'ils avaient fait ensemble. Il a fait une confession publique, puis s'est remis à prêcher et à manifester un vif repentir de sa vie passée. Il est mor au milieu des plus grandes terreurs. Mme de Chausne a été pleurée de tous, le duc

---

1. La duchesse de Chaulnes.

de Brissac de personne. Ses propres parents rient de sa mort...

Versailles, le 15 janvier 1699.

... Mon cher duc de Berry est en quelque sorte aux arrêts. Il restera enfermé pendant huit jours. Personne au monde n'entrera chez lui : son appartement est fermé. Il a bien mérité cette correction, il est par trop emporté Lundi dernier il était à la chasse avec M. son frère pour tirer des lapins. En tout ce qu'il fait il est très ardent, c'est pourquoi les gouverneurs lui dirent de tirer tant qu'il voudrait, mais pas du côté où se trouvaient MM. ses frères. Malgré cela, il tira de ce côté-là et il ne s'en fallut pas de deux doigts qu'il ne tuât son frère aîné, le duc de Bourgogne. Son sous-gouverneur, M. de *Razelie*[1] lui arracha bien vite le fusil des mains et ne voulut plus lui permettre de tirer. Alors il s'emporta tellement qu'il voulait se briser la tête et il l'aurait fait si on ne lui eût arraché des mains une grosse pierre (qu'il tenait déjà). Il appela son sous-gouverneur *coquin, traistre, scellerat* Celui-ci lui dit : « Je m'en plaindres au roy, il me fera justice. » — « Ouy, dit le duc de Berry, il vous fera couper la teste vous le merittes. »

A cause de tout cela, le roi l'a fait mettre aux arrêts, ce qui lui est bien égal. Hier c'était déjà le troisième jour. Il ne fait que chanter et danser dans sa chambre. Hier matin il vit entrer son sous-gouverneur. Il lui dit d'un ton tout à fait gai : « He bien monsieur quand y ora til bal n'y danseray je bas. »

1. M. de Razilly.

M. de *Raselie* répondit : « Comment songes vous a danser ne saves vous pas que vous estes en prisson. » « Moy en prisson, dit le Duc de Berry, apprenes mons. que des gens comme moy on ne traitte pas ainsi, cela serait bon pour vous. »

Cet enfant a une fierté telle qu'il est impossible d'en venir à bout ; mais on fait bien quand même de le punir de s'être ainsi emporté. Avant-hier il demanda à un de ses premiers valets de garde-robe, qui précédemment avait été chez Mme la Dauphine et qui par conséquent vient souvent chez moi : « Genday, Madame sait-elle ce qui se passe, qu'en dit Elle. » J'ai dit à Genday de lui répondre que j'étais toute triste de ce que lui, que j'aimais tant, perdît ainsi sa réputation et passât pour un forcené, s'il ne se corrigeait pas, et pour un homme capable de tuer son frère ou de se tuer lui-même et que j'aurais attendu mieux de lui. Je saurai aujourd'hui ce qu'il a répondu et si cela ne l'a pas fait rentrer un peu en lui-même...

La *pantocratte* ne m'a pas rendu ma visite. Est-ce qu'elle s'imagine qu'elle peut vous faire tout le mal possible sans qu'il vous soit permis de le dire à ceux qu'on aime le plus au monde ? Il faudra bien qu'elle s'y habitue. Qu'elle me fassse autant de bien qu'elle m'a fait de mal : elle ne trouvera plus dans mes lettres que des louanges et des témoignages de reconnaissance. Mais je n'ai vu que les chiens d'arrêt aimer et caresser ceux qui les maltraitent et les battent : avec les hommes cela ne se passe pas ainsi.

Versailles, le 29 janvier 1699.

... Pour en revenir à la dispute de *seculum*, elle est terminée. Il faut que je me sois mal expliquée en disant que le roi était le tenant contre M. Fagon ; c'était le prince de Conti. On a pris pour juge l'Académie et la Sorbonne. Toutes deux on condamné M. Fagon et assuré que le siècle commence à l'année 1701. Elles disent que le jubilé est fixé à la dernière année du siècle, afin que l'on puisse entrer pur et net dans l'autre...

A LA RAUGRAVE AMÉLIE-ÉLISABETH.

Marly, le 6 février 1699.

... Ce qui m'étonne, c'est que l'empereur ait laissé le roi des Romains choisir lui-même ses gens. Voilà une chose que M. le Dauphin ne pourrait se permettre, cela n'irai pas ici... La Pflug aura fort à faire, ce n'est pas une petite besogne que d'être gouvernante des demoiselles d'une reine...

L'abbé de Teseu est maigre de sa nature ; je ne crois pas qu'il puisse jamais devenir gros ; je lui passerai bien une cinquantaine de livres de graisse, il m'en resterait toujours assez. C'est un fort honnête homme, cela est certain, mais je ne jouirai jamais de ce qu'il fait pour moi. S'il plaît à Dieu, Monsieur, qui a une très bonne santé, vivra plus longtemps que moi et tant qu'il vivra je ne peux prétendre à rien de ce qui me revient et je n'en verrai jamais un fétu... Tous les soirs il y a bal masqué ici ; je regarde bien danser, mais cela ne me divertit pas : je m'endors presque...

A LA DUCHESSE DE HANOVRE.

Versailles, le 8 février 1699.

... Il faut que je vous raconte comment s'est passé le bal masqué de Marly. Jeudi le roi et nous tous nous avons soupé à neuf heures. Après le souper on se rendit au bal qui commença à dix heures. A onze heures arrivèrent les masques. On vit entrer une dame haute et large comme une tour, c'était M. le duc de Valentinois, fils de M. de Monaco. Il est très grand. Cette dame avait une mante qui lui descendait jusqu'aux pieds. Arrivée au milieu de la salle elle entr'ouvrit la mante ; il sauta dehors rien que des figures de la comédie italienne : Arlequin, Scaramouche, Polichinelle, le Docteur, Briguelle[1], et un paysan. Ils se mirent à danser bien gentiment. M. de Brionne faisait Arlequin, le comte d'Ayen, Scaramouche ; mon fils, Polichinelle, le duc de Bourgogne, le Docteur ; La Vallière, Briguelle, le prince Camille[2], le paysan.

... M. le Dauphin arriva avec une autre troupe tous bien drôlement masqués : ils changèrent d'habits trois ou quatre fois. Sa compagnie était composée de la princesse de Conti, Mlle de Lislebonne, Mme de Chatillon et le duc de Villeroy. Les ducs d'Anjou et de

1. Brighella.
2. Le prince Camille de Lorraine.

Berry avec leurs gens formaient la troisième bande de masques ; la duchesse de Bourgogne et les dames la quatrième ; Mme de Chartres, Mme la Duchesse, Mlle d'Armagnac, Mme la duchesse de Villeroy, Mlle de *Tourbe*[1], fille du maréchal d'Estrées, et Mlle de Melun, la cinquième. Le bal dura juqu'à deux heures moins un quart...

... Vendredi... toutes les dames étaient fort parées *en robe de chambre ;* la duchesse de Bourgogne était *en beau masque,* habillée coquettement à l'espagnole avec un petit chapeau... Mme de Mongon *en collet monté*, Mme d'Agen, en habillement de théâtre comme sont costumées les déesses ; la comtesse d'Estrées à l'ancienne mode française et Mme Dangeau à l'ancienne mode allemande.

Une demi-heure après vinrent sept à huit masques qui dansèrent une entrée d'opéra avec des guitares, à savoir mon fils, le comte d'Ayen, le prince Camille et La Vallière en habits d'hommes *ridicules*, M. le Dauphin, M. d'Antin et M. de Brionne en dames, avec robes de chambre, cornettes, écharpes et tours de cheveux blonds bien plus hauts qu'on ne les porte d'ordinaire. Ces trois messieurs sont presque aussi gros l'un que l'autre ; ils portaient de tout petits masques noirs et rouges avec des mouches. Ils dansaient *par haut*. D'Antin se démenait tellement qu'il culbuta M. de Brionne, lequel tomba sur le derrière, juste aux pieds de la reine d'Angleterre. Vous pouvez vous imaginer quels éclats de rire on fit. Peu après mon

---

1. Mlle de Tourbes ou Tourpes.

cher duc de Berry alla se déguiser *en baron de la crasse,* et revint danser tout seul une entrée bien drôle...

... Il est des gens qui, jusqu'à la fin, ne peuvent se passer de plaisanter. Il y a quelques années, on roua un cuisinier qui avait assassiné et volé son maître à l'armée. Avec lui on en rouait un autre, qui avait été après une vivandière, puis l'avait assassinée. Quand le cuisinier fut sur la roue, il demanda qu'on lui ôtât le mouchoir des yeux, disant qu'il aimerait à voir quelque chose. « Quoi donc ? » lui demanda-t-on. — «La figure que fait mon camarade, répondit-il, car d'ordinaire il est fort laid quand il pleure. » On lui enleva le mouchoir : il se mit à rire et à se moquer de l'autre qui criait. Il appela un officier et lui dit : « Ditte a nostre general que nous sommes fort mal campés », puis il se fit apporter du vin, le but sur la roue, fit une harangue et dit tant de balivernes qu'on envoya l'ordre de le stranguler. Quand le bourreau vint à lui il dit : « Mons. de Luxembourg ne songe pas que c'est contre mon arest, qu'il me veust faire mourir, car je dois expirer sur la roüe, et non estre estrangles, c'est une grace dont je me passe, et dittes luy de ma part, qu'vn général doit estre plus exact. » C'est ainsi qu'il mourut. Il était de Saint-Cloud ; un gaillard de vingt ans qui ne voulait pas entendre parler de Notre-Seigneur Dieu...

Marly, le 4 mars 1699.

... Quoiqu'il fût bossu, le duc de Luxembourg avait des qualités qui plaisaient fort aux dames débauchées.

Il a eu énormément de bonnes fortunes, à la cour aussi bien qu'en Flandre ; il est resté galant jusqu'à la fin...

A LA RAUGRAVE LOUISE.

Marly, le 6 mars 1699.

... Je n'ai pas encore vu l'abbé de Teseu ; il ne lui est pas permis de venir me voir avant de s'être entretenu avec les ministres du roi... Je lui ai déjà fait savoir que vous regrettiez sa société...

Les deux cent mille écus que Monsieur a reçus du Palatinat, il les a gaspillés sans m'en donner un liard, et s'il lui venait de là d'autre argent encore, les choses se passeraient de même...

Ils ont fait à Nancy une belle mascarade de Turcs, de Maures, d'Allemands à l'ancienne mode et d'Espagnols. Ils ont traversé la ville sur des chars de triomphe, ayant avec eux des voitures portant des musiciens costumés. Les dames étaient sur les chars, les cavaliers à cheval : chaque quadrille chevauchait autour des dames de sa nation ; toute la ville était éclairée au moyen de lampions placés aux fenêtres...

Qui se décide à se marier doit s'attendre à bien des malheurs, et plus la position qu'on occupe est élevée plus les maux sont sensibles, car on a moins de consolations que les autres gens. Je crains fort que la bonne reine des Romains ne s'en aperçoive bien vite. Me donnât-on sa jeunesse, son rang et des tonnes d'or en plus chaque année, à la condition de vivre comme elle dans de perpétuelles cérémonies, je n'accepterais pas, car au bout de huit jours je serais morte d'ennui. Je tiens la grandeur pour une pure chimère quand un grand pouvoir n'y est joint...

Il y aura huit jours demain qu'on a pris ici le deuil pour le prince électoral de Bavière, mais cela n'a empêché aucun divertissement : tous ceux qui ont dansé ont quitté le deuil pendant le bal...

Port-Royal, le 20 mars 1699.

... Les mésalliances me choquent toujours. C'est dommage pour la maison de Wittgenstein qu'on s'y mésallie de cette façon, car c'est une bien bonne et vieille maison comtale... Ce serait malheureux si cette mode devait prendre en Allemagne, car c'est justement en ceci que les maisons allemandes sont supérieures à celles des autres nations, que le sang y est plus pur et plus noble...

Si elle veut plaire encore, la Koenigsmark n'a qu'à se dépêcher ; elle n'est plus très jeune. Peut-être est-ce elle qui fait naître chez le fils du roi de Pologne[1] l'espoir de devenir un Amadis de Grèce...

Nous avons en ce moment beaucoup de princes allemands ici ; avant-hier, j'en avais quelque chose comme six autour de moi : le comte palatin Chrétien, le cardinal de Furstemberg, le duc de Mecklembourg, un prince de Saxe-Gotha et Mme sa mère, la fille du prince de Waldeck, le petit prince d'Ansbach et un prince de Wurtemberg, fils de l'Administrateur, de plus quatre comtes et beaucoup d'autres cavaliers

1. Le comte Maurice de Saxe, son fils.

allemands; nous étions vingt et un dans ma chambre, et, comme vous le pensez aisément, on a parlé allemand bien plus que français...

Versailles, le 3 avril 1699.

... Malheureusement on m'a mariée selon les us et coutumes de Paris. Il peut se faire, quoiqu'on m'attribue un grand avoir, que j'en sois réduite à vivre un jour uniquement des grâces du roi, car que Monsieur dissipe son bien et le mien et qu'il vienne à mourir avant moi, il ne me reviendra rien d'aucune part, l'apanage ne peut pas m'échoir, vu que, si mon fils décédait sans laisser d'héritier mâle, il ferait retour au roi comme fief masculin ; il ne me restera donc pas un liard. L'apanage écherra à mon fils, je n'y peux prétendre...

Port-Royal, le 14 avril 1699.

... Un conseiller de la grand'chambre avait fait visite à un de ses bons amis, et comme ils étaient voisins il voulut s'en retourner chez lui à pied. Il rencontre un grand gaillard habillé de gris blanc qui le regarde sous le nez et lui dit : « Ah, c'est vous, monsieur Hicket[1], il y a longtemps que je vous attants, » et là-dessus il lui tire un coup de pistolet, la balle lui passe à travers les cheveux sans le toucher. Il pense qu'il ferait bien de feindre d'être atteint et s'écrie : « Ah, je suis mort, » en se jettant à terre. Celui

---

1. Tiquet.

qui avait tiré répond : « Tu n'est pas mort, puis que tu parle. » Il va vers lui avec un autre qui était habillé de gris brun ; ils tirent l'épée et portent vingt-six coups au pauvre homme, quatre dans le corps, les autres dans les habits seulement. Les voisins accourent et l'on mène M. Hicket dans la maison de son ami. On espère qu'il en réchappera. « Quels sont vos ennemis ? » lui demande-t-on. Il répond qu'il n'en a pas hormis sa femme et son concierge. Avant-hier celui-ci a été arrêté : il faut qu'il ait fait des aveux compromettants pour la femme, car elle a été arrêtée hier aussi...

A LA RAUGRAVE AMÉLIE-ÉLISABETH.

Saint-Cloud, le 16 avril 1699,

... Que le margrave (d'Ansbach) n'ait pas voulu de Mlle d'Armagnac, je n'y trouve rien à redire ; mais il aurait pu se marier ici avec une femme de plus haute lignée encore et je doute que la princesse électorale de Brandebourg lui apporte la dot qu'il aurait trouvée ici, car je ne pense pas que l'Électeur lui donne huit cent mille francs...

A LA RAUGRAVE LOUISE.

Paris, le 24 avril 1699,

... Vous aurez vu par mes lettres dans quelles angoisses j'étais au sujet de ma tante Mme l'Électrice de

Brunswick[1]. Grâces en soient rendues à Dieu! elle est remise. Qu'il lui conserve la vie pendant de longues années encore. Je préférerais mourir moi-même plutôt que d'avoir le malheur de perdre ma bien-aimée tante. Elle est ce que j'ai de plus cher au monde!...

Paris, le 26 avril.

... Grand merci pour la gravure du czar, chère Louise. Je l'insérerai dans mon livre à gravures. Je crois que le czar a un fort bon naturel, il n'est cruel que parce que c'est l'habitude de son pays...

A LA RAUGRAVE AMÉLIE-ÉLISABETH.

Port-Royal, le 1er mai 1699.

... J'aimerais bien assister aux couches de ma fille, si le roi le permet. Elle est un peu novice dans ce métier-là, c'est pourquoi je voudrais être au près d'elle.

Pendant ces huit derniers jours, mon fils m'a causé d'horribles frayeurs : il y a une semaine, il a été pris de la fièvre; elle est devenue continue avec trois redoublements par jour. Je ne peux pas vous dire cela en allemand : j'ai demandé à tous les Allemands qui sont ici comment cela se disait, aucun d'eux n'a pu me renseigner là-dessus. Pour en revenir à mon fils, je n'ai pas

---

1. La duchesse Sophie de Hanovre. Son fils, le duc Georges, n'entra au collège des Électeurs qu'en 1708, quoique le duc Ernest-Auguste eût acquis la dignité électorale dès 1692.

voulu permettre qu'on le saigne, ni qu'on lui donne des remèdes, et Dieu merci! le voilà de nouveau bien portant. Les jeunes gens, dans ce pays-ci surtout, se croient plus forts qu'ils ne sont en réalité; ils se divertissent trop et se fatiguent jusqu'à ce que la fièvre les prenne. Si on leur tire du sang, ils meurent forcément; si on leur donne d'autres médicaments, ils ne sont pas assez forts pour les supporter, la patience et le repos, voilà les meilleurs remèdes...

En France, il n'y a pas de saints-sépulcres (dans les églises, à Paques). En Allemagne, les catholiques ont beaucoup de sottes pratiques dont on ne fait que rire ici...

Embrassez Charles-Maurice de ma part et dites-lui de se garder des compagnies où il faut boire... Les mathématiques siéent bien aux gens de qualité, je suis fort aise qu'il s'y applique...

Saint-Cloud, le 19 mai 1699.

... L'abbé de Teseu ne retournera pas à Francfort. Lui-même croyait qu'il y reviendrait, c'était aussi l'intention de Monsieur, mais un ordre du roi a changé tout cela, et dans ce pays-ci le frère du roi n'a d'autre volonté que celle du roi même.

Le jeu, le lansquenet en particulier, causent d'étranges aventures ici. Rien que pendant l'hiver qui vient de s'écouler, quatre officiers ont été dans un tel désespoir qu'ils se sont tués... Ils auraient mieux fait de s'amuser aux passe-temps et aux petits jeux allemands et de boire du lait; ils n'auraient pas été réduits au désespoir et ne se seraient pas brûlé la cervelle ou donné la mort par le poison, comme ils ont fait...

Je ne peux croire que le roi Guillaume se remarie jamais : il a assez à faire avec son Parlement, sans qu'il s'embarrasse encore d'une femme...

Saint-Cloud, le lundi 25 mai, 10 heures et demie du matin.

... Les deux jeunes comtes de Weilbourg[1] viendront me voir demain. M. Meüvius, leur gouverneur, est venu dès aujourd'hui. Je lui ai dit quelle vie honteuse et corrompue les jeunes gens mènent ici et combien il doit veiller à ce que l'on ne séduise pas ses deux jeunes maîtres...

Le livre de M. Ludolf[2] m'amusera beaucoup. Je trouve les gravures jolies, qui donc les a faites? Dès que les IIe et IIIe livres seront imprimés, je vous prierai, chère Louise, de me les envoyer...

Si mon voyage à Bar était certain (car c'est là que ma fille doit faire ses couches), je vous y donnerais rendez-vous avec joie. Mais rien n'est fixé. On vous fait mille difficultés ici et jamais on ne vous laisse agir selon votre gré. Si j'étais sûre d'y aller, vous pourriez y venir sans façon et incognito... Mais aujourd'hui on vous dit que cela pourra bien se faire, demain mille obstacles se présentent, puis on dit qu'il est trop tôt pour prendre une décision et, comme il ne faut que trois jours pour y aller, il suffira de décider la chose trois jours auparavant...

---

1. Nassau-Weilbourg.
2. Auteur du *Théâtre universel du monde*.

Est-ce que M. Ludolf porte encore sa perruque rouge qu'il noue sous le menton? Je ne crois pas être dans ses bonnes grâces, car il n'est pas venu me voir une seule fois, bien qu'il soit resté en France assez longtemps. C'est étrange que les savants aient de si drôles de manières et ne puissent pas être comme le reste des hommes...

A LA RAUGRAVE AMÉLIE-ÉLISABETH.

Saint-Cloud, le 28 mai 1699.

... Les jeunes comtes de Nassau-Weilbourg m'ont promis de vous faire la description de Saint-Cloud ; je les ai trimbalés partout et leur ai montré toute la maison...

A en juger par la description qu'ils me font de Charles-Maurice, il est bien plus petit que moi et il ne pourra plus grandir, car il a bien vingt-neuf ans à cette heure. Je crois qu'il est resté si petit parce qu'il avait une vieille nourrice ; je me la rappelle fort bien ; elle était tout édentée...

A LA RAUGRAVE LOUISE.

Port-Royal, le 9 juin 1699.

... Ç'a été également la très grande mode ici cette année, d'aller aux eaux. M. le Duc et Mme la Duchesse se sont rendus à Bourbon, de même que Mme la princesse de Conti la jeune, et beaucoup de courtisans et de gens de qualité. Les uns sont allés à Bourbon, les autres à Vichy, quelques-uns à Bourbonne, un bain voisin de la Lorraine, d'autres encore à Saint-Amand.

A LA RAUGRAVE AMÉLIE-ÉLISABETH.

Port-Royal, le 12 juin 1699.

... Je crois que vous prononcez le français très délicatement, car partout où d'ordinaire on met un *t*, vous mettez un *d*, par exemple, *bonne fordune, indention, imporduner*. Ici l'on dit *fortune, intention, importuner*. Je ne prétends pas corriger votre français gratis, je le corrige à condition que vous en fassiez autant pour mes phrases allemandes, s'ils m'arrivait d'oublier quelque chose...

Ce n'est vraiment pas ma faute que vous n'ayez pas encore reçu les portraits, mais bien celle de M. de Béchamel, le surintendant de Monsieur. Par deux fois déjà il m'en a fait faire de si laids, qu'il ne m'a pas été possible de les envoyer. Mais je vous promets que je vais y pousser derechef...

J'imagine que le roi d'Angleterre n'est pas pressé de se remarier. Certainement il est, à cause de son mérite, l'un des plus grands rois qui jamais portèrent la couronne; mais, soit dit entre nous, si j'étais fille ou veuve et qu'il me fît l'honneur de vouloir de moi, je préférerais rester fille plutôt que d'être la plus grande reine et d'avoir un mari...

A LA DUCHESSE DE HANOVRE.

Saint-Cloud, le 14 juin 1699.

... On ne parle plus de l'archevêque de Cambrai. Je regrette bien qu'il ne veuille pas faire imprimer son roman de *Télémaque,* car c'est un très gentil et fort beau livre; je l'ai lu en manuscrit. On croit qu'il sera imprimé en Hollande. On a voulu l'imprimer ici et l'on avait déjà publié un volume, mais dès que l'archevêque en eut été informé, il a acheté tous les exemplaires et fait défense d'imprimer la suite. On ne m'a prêté le manuscrit que par fragments et on ne me donnait l'un que quand j'avais fini de lire l'autre; on a exigé de moi la promesse de ne pas le faire copier, sans quoi j'en aurais certainement fait prendre une copie pour vous. Dieu veuille que les instructions que contient ce livre fassent impression sur le duc de Bourgogne! S'il s'y conforme, il deviendra un grand roi avec le temps...

On pense ici que mylord Portland[1] ne quittera pas le service du roi Guillaume, mais seulement sa charge de chambellan et les autres qu'il avait auprès de la personne du roi, mais il gardera son gouvernement et toutes les charges qu'il a en Hollande. S'il avait tout quitté, je ne pense pas qu'il eût pu vivre content avec toutes ses richesses, car les gens qui ont été dans les grands emplois trouvent le temps bien long quand ils

---

[1]. Le Hollandais Bentinck, favori de Guillaume III.

n'ont plus rien à faire; mais rester dans les affaires, et par conséquent conserver la considération, être riche et hors des griffes des Anglais, voilà qui ne s'appelle pas être malheureux. C'est une méchante nation pour approuver qu'on assassine leurs propres rois, et le roi Guillaume, je le crains bien, finira mal avec ces mauvaises gens.

Si le roi d'Espagne devait mourir, nous aurions la guerre sûrement, mais je peux vous dire en toute vérité qu'on n'en serait pas content ici, car on en est horriblement las...

A LA RAUGRAVE LOUISE.

Saint-Cloud, le 23 juin.

... Les comtes de Nassau ont l'air de braves enfants. J'espère qu'ils n'apprendront rien de mal ici. Je sais grand gré à nos bons et honnêtes Allemands de ne pas tomber dans l'horrible vice qui est tellement en vogue ici, qu'on ne s'en cache plus, car on plaisante les jeunes gens de ce que tel ou tel est amoureux d'eux, comme en Allemagne on plaisante une fille à marier. Il y a pis : les femmes sont amoureuses les unes des autres, ce qui me dégoûte encore plus que tout le reste...

Mon voyage à Bar est bien peu certain, car on commence à dire qu'il coûterait gros et occasionnerait des frais inutiles...

Il y a quelques années je voyais ici une vieille dame, Mme de Fiennes, qui était bien naturelle. Un jour, une personne de sa connaissance mourut. Mme de Fiennes, en pleura amèrement. Quelqu'un lui dit: « Il n'a pas paru que vous ayes tant aimes cette personne, qui vient de mourir, pandant sa vie, pour tant pleurer présentement qu'elle est morte. » Mme de Fiennes répondit : « Mon Dieu, que tu est sot de croire que je pleure cette personne. Ce n'est pas elle que je pleure, mais bien moy mesme, puisqu'il faut, que je meure aussi bien qu'elle, et sa mort m'en fait souvenir »...

On ne parle ici que de la femme du conseiller qui a fait assassiner son mari, du courage avec lequel elle a subi la mort et de l'horreur de son supplice, car le bourreau l'a frappée cinq ou six fois avant d'avoir pu abattre la tête. Il y avait une telle foule de gens qui voulaient assister à l'exécution qu'on avait loué les fenêtres cinquante louis d'or. Elle s'appelait Mme *Ticket* [1]. Elle s'était fait tirer son horoscope; on lui avait prédit qu'elle atteindrait un âge fabuleux et vivrait fort heureuse pourvu qu'elle se gardât de la main d'un homme qui portait le même nom qu'elle. De son nom de fille, elle s'appelait Carlier et il se trouve justement que le bourreau qui l'a décapitée porte le même nom. Cela est vraiment remarquable...

A LA RAUGRAVE AMÉLIE-ÉLISABETH.

Saint-Cloud, le 26 juin 1699.

... Les jeunes comtes de Nassau m'ont fait visite avant-hier, au Port-Royal. Je ne les ai vus qu'un in-

---

1. Tiquet.

stant : j'avais beaucoup à écrire ce jour-là à Nancy et à Modène ; mais je les ai quand même régentés de suite, à la grande joie du gouverneur, car les jeunes gens n'avaient pas voulu l'écouter : ils étaient tout penauds. Il ne s'agissait d'ailleurs que d'une bagatelle : ils voulaient porter des cannes et cela ne sied pas aux jeunes gens ; je les leur ai fait ôter.

A LA DUCHESSE DE HANOVRE.

Marly, le 2 juillet 1699.

... La foi est éteinte en ce pays, au point qu'on ne trouve plus un seul jeune homme qui ne veuille être athée ; mais ce qu'il y a de plus drôle, c'est que le même homme qui à Paris fait l'athée joue le dévot à la cour. On prétend aussi que tous les suicides que depuis un temps nous avons en si grand nombre proviennent de l'athéisme... Lundi dernier encore, un avocat de Paris s'est tué dans son lit d'un coup de pistolet. Il était frère d'un dévot de profession, M. Dodart, médecin de la princesse de Conti. L'avocat était au lit avec sa femme. Avant le jour il se leva. « Où alles vous donc ? » lui dit-elle. — « J'ay entendu heurter à la porte, » répondit-il. — « Hé bien, dit la femme, envoyons voir la servante qui c'est. » La servante y alla et ne trouva rien. La femme lui dit : « Vous voyes, qu'il n'y a rien. » Le mari se recouche, mais peu après il relève. Cela réveille la femme, elle s'impatiente et lui dit : « A qui en aves vous donc cette nuit. Il n'y a pas moyen de dormir auprès de vous. » Elle se leva et alla se coucher dans une autre chambre. Vers le matin elle entendit un coup de pistolet dans la chambre de son mari, elle voulut entrer et trouvant la porte fermée elle la fait enfoncer ; elle aperçoit son mari mort dans son lit, tenant encore le pistolet à la main ; il s'était logé la balle dans la tête...

A LA RAUGRAVE AMÉLIE-ÉLISABETH.

Saint-Cloud, le 10 juillet 1699.

... Il faut que je rie quand vous écrivez *monssigneur* pour monseigneur le Dauphin. Nous riions souvent aussi de la bonne, honnête et chère Dauphine défunte et l'avons bien de fois tourmentée, car elle aussi disait toujours *monsigneur*.

... Schwalbach est un endroit charmant et fortuné, si l'on peut y vivre librement sans qu'on trouve à redire à tout ce qu'on fait. On ne trouvera pas un tel endroit en France. Laissez les dames françaises rire tant qu'elles voudront de vos innocents plaisirs. Elles n'ont pas de joies véritables : pour s'en convaincre, on n'a qu'à les voir à leur jeu qui dure vingt-quatre heures. Quelles mines désespérées elles ont! L'une pleure à chaudes larmes, l'autre est rouge comme le feu et roule des yeux comme si elle allait avoir des convulsions, une troisième est pâle comme la mort et sur le point de s'évanouir. Hommes et femmes ont l'air de possédés ; ils ne peuvent souffrir personne autour d'eux. Voilà les joies d'ici, mais ce sont pas les miennes, je préférerais faire un repas sur l'herbe avec de bons amis, à côté d'une source, comme vous fîtes, Louise et vous, mesdames de Degenfeld et Schelm...

Ce que ce pays-ci a de pire que l'Angleterre, c'est qu'hommes et femmes débauchés sont tous politiques et veulent plaire à la cour, ce qui amène force perfidies et trahisons.

On n'entend parler ici que d'aventures tragiques : sous peu on va encore faire passer cinq femmes en jugement, qui ont assassiné leurs maris ; d'autres se sont tués eux-mêmes...

A LA RAUGRAVE LOUISE.

Saint-Cloud, le 17 juillet 1699.

... Si vous étiez le maître dans un pays, vous seriez comme les autres fort embarrassée de faire disparaître les vices. S'ils n'étaient pas si répandus, cela pourrait aller, mais comme ceci que peut-on faire ? Si le roi devait punir tous les gens vicieux comme ils le méritent, il resterait sans princes, sans gentilhommes, sans domestiques. Pas une maison de France qui ne serait en deuil...

A LA DUCHESSE DE HANOVRE.

Port-Royal, le 19 juillet 1699.

... J'ai demandé à Monsieur comment il se faisait qu'on ne m'a offert qu'un tabouret chez la dame [1]. Il

---

1. Mme de Maintenon.

me répond que l'on ne donnait de chaise (à bras) à personne, ni au Dauphin, ni au duc de Bourgogne, parce que le roi y venait fort souvent. Le prétexte est bon de ne permettre à personne d'avoir une chaise à bras, si ce n'est à la dame, à qui on le permet à cause de sa mauvaise santé ! De cette façon, on ne dit pas qu'elle est reine ou qu'elle ne l'est pas et pourtant elle en a le rang...

Port-Royal, le 23 juillet 1699.

... En quoi je ne trouve pas Monseigneur heureux c'est qu'à proprement parler il ne prend plaisir à rien. Il chasse presque constamment et il est tout aussi content d'aller au pas trois ou quatre heures durant, sans dire un mot à qui que ce soit, que de faire la plus belle chasse. S'il devait arriver au gouvernement, cela n'irait pas comme vous vous l'imaginez, car il est capable de se laisser prévenir contre les gens dont ceux de son entourage disent du mal, et ceux qui sont ses meilleurs amis n'ont pas bon cœur.

De plus il est accessible à la crainte (de l'enfer) : les hypocrites sans doute l'entreprendront quand il sera roi et seront plus que jamais en crédit. A en juger par les gens qui sont le mieux avec lui, je ne peux croire que sous son règne on sera plus heureux que sous celui de son père...

C'est la misère qui est cause que tant de gens se sont donné la mort et cela ne changera pas de sitôt, car le fils aime l'argent encore plus que ne l'aime le père. Il est impossible que la duchesse de Bourgogne se lasse de la vie qu'elle mène, car on lui laisse faire tout ce qu'elle veut, quoique ce puisse être. Tantôt elle se promène en carriole, tantôt à âne, toute la nuit elle court toute seule dans le jardin. Il est certain qu'elle est très intelligente. Elle me craint, voilà pourquoi elle est si polie avec moi : à différentes reprises, je l'ai vertement remise à sa place quand elle voulait se moquer de moi ; depuis on ne lui permet plus de rire de moi en ma présence.

A LA RAUGRAVE AMÉLIE-ÉLISABETH.

Saint-Cloud, le 24 juillet 1699.

... On ne s'échauffe guère à chasser le lapin de garenne. Les petites bêtes avec lesquelles on le chasse ne sont pas des belettes, on les appelle *furets* en français. Ils sont plus grands que les belettes et ont le museau plus pointu encore et le poil bien plus foncé. Je n'aime pas le lapin ; d'ailleurs, je préfère de beaucoup la cuisine anglaise à la française : je n'ai pu m'y faire. Je ne peux manger d'aucun ragoût, je ne prends ni bouillon ni potage ; je ne mange donc que d'un petit nombre de plats, du gigot, par exemple, du poulet rôti, des rognons de veau, du bœuf et de la salade. En Hollande, j'ai mangé aussi des œufs de vanneau, mais j'en mangeai tant que j'en dus rendre. Depuis lors je n'ai plus pu en manger...

A LA DUCHESSE DE HANOVRE.

Port-Royal, le 26 juin 1699.

... Il est certain que si Monsieur n'était pas si faible et si les méchantes gens qu'il aime et chérit ne lui faisaient accroire tout ce qu'ils veulent, il serait le meilleur homme du monde ; il est donc plus à plaindre qu'à haïr quand il vous fait du mal. Mon fils a beaucoup d'esprit et je suis convaincue que sa conversation ne vous déplairait pas ; il sait beaucoup de choses, il a bonne mémoire et ce qu'il sait, il le dit sans pédanterie aucune ; il ne se sert que d'expressions nobles, mais ses sentiments ne sont pas assez élevés : il préfère la société de gens du commun, de peintres, de musiciens, à celle des gens de qualité... En ce moment il travaille beaucoup pour vous, il vous peint un tableau dont le sujet est emprunté à la Fable, car tout ce qu'il fait est forcément historique. Cela lui sert de prétexte pour aller de très-bonne heure peindre à Paris ; mais, entre nous soit dit, il y a une jeune fille de seize ans très gentille, une comédienne, qu'il fait venir chez lui, à ce que je crois. Si ce minois lui sert de modèle pour son Antigone, elle sera certes jolie...

A LA RAUGRAVE AMÉLIE-ÉLISABETH.

Marly, le 6 août 1699.

... Aujourd'hui j'ai déjà été à Saint-Germain pour prendre congé de la famille royale, car mon voyage à

Bar, tant de fois décidé et de nouveau remis, va finalement s'effectuer, à moins que d'ici à dimanche en huit il ne se présente un nouvel empêchement qu'il est impossible de prévoir...

J'ai de nouveau fait une visite à ma tante l'abbesse de Maubuisson et je l'ai trouvée, grâces en soient rendues à Dieu! encore plus alerte et plus gaie que la fois d'avant. Elle a plus de gaieté, plus de vivacité, la vue et l'ouïe meilleure que moi, quoiqu'elle ait juste trente ans de plus, car le 1er avril elle a eu soixante-dix-sept ans. Elle peint un très beau tableau pour Mme sa sœur, notre chère électrice de Brunswick : c'est le veau d'or d'après le Poussin. On l'adore dans son couvent ; elle mène une vie fort rigide, mais pourtant tranquille, elle ne mange jamais de viande, à moins d'être gravement malade, elle couche sur des matelats durs comme la pierre, elle n'a que des chaises de paille dans sa chambre et se lève à minuit pour prier... Elle oublie moins l'anglais que l'allemand, car journellement il y a des Anglais qui viennent la voir et de plus elle a des nonnes anglaises dans son couvent...

Mlle de Malauze m'a décrit aussi la mort de Mme de Mazarin : elle est morte avec une grande fermeté, mais dans des sentiments bien peu édifiants. Saint-Evremont en est fort attristé, à ce qu'on rapporte. Il va la suivre bientôt, car il a tout près de quatre vingt-dix ans, s'il ne les a pas déjà dépassés, dit-on...

S'enivrer est chose fort répandue chez les femmes en France et Mme de Mazarin a laissé une fille, la marquise de Richelieu, qui s'en acquitte admirablement.

A LA RAUGRAVE LOUISE.

Saint-Cloud, le 18 août 1699.

... Mon voyage à Bar est tombé dans l'eau. Quoique je connaisse suffisamment ce pays et que je sache qu'il ne faut pas compter, sur quoi que ce soit d'agréable, je pensais, je l'avoue, que ce voyage s'effectuerait immanquablement vu que déjà le premier relais avait été envoyé en avant ; mais le diable qui ne saurait se tenir coi quand il peut vous donner de l'impatience, nous a suscité une maudite difficulté de cérémonial qui a fait manquer mon voyage totalement...

A LA DUCHESSE DE HANOVRE.

Fontainebleau, le 16 septembre 1699.

... Les ducs, en effet, portent le titre de *pair* et non de *père*. Mais ce n'était que de grands souverains qui le portaient et non de simples gentilshommes comme maintenant. Ceux-ci ne devraient pas le moins du monde porter ce titre...

Il n'y a pas de demoiselle qu'on n'élève d'une manière plus retirée que les trois princes[1]... L'aîné est intelligent, mais il n'est pas aussi gai que le duc de Berry ; on dit qu'il a du chagrin d'être si mal conformé. Le duc d'Anjou a le meilleur caractère du monde, mais il n'est pas très agréable de sa per-

---

1. Fils du Dauphin.

sonne. Je crois qu'il deviendra fort comme le roi de Pologne, car, à son âge, un homme, fût-il le plus robuste, ne peut lui faire plier le poing ni le bras.

Il faut espérer que la duchesse de Bourgogne, qui a une fort jolie taille, la donnera aux enfants qu'elle aura ; depuis un an, elle est devenue bien plus posée, elle ne se tient plus à table comme une enfant, mais tout à fait comme une grande personne...

A mon sens, le chasseur [1] est l'homme le plus incompréhensible du monde ; il n'est pas sot du tout et pourtant il se conduit toujours comme s'il l'était : cela vient de son insensibilité et de son indifférence...

Fontainebleau, le 23 septembre 1699.

... Les pauvres réformés sont bien à plaindre de n'être pas en sûreté à Copenhague... M. Colbert a dit, à ce qu'on prétend, qu'avoir beaucoup de sujets était la richesse des rois et des princes et pour cela il voulait que tout le monde se mariât et eût des enfants. Les nouveaux sujets seront donc une source de richesses pour les électeurs et les princes allemands...

A LA RAUGRAVE AMÉLIE-ÉLISABETH.

Fontainebleau, le 1er octobre 1699.

... Je ne peux recevoir tout l'argent que l'on envoie pour moi (du Palatinat). On a payé pour moi une

---

1. Le Dauphin.

dette de deux mille pistoles et augmenté mes menus plaisirs... c'est ce qu'on appelle chez nous argent de poche...

Je ne sais si la reine de Portugal est à plaindre : je crois qu'il est plus heureux pour elle d'être morte que d'être restée reine dans ce pays-là et aux côtés de ce roi... On croit qu'il lui a donné, ainsi qu'à sa première femme, le mal français, sauf votre respect, et qu'elle en est morte, car quand on a cette maladie-là pour de bon, la moindre égratignure vous fait mourir.

A LA RAUGRAVE LOUISE.

Fontainebleau, le 1er octobre 1699.

... Le roi n'a pas voulu permettre qu'on trouvât un moyen terme pour la difficulté au sujet du cérémonial. Le duc de Lorraine prétendait avoir une chaise à bras devant Monsieur et devant moi, parce que l'empereur lui en accordait une. Le roi répondit que l'empereur avait son cérémonial et lui le sien : ainsi l'empereur accorde par exemple une chaise à bras aux cardinaux, tandis qu'ils ne peuvent s'asseoir devant le roi... Monsieur veut bien donner une chaise à dos et le roi y consent, mais le duc prétend être traité comme un électeur et c'est ce que le roi ne veut pas admettre. Monsieur avait proposé de faire comme chez le roi d'Angleterre. Celui-ci prétend ne pas nous donner de chaise, nous de notre côté nous en prétendons une, c'est pourquoi il ne s'assied que sur un tabouret quand nous sommes là... Mais le roi n'a pas voulu en entendre parler et alors, pour ne pas faire de haute lutte un affront au duc, nous avons renoncé à notre voyage à Bar...

A ce qu'on me rapporte, Charles-Maurice s'enivre journellement comme un sonneur et va dire un tas de balivernes chez l'électrice de Brandebourg ; c'est une vraie honte. Si je croyais qu'une verte semonce pût le corriger, je lui écrirais... De qui tient-il cela? car papa n'a jamais bu de sa vie. Cela me désole que le seul fils qui reste de mon défunt père soit un ivrogne...

J'ai vu dans la *Gazette de Hollande* qu'on se remet à bâtir à Heidelberg [1]. Dites-moi si c'est vrai...

Je doute forte que jamais je verrai de mes yeux mon petit-fils ; mais ma fille va me l'envoyer moulé en cire.

Je ne sais si nous prendrons le deuil pour le roi de Danemark, car on ne le prend que quand on vous a fait part du décès ; or il est douteux qu'on nous en fasse part, vu que le roi régnant veut changer son cérémonial et écrire au roi en employant d'autres formules que celles dont se servaient son père et son grand-père. Le roi n'a pas accepté cette lettre, l'envoyé ne peut donc pas avoir d'audience...

Je ne comprends pas la manie qu'ont les gens d'aller à Rome, car quel plaisir peut-on trouver à voir un tas de prêtres se trémousser dans les églises? Pour voir cela je n'irais pas de ma table à la fenêtre, à plus forte raison n'irais-je pas à Rome.

1. Au château.

A LA DUCHESSE DE HANOVRE.

Paris, le 1er novembre 1699, 11 h. du matin.

... La reine d'Angleterre, à la vérité, ne traite pas la Maintenon en reine ; elle-même ne veut pas qu'on la traite ainsi pour ce qui est du rang, mais elle veut qu'on ait autant de considération pour elle, et même plus que si elle était reine, qu'on la consulte sur tout et qu'on ne fasse rien sans son conseil ou son ordre. Ce n'est pas du tout mon fait...

Port-Royal, le 5 novembre 1699.

... Le roi avoue lui-même qu'il y a des fautes dans l'architecture de Versailles. Cela provient de ce que d'abord l'intention du roi n'était pas d'y élever un aussi grand palais ; il ne voulait qu'agrandir un petit château qui se trouvait là ; mais ensuite l'endroit a plu au roi, il n'a pas pu y demeurer sans avoir des logements en plus grand nombre. Au lieu de faire abattre entièrement le petit château et de faire un plan nouveau et vaste, il a, pour sauver le vieux château, bâti tout autour et l'a recouvert en quelque sorte d'un beau manteau, ce qui a tout gâté...

A LA RAUGRAVE AMÉLIE-ÉLISABETH.

Paris, le 13 novembre 1699.

... Je suis sûre qu'en Allemagne on se sera bien moqué du prince de Birkenfeld, de ce qu'il porte dans sa poche, le portrait de la Fanchon. Tous les honnêtes gens ici se moquent de lui, de ce qu'il a pris une coureuse pour héroïne. Je lui ai vertement dit ma façon de penser à ce sujet; mais rien n'y fait : il faut que les jeunes gens jettent leur gourme. Ces gourgandines-là coûtent plus cher que quelqu'un de bien. Pour ce qui est de Fanchon, son prix est connu : elle coûte plus de mille pistoles, car le grand-prieur de Vendôme l'entretient, et il est très jaloux : on prétend qu'il la roue de coups quand il apprend quelque chose sur son compte; il faut donc bien que les autres payent les coups. Cependant le prince de Birkenfeld l'avait à meilleur compte, vu qu'elle se sentait beaucoup d'inclination pour lui...

A LA DUCHESSE DE HANOVRE.

Paris, le 27 décembre 1699.

... Le roi de Maroc a écrit une énorme lettre au roi et lui propose une alliance offensive et défensive. Ses envoyés, ajouta-t-il, lui ont parlé d'une belle princesse qu'il y a en France. A la vérité il a oublié son nom, mais c'est celle qui, au bal que Monsieur a donné au Palais-Royal, était assise à la gauche du duc de Chartres. On lui a assuré qu'elle est veuve et fille de roi, c'est pourquoi il espère que le roi ne la lui refusera pas. Par rapport à la religion, le roi peut être sans crainte ; il lui laissera toute liberté et lui donnera autant de capucins qu'elle voudra, pour que chaque jour elle puisse entendre la messe. Dès qu'il aura le consentement du roi, il montera sur un navire et viendra chercher lui-même la princesse, car rien que sur la description de ses ambassadeurs il en est tombé follement amoureux.

Vous voyez bien que c'est de la princesse de Conti qu'il s'agit. Toute sa vie est fort romanesque, et pour que le roman fût complet, il faudrait que le roi de Maroc la fît enlever et que les chevaliers amoureux d'ici 'allassent délivrer.

A LA RAUGRAVE AMÉLIE-ÉLISABETH.

Marly, le 21 janvier 1700

... Pour la petite vérole de ma fille je n'ai employé que votre remède[1], et, grâce à Dieu, cela a fort bien réussi : elle n'a pas la moindre marque..., je suis restée auprès d'elle nuit et jour, elle n'a donc pas pu se gratter. Elle est de nouveau en bonne santé auprès de son mari à Nancy, et l'amour qu'ils ont l'un pour l'autre est plus grand que jamais... Ce n'est pas un conte le moins du monde que le roi de Maroc ait demandé la princesse de Conti en mariage ; mais le roi a répondu par un refus catégorique. Cette princesse a été fort belle avant d'avoir eu la petite vérole, mais depuis ors elle a bien changé ; elle a quand même encore la taille parfaite et un air de reine ; elle danse dans la perfection.

Qu'on aille à Rome pour voir des antiquités, comme

---

1. Huile Pinon (?), dit-elle dans une autre lettre.

fait mon cousin le landgrave de Cassel, je le comprends, mais non qu'on y aille pour voir les momeries des prêtres. Rien n'est plus ennuyeux. Peut-être aussi que bien des gens y sont allés pour voir les trente mille dames galantes; mais quiconque est curieux de cette denrée-là, n'a qu'à venir en France, il en trouvera tout autant. Qui veut se repentir réellement de ses péchés n'a pas besoin d'aller courir à Rome, se repentir dans son cabinet vaut tout autant. En France on ne se soucie guère ni de Rome, ni du pape : on est persuadé qu'on peut faire son salut sans lui...

A LA DUCHESSE DE HANOVRE.

Versailles, le 27 janvier 1700, 7 h. du soir.

... Pendant les cinq premières années que j'ai passées en France, le roi ne m'a pas donné d'étrennes; mais à partir de la sixième il m'en donna tous les ans jusqu'à l'époque où l'on me mit en pénitence pour n'avoir pas voulu vendre mes enfants. Mais depuis j'en reçus de nouveau : d'abord trois mille [1], ensuite deux milles, et depuis six ans mille seulement.

Versailles, le 11 février 1700.

... J'ai un fort gros recueil de chansons que la bonne grande Mademoiselle me donna avant de mourir. C'est très amusant. A la cour de feu Monsieur [2], il y avait beaucoup de gens d'esprit qui en faisaient. Il y a des

1. Pistoles.
2. Gaston, frère de Louis XIII.

gens à Paris qui ont de dix à douze gros tomes de vieilles chansons et qui les conservent précieusement. En France on peut y étudier toutes les époques de l'histoire, vu qu'on chansonne tout. On peut y apprendre l'histoire de toute la cour mieux que dans les livres, car dans ceux-ci on ne fait que flatter les personnages, tandis que celles-là relatent les choses telles qu'elles se sont passées en réalité et de même que pour l'histoire romaine, on s'appuie sur les médailles, de même en ce pays-ci on apprend la vérité vraie par les chansons : elles ne sont donc pas aussi inutiles qu'on veut bien le dire...

Il y a deux raisons pour lesquelles le respect disparaît de partout : la première, c'est que Monseigneur ne se soucie de rien, et quelque grandes que soient les familiarités qu'on se permet à son endroit, il n'y trouve jamais à redire. Secondement le lansquenet y est pour beaucoup aussi. On veut avoir du monde pouvant jouer gros jeu, or les gens de haute lignée ne sont pas les plus riches. On joue donc avec toute sorte de racaille pourvu qu'ils aient de l'argent. On permet à toutes les femmes, jusqu'aux femmes de chambre inclusivement, de mettre à la réjouissance, et pour qu'elles puissent rester au jeu on leur fait prendre place, dès lors les femmes de qualité ne peuvent rester debout; tout le monde est donc assis, sans distinction de rang ni de qualité ! Tout est sens dessus dessous. Le roi seul a conservé la politesse. A cette unique exception près, elle est totalement bannie de la cour.

A LA RAUGRAVE LOUISE.

Versailles, le 28 avril 1700.

... Votre beau-frère, le duc de Chombourg [1], m'a écrit. J'attends son homme d'affaires, qui a les papiers, pour parler au roi de la chose... Je ne peux espérer que mon intervention produise grand'chose de bon, car la vieille dame, qui est très en faveur, me déteste comme le diable et m'est opposée en tout... De plus, cette femme est l'ennemie acharnée de tous les réformés, je crains donc qu'elle n'invoque encore ce motif auprès du roi et que, par là, elle ne l'empêche de m'accorder ce que je lui demanderai pour le duc. Dieu veuille que je me trompe...

P.-S. — Vous aurez sans doute appris que notre Seigneur Dieu, hélas! a déjà rappelé à lui mon petit-fils, le prince de Lorraine. C'est le médecin du duc qui a fait mourir l'enfant. Il était gros et fort. Il fut pris de convulsions, parce que quatre dents voulaient percer à la fois. Le médecin lui donna, dans l'espace de douze heures, quatre lavements d'eau de chicorée avec de la rhubarbe, une poudre contre les convulsions, de forte eau de mélisse en grande quantité et des gouttes d'Angleterre. Il faut que cela ait étouffé le pauvre enfant... Ma fille est grosse...

1. Schomberg.

A LA DUCHESSE DE HANOVRE.

Marly, le 6 mai 1700.

... J'ai demandé confidentiellement à M. d'Avaux [1] si le malheur qui est résulté pour le roi de Suède [2] de sa chute de cheval était vrai. Il dit qu'en effet le roi a fait une chute fort grave, qu'il s'est fortement blessé et, sa grand'mère l'ayant pressé de se marier, il l'aurait instamment priée de ne jamais lui en parler; qu'après, il doit avoir eu une conférence secrète avec cette reine, laquelle n'a plus soufflé mot. Cela porte tout le monde à penser qu'il s'est tellement blessé dans sa chute qu'il n'est plus propre au mariage; mais M. d'Avaux ne sait pas si le mal est incurable...

Mon fils a un si fort génie pour tout ce qui touche à la peinture... que Copel [3], qui a été son maître, dit que tous les peintres doivent s'estimer heureux qu'il soit un si grand seigneur, car s'il était un homme du commun, il les surpasserait tous...

Versailles, le 9 mai 1700.

... En quoi mon fils m'a causé du chagrin en dehors de son mariage, c'est en me désobéissant bien souvent : quand je le priais de ne pas faire une chose, il la faisait nombre de fois et sous mes yeux. Quand je

---

1. D'Avaux, ambassadeur en Suède.
2. Charles XII.
3. Coypel.

lui dis qu'il m'est désagréable de le voir frayer avec certaines personnes, il leur parle plus qu'avant ; il a même dit au roi que j'étais cause de sa mauvaise conduite, parce que je hais ceux qu'il aime...

Saint-Cloud, le 6 juin 1700.

... Les dévots sont trop puissants à cette heure en France ; ils ne permettraient pas qu'on les tournât en ridicule dans n'importe quel livre ; on ne l'imprimerait pas. Ils ne font de quartier à personne et ne vous pardonnent de leur vie ; c'est pourquoi nul ne s'attaque à eux...

Il n'y a pas un mot de vrai dans l'histoire du soufflet que le prince de Galles doit avoir donné à Monseigneur, histoire qui se trouve dans un livre allemand...

Saint-Cloud, le 10 juin 1700, à 4 h. du soir.

... Une bien triste histoire qui s'est passée, c'est celle d'un très habile orfèvre du nom de Tertullien Sehu. Il était de la religion et a voulu se sauver avec femme et enfants. On a arrêté la femme à Lille ; le fils, on lui a tiré dessus et brisé le talon ; il mourra donc de la même manière qu'Achille ; la femme, on l'a jetée en prison avec quatre enfants ; quant à l'homme, je ne sais si on a pu mettre la main sur lui. Les pauvres gens, je les plains du fond du cœur. Je souhaiterais que le roi sût que les cruautés exercées sur les pauvres réformés ont fait que des catholiques sont devenus calvinistes...

Marly, le 24 juin 1700.

... De ma vie je ne dirai du mal du premier président actuel, car je suis très contente de lui : dans l'espace de très peu de jours, il a fait gagner deux procès auxquels je prenais grand intérêt. Le premier est celui de notre duc de Lorraine contre M. de Luxembourg ; le second, celui de notre duc de Schomberg, contre son frère, le comte Frédéric. Le gain de ce dernier procès m'a fait d'autant plus de plaisir que le baron Willich, le beau-frère du comte Frédéric, n'a pas voulu suivre mon conseil. Ce baron est un vrai chicanier. Le duc de Schomberg avait donné à sa belle-sœur Louise plein pouvoir pour transiger avec son frère ; le baron Willich fait ses propositions, Louise accède à tout, et, quand vient le moment de conclure et de signer, le baron s'en va, vient à Paris et commence un procès en règle. Il vint me voir. Je lui dis : « Pourquoi n'aimez-vous pas mieux que les deux frères se soumettent à un arbitrage, plutôt que de commencer des procès. Ils vous coûteront beaucoup d'argent et vous n'en retirerez aucun profit. Croyez-moi, prenez des arbitres et faites examiner l'affaire. Mais si vous ne suivez pas mon conseil, il ne faudra pas m'en vouloir si je sollicite pour le duc de Schomberg auprès du roi, du premier président et de tous les juges : ses enfants me touchent de trop près pour que je ne m'intéresse pas à eux. Je prierai, en outre, Monsieur, de solliciter pour le duc ; réfléchissez-y donc bien ? » Le baron n'a pas voulu me croire et a continué le procès. Moi, de mon côté, j'ai tenu ce que j'avais promis de faire : j'ai vigoureusement sollicité contre lui, Monsieur également, et j'ai, en outre, remis au roi un placet pour le duc de Schomberg. Tout cela — et le bon droit aussi — a eu si bon effet, que le baron Willich a perdu absolument le procès lundi dernier. Je l'ai immédiatement mandé à Louise, qui, certes, en aura été bien contente, car, comme moi, elle était fort piquée contre le baron, mais la voilà vengée !..

Saint-Cloud, le 11 juillet 1700.

... Je vous remercie humblement de la relation que vous avez bien voulu m'envoyer. Je trouve que tout a été bien magnifique, plus magnifique que le mariage de M. le Dauphin et celui de M. le duc de Bourgogne. Ce qui m'a fait plaisir, c'est de voir que, selon la vieille coutume allemande, on a dansé la danse aux flambeaux [1]...

Saint-Cloud, le 18 juillet 1700.

... Le roi Jacques est malheureux de ce qu'on ne connaisse pas ses vrais sentiments. On vit encore poliment avec la famille royale, mais on fait tout ce que veut le roi Guillaume. Je suis comme vous, je crois que le roi d'Espagne survivra à tous ceux qui se sont partagé son héritage. Notre roi, Dieu merci ! se porte à merveille présentement. Sa Majesté a meilleure

---

1. Il s'agit du mariage de la princesse électorale de Brandebourg avec le fils aîné du landgrave de Hesse-Cassel, célébré le 31 mai 1700 à Berlin.

mine qu'il y a deux ans. Il se promène beaucoup à pied, à Marly, quand il n'a pas la goutte. C'est cela, je crois, qui le maintient en bonne santé. Mais Sa Majesté fait une chose qui ne me plaît nullement, c'est de se purger tous les mois et de prendre de fortes médecines. Voilà qui me semble être une misérable existence...

Saint-Cloud, le 25 juillet 1700.

... Notre duc de Lorraine est si proche voisin du roi et tellement sous sa coupe qu'il est bien obligé de faire ce qu'on veut ici. C'est ce que l'empereur devrait prendre en considération... Le duc d'Anjou a bien l'air d'un roi d'Espagne. C'est inouï comme il est grave et sérieux ; il a le parler fort lent et la démarche aussi...

A LA RAUGRAVE LOUISE.

Port-Royal, le 27 juillet 1700.

... J'ai été indisposée : j'ai eu une espèce de choléra-morbus qui m'a fait rendre par haut et par bas. On prétend que je m'en porterai mieux dans la suite... La semaine dernière, nous avons eu une horrible histoire ici : la duchesse d'Ussay[1] est morte pourrie, sauf votre respect, du mal français. Elle était fille du prince de Monaco, une honnête, bonne et vertueuse femme; son vilain mari, qu'elle adorait, l'avait mise dans cet état. Je ne peux comprendre comment cette

1. D'Uzès.

femme a pu l'aimer : il est affreux, il pue comme un bouc, et journellement il est ivre. Il boit avec des laquais et fait pis que cela avec eux. C'est ainsi que, sans aucun doute, il aura attrapé ce vilain mal...

A LA RAUGRAVE AMÉLIE-ÉLISABETH.

Marly, le 29 juillet 1700.

... On annonce une grande nouvelle aujourd'hui qui, si elle est vraie, fera faire piteuse mine à bien du monde, à savoir que la reine d'Espagne est enceinte de deux mois...

Certes, j'ai entendu parler de l'abbesse d'Herfort, qui est une princesse de Courlande. Ce doit être une tête folle, une capricieuse et fort coquette personne... La chaleur m'endort, il faut que je termine : à deux reprises déjà ma tête a été donner sur le papier...

A LA DUCHESSE DE HANOVRE.

Saint-Cloud, le 12 août 1700.

... Vous me faites rire en disant que la France, l'Angleterre et la Hollande veulent gouverner le monde comme une trinité. Voilà une trinité en laquelle on n'a pas de peine à croire, car elle est fort visible...

Port-Royal, le 20 août 1700.

... J'ai toujours encore l'élixir de M. Belosi contre la gravelle. C'est un remède parfait, dit-on, et qui a sauvé bien du monde ici; je souhaite de tout cœur qu'il vous guérisse aussi. On dit qu'il n'est pas fort du tout; mais quand vous l'aurez, faites-en l'essai sur d'autres, de cette façon vous en verrez bien les effets... Je suis en fort bonne santé à cette heure; je voudrais que Monsieur se portât aussi bien que moi; mais il a la goutte au point qu'il ne peut bouger : cela lui est venu tout d'un coup, à l'église, dimanche dernier; de sa vie il ne l'avait eue...

A LA RAUGRAVE LOUISE.

Port-Royal, le 20 août 1700.

... Je ne connais pas M. Tolner [1], mais je vous prierai quand même de lui faire mes remerciements de ce qu'il veuille m'envoyer son livre... S'il est en latin, je n'y comprendrai rien, à moins qu'il n'ait la charité de me le traduire... Si je pouvais lire l'histoire du Palatinat, ce me serait un bien agréable cadeau...

A LA DUCHESSE DE HANOVRE.

Saint-Cloud, le 26 août 1700.

... Hier on a appris que le roi a donné l'ordre à M. de Monaco de se rendre auprès du cardinal de Bouillon, de lui demander de se démettre de sa charge, comme aussi de lui reprendre l'ordre du Saint-Esprit et de faire enlever les armes du roi que porte sa maison à Rome. En même temps le roi a fait défendre, non seulement à tous les cardinaux français, mais encore à tous les Français qui résident à

---

1. Toelner, auteur de la *Historia palatina*.

Rome de faire visite au cardinal et de lui parler. M. de Monaco a dit au cardinal qu'il regrettait d'avoir à lui porter un si fâcheux message, mais qu'il ne pouvait se dispenser d'exécuter l'ordre formel du roi. Le cardinal ne fit d'autre réponse que celle-ci : « Je reçois avec Respect les ordres du Roy. » M. de Monaco lui dit : « Mais qu'aves vous resolu sur vostre démission? Dittes ce que je dois respondre ». « Je recois avec Respect les ordres du Roy », répondit le cardinal. Et quoi que M. de Monaco ait pu lui dire ou lui demander, il n'en a pu tirer que cette réponse : « Je reçois avec Respect les ordres du Roy ». Dès que M. de Monaco l'eut quitté, le cardinal a expédié un courrier au roi. On ne sait pas encore ce qu'il a apporté... Peut-être Monsieur pourra-t-il me le dire ce soir : il va à Marly et dînera avec le roi...

Saint-Cloud, le 9 septembre 1700.

... Je trouve que ma filleule[1] a bien raison de s'affliger de la chimère de son mari, car cela ne peut lui causer que force ennui et contrariété, lesquels sont inséparables de la grandeur royale. Si je dois dire le fond de ma pensée, eh bien, je crois que la cour d'ici a gagné quelqu'un de l'entourage de l'Électeur pour faire naître chez lui l'envie de devenir roi, espérant de cette façon le détacher de la ligue qui — le bruit en court — doit s'être formée contre la France entre l'empereur, la Savoie, les électeurs palatins et de Brandebourg et toute la maison de Brunswick...

1. L'électrice de Brandebourg, fille de la duchesse Sophie.

A LA RAUGRAVE LOUISE.

Port-Royal, le 21 septembre 1700.

... Je laisserai à l'abbé de Teseu un petit souvenir de la fête de Saint-Cloud pour qu'il vous le fasse tenir. Vous y trouverez peinte une vieille et grosse pagode; elle est tout à fait ressemblante; je suis sûre que vous ne pourrez le montrer à personne sans qu'immédiatement on ne la reconnaisse. Sérieusement, on ne m'a jamais fait plus ressemblante.., M. de Béchameil ne faisant pas achever les grands portraits, j'ai fait peindre ce petit...

A LA RAUGRAVE AMÉLIE-ÉLISABETH.

Fontainebleau, le 30 septembre 1700.

... Pour ce qui est de se farder, on ne trouve ici qu'un petit nombre de femmes, soit à la cour ou au théâtre, qui ne se peignent. Quant aux danseurs, on ne peut guère voir s'il y a quelque chose de défectueux dans leur figure, vu qu'ils ont toujours des masques...

A LA DUCHESSE DE HANOVRE.

Fontainebleau, le 1er octobre 1700.

... C'est bien à tort que vous tirez vanité des bagatelles que je vous envoie... Le cachet que je tiens de vous, voilà un tout autre cadeau que ceux que je vous fais. Il fait l'admiration de tous les savants de Paris, et il n'est pas possible de trouver mieux en son genre. Il s'est élevé d'affreuses disputes à son sujet. Certains veulent y voir Socrate et Alcibiade; d'autres prétendent que c'est Socrate et sa femme Xanthippe. Il va en résulter une guerre de plume. Tous, au demeurant, affirment que c'est une vraie antique. Vous n'avez donc pas fait un marché de dupe. J'ai un véritable plaisir à voir l'admiration des savants : ils contemplent le cachet, froncent le sourcil, hochent la tête et disent : « Ah! que voila vne belle antique! » « Que voila vn cachet richement et joliment montés », disent ceux qui s'y entendent moins. D'autres s'écrient : « Ah la belle piere, c'est bien vn vieux onix. » A quoi les savants répondent : « C'est bien les diamens et la pierre qu'il y a a reguarder a cecy c'est la graveure ou trouveton asteur quelqu'vn qui desine comme cecy, qui grave de ce creux et que tout soit corect. » Tous ces discours me divertissent fort. Puis on me dit : « Ou avez vous pris cela »? Et moi je réponds : « C'est Mme l'Électrice ma tante qui me la envoyes. » — « Cela est sans prix, reprennent-ils, car cela ne se retrouve plus. » — Vous voyez bien la différence qu'il y a entre votre cadeau et le mien.

Fontainebleau, le 6 octobre 1700.

... Le roi et la reine d'Angleterre n'ont parlé que de vous... Le bon roi avait les larmes aux yeux, tellement il vous aime. Il disait en élevant les deux mains : « O o o, pou pour cela, eh eh eh, elle me ma tou toujours aimée »; car il bégaye plus que jamais...

Paris, le 17 octobre 1700.

... Desnoyers m'a apporté hier le fort beau portrait d'Éva Trot[1]. Je vous en fais mes humbles remerciements. On le trouve tellement beau que certains m'ont déjà priée de permettre qu'on en prenne une copie. On trouve Éva Trot plus belle que la belle Moscovite (?). Tous nos cavaliers et mon fils en sont charmés. Monsieur lui-même a dit : « Il faut advouer que voilà vn agréable visage. » C'est là le plus grand éloge qu'on en puisse faire, car d'ordinaire Monsieur ne prodigue pas les louanges aux dames...

Fontainebleau, le 10 novembre 1700.

... J'ai à vous mander aujourd'hui la grande nouvelle, arrivée hier matin, de la mort du roi d'Espagne, prévue dès longtemps d'ailleurs. La reine, dit-on, est malade de chagrin. On a envoyé à notre roi une copie du testament : le duc d'Anjou est désigné comme héritier. Un grand d'Espagne doit avoir pris la poste immédiatement pour apporter l'original du testament au duc et le demander pour roi. Au cas où le roi refuserait, le grand d'Espagne a l'ordre de se rendre incontinent à Vienne et d'offrir la couronne à l'empereur[2]. Par suite, je crois qu'on est un peu em-

---

1. Maîtresse de Henri le Jeune, duc de Brunswick-Wolfenbuttel, mort en 1568.
2. Pour l'archiduc Charles.

barrassé ici à cause du traité qu'on a fait avec l'Angleterre et la Hollande. On m'a assuré que le roi a amené hier publiquement la pantocrate au conseil; cela a paru un peu étrange aux courtisans...

Fontainebleau, le 13 novembre 1700.

... Hier on ne faisait autre chose que se dire à l'oreille : « N'en parles pas, mais le roy a acceptes la couronne d'espagne pour Mons. le duc d'anjou. » Moi, je me taisais; mais, quand à la chasse, j'entendis dans un chemin étroit le duc d'Anjou qui venait derrière moi; je m'arrêtai et dis : « passes, grand Roy, que « V. M. passe. » J'aurais voulu que vous vissiez combien le brave enfant était étonné que je le sache...

On prétend que le roi lui a fait dire hier en secret qu'il était roi, mais qu'il n'en devait rien laisser paraître. Il jouait précisément à l'hombre dans sa chambre. Il ne put tenir en place, et, tout en ne disant rien, à la vérité, il sursauta, puis incontinent se rassit gravement comme devant, comme s'il ne savait rien.

Il n'a pas autant de vivacité ni autant d'intelligence que son plus jeune frère, mais il possède d'autres excellentes qualités : il a bon cœur, il est généreux (ce qu'on n'est guère dans la famille); de plus, véridique, car pour rien au monde il ne dirait des mensonges; il sera homme de parole aussi; il est miséricordieux et a du courage... Il a l'air bien autrichien : la bouche toujours ouverte. Je lui en fais l'observation cent fois : quand on le lui dit, il la ferme, car il est bien docile; mais, dès qu'il s'oublie, il la tient ouverte de nouveau... Je le préfère au duc de Bourgogne, car il est bon et moins *méprisant*. Le duc de Berry dit, il y a quelques jours : « Je suis bien malheureux, je n'ay point d'esperance d'estre roy comme mes freres, et, par le despart de mon frere le Duc danjou, tout les gouverneurs et sougouverneurs me vont tout tomber, et j'en ay deja trop a ceux que j'ay. Que sera-ce donc quand j'ores encore le reste il faut esperer qu'il me rendrond infaillible. »...

Du temps de notre reine, j'allais assez souvent à la comédie espagnole. Quoique je n'entende pas un mot de la langue, je voyais quand même que quelques acteurs jouaient fort bien. Leurs danses me divertissaient aussi, avec les harpes et les castagnettes. Mais, quand on allait derrière le paravent où étaient les comédiens, ils puaient tous l'ail au point qu'on n'y pouvait tenir...

Paris, le 19 novembre 1700.

... Mardi matin, le roi fit venir le bon duc d'Anjou dans son cabinet, lui dit : « Vous estes Roy d'Espagne », et fit immédiatement entrer l'ambassadeur et tous les Espagnols qui sont ici. Ils se jetèrent aux pieds de leur roi et lui baisèrent la main, tous, l'un après l'autre, puis allèrent se placer derrière lui. Après cela, le roi mena le jeune roi d'Espagne au salon où était toute la cour et dit : « Messieur voycy le Roy d'Espagne salues le ». Un cri de joie retentit, et tout le monde vint lui baiser la main. Puis notre roi dit : « Allons rendre grace a Dieu, que V. M. vienne a la messe ». Il lui donna la main... et le fit s'agenouiller à sa droite sur son prie-Dieu. Après la messe, il l'accompagna à son appartement... et messieurs ses frères vinrent lui rendre visite...

L'après-dînée, le jeune roi alla à Meudon faire visite à son père, qui s'y trouve. Celui-ci vint au-devant de lui jusque dans l'antichambre. Justement il avait été au jardin et ne pensait pas que son fils le roi d'Espagne viendrait si tôt ; aussi était-il tout essoufflé en arrivant. « Je vois bien, dit-il, qu'il ne faut jurer de rien, car j'orois bien jures de ne m'essouffleur jamais en allant au devant de mon fils le duc Danjou cependant me voila hors d'allaine. » Le bon jeune roi était tout décontenancé de se voir traiter en roi étranger par M. son père, qui, au départ, lui fit la conduite jusqu'à son carrosse. Hier, Monseigneur a rendu sa visite à son fils le roi... Je ne l'ai vu de sa vie sensible qu'en cette occasion. Il paraît se réjouir du fond du cœur que son fils soit roi...

Marly, le 12 décembre 1700.

... Le roi m'a demandé à table aujourd'hui s'il est vrai que l'électrice de Brandebourg a fait tout son possible pour détourner son mari du dessein qu'il a de prendre le titre de roi. Je lui ai répondu que moi aussi je l'avais entendu dire. Là-dessus, on a fort loué l'esprit de ma filleule...

Versailles, le 16 décembre 1700.

On apprend à se taire à Marly : Souvent, la plupart du temps même, on est seize ou dix-sept à table, et on n'entend pas un mot.

On parle beaucoup de la guerre ici également, mais je n'y peux croire tant que l'Angleterre et la Hollande ne prendront pas parti pour l'empereur. Car quoi que les pays héréditaires veuillent mettre sur pied cent mille hommes, comme je vois par le petit billet que vous avez bien voulu m'envoyer, ces troupes ne serviront de rien à moins qu'elles ne marchent; or je ne crois pas que l'empereur soit assez riche pour faire marcher longtemps et entretenir deux cent mille hommes, car les gens ne vivent pas d'air pur, il leur faut du pain et de la viande, et pour de telles masses d'hommes il faut beaucoup d'or...

AU RAUGRAVE CHARLES-MAURICE.

Versailles, le 30 janvier 1701.

... Je m'estimerais heureuse de pouvoir assister les affligés et secourir les malheureux, mais notre bourse n'est d'ordinaire pas bien garnie, ce qui me prive de bien des joies...

La victoire du jeune roi de Suède[1] a jeté un grand éclat. Il s'est acquis une gloire immortelle, j'en suis bien aise, vu qu'il est de notre maison.

1. Charles XII, petit-fils de Charles X, comte palatin de Deux-Ponts, successeur de la reine Christine.

A LA DUCHESSE DE HANOVRE.

Marly, le 10 février 1701.

... C'est chose toute nouvelle, ce me semble, qu'un roi se couronne lui-même, puis la reine[1]. Même sans le froid, douze harangues me donneraient une belle migraine. Je plains la chère reine d'en avoir eu tant à endurer. Le mieux de l'affaire ce sont les dix mille écus qu'on lui donne en plus, voilà du solide...

AU RAUGRAVE CHARLES-MAURICE.

Versailles, le 27 février 1701.

... Je ne peux comprendre comment est faite votre imprimerie, car ma tante dit que vous pouvez la mettre en poche. Il faut que ce soit une nouvelle invention...

A LA DUCHESSE DE HANOVRE.

Versailles, le 3 mars 1701.

... Dimanche soir le roi me dit devant tout le monde: « Viendres vous demain a la vollerie? » — « Ouy, répondis-je, si V. M. le permet. — Mais comment ires vous? reprit-il. » Je crus qu'il plaisantait et dis : Je pense que j'ires comme j'ay coutusme d'aller c'est à dire avec vous. — Avec moy, répliqua-t-il, non, Car

---

1. Frédéric Ier, roi de Prusse, à Kœnigsberg, le 18 janvier 1701.

j'yres seul dans ma Calesche. — Et madame la duchesse de bourgogne, dis-je, Comment ira telle? — Le roi : Elle ira dans son Carosse. — Moi : he bien j'ires avec Elle. — Le roi d'un ton sec : Elle mene toutte les jeune dame qui montent a cheval je ne vous conseille pas de vous fourer parmis cette jeunesse. — Moi : Jusques apressent je n'avois pas veüe des gens du rang de mad. la duchesse de bourgogne presser dans des Carosses, et j'advoue que cela ne m'accommoderoit pas ma taille n'y conviens pas mesme, j'ay veu le temps ou jl estoit honorable de suivre des personnes de nostre sorte et on ne regarde pas à l'age avec des gens Comme Elle et moy, mais comme tout change et que V. M. ne juge pas a propos que je la suive demain je renoueres La partie de la chasse du loup que j'avois refusser pour avoir l'honneur de vous suivre. — Le roi d'un ton sec : c'est ce que je vous Conseille. »

Lundi donc j'allai chasser avec Monseigneur, mais nous ne trouvâmes pas de loup ; la partie fut par conséquent remise au lendemain. Le roi non plus ne put aller à la volerie et remit la chasse aussi. Le soir il me demanda de nouveau avec un sourire moqueur : « Vienderes vous a la vollerie demain. — Pour demain, répliquai-je, cela seroit difficile Car j'ay envoyes tout mes chevaux coucher à St-Germain pour Coure demain dans cette forest. »

Si la chasse n'avait pas été belle, le roi se serait moqué de moi : je fus donc très heureuse de pouvoir lui raconter, le soir, que je m'étais fort bien divertie. Aussi ne me suis-je pas tue, et sous prétexte de louer les chiens de son cher bâtard, je vantai fort la chasse...

Versailles, le 10 mars 1701.

...Hier Monsieur m'a montré la protestation qu'il a faite par-devant notaire de ce qu'on lui ait préféré l'archiduc et le duc de Savoie dans le testament du roi d'Espagne. Mais je fais comme vous, je ne me mets pas en peine de tout cela, advienne que pourra. Hélas! trop de barbaries déjà ont été commises en mon nom; mais, Dieu merci, il ne peut plus rien arriver de semblable!...

Versailles, le 13 mars 1701.

... Il paraît que cela va devenir sérieux avec la guerre : les mousquetaires du roi ont l'ordre de marcher le 6 avril, les gardes du corps le 16. On travaille aussi aux équipages du duc de Bourgogne qui doit commander une armée...

Saint-Cloud, le 24 mars 1701.

... A Paris, on ne peut pas encore se résoudre à croire à la guerre : on y parle toujours de la paix. On dit qu'on va donner le Milanais à l'empereur, la Lorraine à notre roi, et mon duc de Lorraine deviendrait comte de Flandre. Je voudrais que ce fût vrai, il n'y perdrait rien.

Marly, le 7 avril 1701.

... Je connais bien une dame qui monte la pantocrate contre moi, à ce qu'on m'a dit. C'est Mme Dangeau [1], et cela pour un motif que j'ignorais. : il n'y a

1. La seconde femme de Dangeau, la comtesse Sophie de Loewenstein (mars 1686).

que dix jours que je le sais. Il y a quelques années, après la mort de Mme la Dauphine, un quidam vint me demander la permission de faire ma généalogie. Je n'y voyais aucun inconvénient et le lui permis. Il écrivit l'histoire de notre maison et y dit que les comtes de Lœwenstein en étaient des bâtards. Le gaillard ayant écrit qu'il avait fait ce livre — que je n'avais jamais vu — avec la permission de Madame, la dame s'est imaginé qu'on avait mis cela pour lui faire un affront; mais elle ne m'en pas dit un mot. Elle est la favorite de la pantocrate... on dit qu'elle a sur celle-ci un pouvoir aussi absolu que celui de la dame sur le roi...

AU RAUGRAVE CHARLES-MAURICE.

Versailles, le 17 avril 1701.

Dès longtemps j'avais appris ici que ma tante est appelée à succéder à la couronne d'Angleterre, et je le lui avais écrit. J'en suis bien aise. Le roi Guillaume est valétudinaire, et la princesse Anne n'a pas de santé. Elle boit, à ce qu'on prétend, trop de vin et des vins trop chauds. J'espère donc que notre chère Électrice n'attendra pas trop longtemps avant de s'asseoir sur le trône de son grand-père.

A LA RAUGRAVE LOUISE.

Versailles, le 19 avril 1701.

Très chère Louise. Il y a quelques jours je trouvai votre paquet dans celui de l'abbé de Teseu, avec les belles médailles dont je vous remercie de tout cœur. Ce m'est un cadeau bien agréable, car j'ai un recueil de médailles modernes : vous ne m'eussiez donc pu envoyer rien de plus agréable. La petite du roi de Prusse est frappée dans la perfection, les antiques ne sont pas plus belles...

Dans l'autre monde nous saurons peut-être quel est le pouvoir du diable; mais dans celui-ci on ne se ressent que de la malignité des méchantes gens...

A LA DUCHESSE DE HANOVRE.

Versailles, le 19 avril 1701.

... Depuis son accident (une attaque d'apoplexie), Monseigneur a peur de mourir : il devient tout pensif. Il a congédié sa comédienne [1]. Il lui fait une pension de mille pistoles, et au jubilé elle doit quitter le théâtre. Cela me chagrine fort, car c'est une excellente comédienne.

... Le roi d'Espagne prend, dit-on, Télémaque pour modèle... Il pourra bien, avec le temps, trouver en Espagne une Minerve qui le gouvernera entièrement. Mon duc de Berry est toujours gai et ne se soucie de rien au monde. La haine que son frère aîné et lui ont conçue l'un contre l'autre pendant le voyage pourrait bien, dans la suite, occasionner des disputes à la cour...

M. du Maine fait le dévot présentement. Il est très intelligent et est agréable quand il le veut, mais il fuit tout le monde : on ne le voit presque jamais. Sa femme est d'une étrange humeur; elle ne se couche

---

1. La Raisin.

jamais avant quatre heures du matin, se lève à trois heures de l'après-midi, dîne vers quatre heures et soupe vers minuit. Un savant, qui s'appelle M. de Malecieux [1], est son bien bon ami. Quand on a dit à M. du Maine que cela lui donne un ridicule que M. de Malecieux aille trouver Mme du Maine en robe de chambre et en bonnet de nuit, pour lui montrer les mathématiques, il répondit : « Ne me parles pas contre Malecieux, il maintien la paix dans ma maison. »

Le comte de Toulouse a très bon cœur, à ce qu'on prétend, mais il a peu d'esprit. Il est très libéral, dit-on...

La duchesse de Bourgogne est très intelligente, seulement elle est comme toutes les jeunes filles à qui on laisse faire leurs volontés : elle est coquette et évaporée... Je crains bien que, si on lui laisse la bride sur le cou, on n'apprenne bien des petites histoires...

Saint-Cloud, le 12 mai 1701.

... Mal a en pris à mon fils d'avoir mis tout son zèle à montrer qu'il est un homme! on ne le lui a pas encore pardonné. On préfère les bâtards au neveu, et parce que, Dieu merci! mon fils a du cœur et que le bâtard boiteux est un poltron, on ne veut pas que mon fils ni les princes du sang, qui ont bon courage aussi, aillent à l'armée, afin que tout l'honneur soit pour les bâtards seuls... Mon fils ne retire donc que honte de son mariage...

1. Nicolas de Malézieu, précepteur du duc du Maine, de l'Académie française et de celle des sciences.

A LA RAUGRAVE LOUISE.

Port-Royal, le 15 mai 1701.

... J'ai regretté toute ma vie d'être femme, et, à dire vrai, cela m'eût convenu davantage d'être Électeur plutôt que Madame. Je n'aurais pas rançonné le pays, comme fait l'Électeur actuel, et aurais laissé toutes les religions parfaitement tranquilles. J'aimerais mieux être Électeur que roi d'Angleterre. Ni l'humeur des Anglais ni leur parlement ne me conviennent. Je n'envie pas cette succession à ma tante; mais aussi elle saura mieux les prendre que moi...

A LA DUCHESSE DE HANOVRE.

Versailles, le 12 juin 1701.

... Mercredi dernier, dans la matinée, Monsieur était encore tout à fait dispos et bien portant; il alla à Marly et dîna parfaitement avec le roi; après le dîner, il se rendit à Saint-Germain, puis revint ici à six heures. Il était de fort bonne humeur et nous raconta combien de tabourets il avait vus chez la reine d'Angleterre. Vers neuf heures, on m'appela pour le souper, mais je ne pus rien manger, car j'avais encore eu la fièvre pendant quatre heures. Monsieur me dit : « Je m'en vay souper et ne ferez pas comme vous, car j'ai grand apétit », et se mit à table. Une demi-heure après, j'entends un grand vacarme. Je vois Mme de Ventadour entrer dans ma chambre, pâle comme la mort : « Monsieur se trouve mal », dit-elle Je courus immédiatement dans sa chambre. Il me reconnut à la vérité, mais il ne pouvait parler de façon à se faire comprendre. Je ne pus saisir que ces mots : « Vous estes malade, alles chez vous en. » On lui a tiré du sang trois fois, on lui a donné onze onces d'émétique, de l'eau de Schaffhouse et deux bouteilles de gouttes d'Angleterre. Mais rien n'y a fait. Vers six heures du matin, on vit que cela allait finir : on m'entraîna de force hors de la chambre ; j'étais comme évanouie ; on me coucha, mais je ne pus rester au lit et me relevai...

Le roi me vint voir : il était très touché et fit son possible pour me consoler ; il fut très gracieux pour moi. Mme de Maintenon aussi fut très touchée et me consola. Le roi partit. A midi, Monsieur mourut. Je montai immédiatement en voiture et vins ici. Le roi m'envoya M. le premier pour me demander comment je me portais : la frayeur avait chassé ma fièvre. Mme de Maintenon me fit dire par mon fils que c'était le bon moment pour me réconcilier avec le roi. Là-dessus, j'ai fait mes réflexions ; je me rappelai que, maintes fois, vous m'aviez conseillé de faire ma paix avec la dame elle-même. C'est pourquoi je priai le duc de Noailles de lui dire de ma part que j'étais tellement touchée de toute l'amitié qu'elle m'avait témoignée dans mon malheur, que, ne pouvant sortir, je la priais de vouloir bien prendre la peine de venir chez moi. Ce qu'elle fit hier à six heures. Je lui ai immédiatement répété combien j'étais contente d'elle et lui ai demandé son amitié. Je lui avouai également que j'avais été fâchée contre elle, m'imaginant qu'elle m'enlevait les bonnes grâces du roi et me détestait, ce que j'avais appris aussi de Mme la Dauphine, mais que volontiers j'oublierais tout, pourvu qu'elle voulût être mon amie dorénavant. Là-dessus, elle m'a dit force choses belles et éloquentes, elle m'a promis son amitié, et nous nous sommes embrassées.

Mais il ne suffit pas, repris-je, de me dire que le roi est mécontent de moi, il faut encore m'indiquer le moyen de rentrer dans ses bonnes grâces. Elle me conseilla de parler au roi à cœur ouvert... Ce conseil, je l'ai suivi... Le roi m'embrassa, me pria d'oublier le passé et me promit ses bonnes grâces. Il s'est mis à rire aussi quand, du ton le plus naturel, je lui dis : « Si je ne vous aves pas aimée, je n'aurois pas tant hay Mad. de Maintenon, croyant qu'elle m'ostoit vos bonne graces... » Tout s'est donc bien terminé...

Aujourd'hui j'aurai une triste journée encore, car à trois heures le roi reviendra à Versailles pour ouvrir le testament de feu Monsieur...

Versailles, le 30 juin 1701.

... Si l'on pouvait savoir dans l'autre monde ce qui se passe dans celui ci, feu Monsieur serait fort content de moi, car j'ai cherché, dans ses bahuts, toutes les lettres que ses mignons lui ont écrites et les ai brûlées sans les lire, afin qu'elles ne tombent pas en d'autres mains...

Versailles, le 14 juillet 1701.

... Il est difficile de n'avoir pas de tristes pensées quand il faut vivre des grâces d'autrui et que soi-même on n'a pas de quoi se procurer des plaisirs... Je reçois de grandes consolations du roi, sans cela je ne pourrais endurer mon état. Quand le roi parle de feu Monsieur, il s'attendrit chaque fois...

A LA RAUGRAVE AMÉLIE-ÉLISABETH.

Versailles, le 15 juillet 1701.

... Je n'ai jamais songé à entrer dans un couvent. La vie monacale n'est pas du tout mon fait... Je suis tout étonnée que M. Obrecht soit si mal instruit de mes affaires pour croire que j'ai eu un riche douaire. Il ne sait peut-être pas combien coûte ma maison ou bien il ajoute foi à ce que dit la *Gazette de Hollande*, qui a déjà fait force mensonges à ce sujet. Jusqu'ici je n'ai qu'à me louer du roi et des grâces qu'il nous fait, à moi et à mon fils. Sa Majesté en a fait un grand et riche seigneur. Je suis très contente de lui. Il est fort bien avec moi, c'est un brave garçon, et il a bon cœur...

A LA DUCHESSE DE HANOVRE.

Versailles, le 21 juillet 1701.

... Samedi, hélas! on célébrera les funérailles de feu Monsieur. Mme de Maintenon aussi continue à me témoigner de l'amitié : je suis très contente d'elle. Si elle persiste à en agir de la sorte, je resterai certainement son amie...

Marly, le 28 juillet 1701.

... L'Électeur palatin ne veut plus me donner d'argent. Cela diminue mon revenu de deux cent mille francs. Mes affaires iront mal, car il est difficile d'admettre que, par ce temps de guerre, le roi me donne de fortes sommes... Je suis à sa charge, comme une mendiante, ce qui est bien triste.

A LA RAUGRAVE LOUISE.

Marly, le 14 août 1701.

... Hier, la duchesse de Bourgogne a failli mourir: on attendait sa fin, mais, Dieu merci, la voilà hors de danger. Depuis dimanche, elle avait une forte fièvre continue avec redoublements. Mardi soir, on l'a saignée, pour la première fois de sa vie; incontinent, elle est tombée pour ainsi dire en léthargie: quand on la réveillait, elle frappait le monde et ne reconnaissait personne... Son mari, le duc de Bourgogne, était au désespoir en la voyant si mal; il m'a fait pitié : j'ai bien pleuré avec lui...

Toutes les fois que, du vivant de Monsieur, je demandais l'inventaire de ce que M. de Moras avait rapporté du Palatinat, on me le refusait...

Quand on vous disait que l'argent de la succession d'Orléans était payé, on refusait justement de s'exécuter, et cela catégoriquement. Mais, depuis qu'on a vu que le roi prenait la chose au sérieux et voulait faire une saisie, on a payé. Seulement je ne serai pas plus riche pour cela. Cet argent servira à entretenir ma maison : il n'en viendra rien dans mes mains...

A LA DUCHESSE DE HANOVRE.

Versailles, le 28 août 1701.

... On dit à Paris — mais je ne sais si c'est vrai — que M. de Catinat n'a rien pu faire parce qu'il était toujours trahi : il ne peut donner un ordre sans que le *prince Ugene* n'en soit immédiatement informé. Cependant on a confiance dans la haute intelligence du maréchal, et l'on espère qu'il inventera telle ou telle chose à laquelle les autres ne penseront pas...

AU RAUGRAVE CHARLES MAURICE [1].

Versailles, le 4 septembre 1701.

Très cher Charles Maurice. Je reçus hier votre lettre du 24 août. Ce n'est pas manquer de respect le moins du monde que de montrer qu'on s'intéresse à ceux qui vous tiennent de près et dont on n'a pas à rougir, et qu'on prend part à ce qui leur arrive. Au demeurant, je peux dire de votre lettre, comme Sosie

1. Il n'avait pas écrit à Madame une lettre de condoléance lors de la mort de Monsieur.

dans la comédie d'*Amphitryon :* « Le seigneur Jupitter sait dorer la pillule... »

Je vous remercie bien de tous les bons souhaits que vous formez à mon intention, et j'espère que, quand ils se seront accomplis, vous voudrez au moins participer à ma bonne fortune, quoique vous n'ayez pas voulu prendre part à la mauvaise. Adieu, cher Charles Maurice. Nous n'en resterons pas moins bons amis.

ÉLISABETH CHARLOTTE.

A LA DUCHESSE DE HANOVRE.

Versailles, le 8 septembre 1701.

... Je trouvai le roi Jacques en un piteux état. Il avait encore, à la vérité, la voix forte comme à l'ordinaire et reconnaissait le monde... Mais il a bien mauvaise mine et une barbe comme un capucin. Dimanche dernier, après avoir reçu tous les sacrements, il fit venir ses enfants et ses gens, donna sa bénédiction à ceux-là et tint un long sermon au prince de Galles et à ses domestiques.

Fontainebleau, le 28 septembre 1701.

... Vous avez fort bien deviné le contenu du sermon que le roi Jacques a tenu à son fils. Il lui a ordonné de mourir plutôt que de changer de religion; à quoi j'estime que MM. vos fils consentiront de grand cœur.

D'abord on n'accusait que peu de pertes pour les troupes du roi en Italie; mais, peu après, on a tout de même dit la vérité. On avait donné au maréchal de Villeroy des ordres si formels d'attaquer, qu'il l'a fait, pour ainsi dire, tête baissée; mais cela ne lui a pas réussi.

Fontainebleau, le 5 octobre 1701.

... Mon contrat de mariage aurait pu être fait autrement. On aurait dû le faire à la manière ordinaire et n'y pas mettre précisément ce qui pouvait me faire du tort ma vie durant. Mais feu papa n'y entendait rien. Il n'avait aucune idée de la chicane française et parisienne. Pourtant on connaissait suffisamment les inclinations de Monsieur : il était donc difficile d'admettre qu'il pût s'occuper de l'avenir de sa femme. Mais c'est une affaire finie; il est donc inutile d'en parler davantage.

Fontainebleau, le 8 octobre 1701.

... Vous ne sauriez croire à quel point on est sot à Paris. Tous veulent passer maîtres dans l'art d'évoquer les esprits et autres diableries, et deviennent fous tout bonnement. Vous avez raison de dire que c'est le luxe et la soif de l'argent qui mènent à ces insanités...

Fontainebleau, le 12 octobre 1701.

... Dès que je vis ce que notre roi a fait pour le prince de Galles, je pensai bien que ce serait plutôt nuisible que favorable au jeune roi, et que le roi Guillaume y trouverait son profit.

A LA RAUGRAVE AMÉLIE-ÉLISABETH.

Fontainebleau, le 12 octobre 1701.

... A propos de punaises, elles ont failli dévorer la jeune reine d'Espagne sur les galères espagnoles. Il a fallu la veiller des nuits entières. Elle est arrivée, il y a quelques jours à Toulon, et de là se rendra à Barcelone par terre. Elle ne peut pas l'endurer davantage sur mer, à ce qu'elle m'a écrit...

Le roi Guillaume change souvent de favoris; il en a un autre, dit-on, à la place d'Albermale. Il n'y a rien d'étonnant à ce que la reine, sa femme, n'ait pas eu de rivales de son vivant. Ceux qui ont ces goûts-là ne se moquent pas mal des femmes. Je suis devenue en France tellement savante sur ce chapitre que je pourrais écrire des livres là dessus...

Je m'étonne toujours qu'au temps actuel on ne voie plus de vrais enfants : les enfants de neuf ans s'entendent à parler et à se gérer comme des hommes de trente...

A LA RAUGRAVE LOUISE.

Fontainebleau, le 13 octobre 1701.

... Chaque jour ici, l'un ou l'autre des princes chasse... On dit que, si l'on réunissait tous les équipages, on verrait ensemble neuf cents chiens, sinon mille... Deux fois par semaine, il y a comédie; vous pensez bien que je n'y vais pas, ce dont je suis assez mortifiée...

A LA DUCHESSE DE HANOVRE.

Fontainebleau, le 15 octobre 1701.

... J'estime que feu papa n'y entendait rien[1]... Mais il m'avait sur les bras et craignait de me voir rester fille; il m'a donc expédiée le plus vite qu'il a pu...

AU RAUGRAVE CHARLES-MAURICE.

Fontainebleau, le 29 octobre 1701.

... Je connais fort bien le perruquier qui est retourné à Hanovre; tant qu'il était ici, il me venait voir fréquemment. Quiconque peut porter ses propres cheveux a grand tort, à mon sens, de mettre des perruques françaises; mais qui n'a pas de cheveux fait bien d'en porter : il est certain qu'on les fait mieux ici que nulle part ailleurs...

Plût à Dieu que nous fussions sûrs de pouvoir aimer ou haïr après notre mort! Ce ne serait plus chose si effrayante de mourir alors.

A LA RAUGRAVE LOUISE.

Fontainebleau, le 3 novembre 1701.

... Je ne doute pas que le roi Jacques ne soit au ciel présentement. Les Parisiens vont plus loin et s'ima-

---

1. Aux contrats de mariage.

ginent qu'il fait des miracles; mais ma foi ne va pas jusque-là...

En France, on n'est pas si scrupuleux quant à la vie que mènent les hommes. Pourvu qu'ils ne volent ni ne rendent de faux témoignages, on leur laisse passer tout le reste et on n'en est pas moins en relation avec eux, quelque débauchés qu'ils puissent être...

Vous me parlez de Wolmershausen comme si je ne le connaissais pas. Je l'ai vu bien souvent, mais rarement à jeun. Par là, vous voyez bien que je le connais...

J'ai écrit à ma tante qu'elle gâte Charles-Maurice en riant de si bon cœur quand il est pris de vin; cela lui fait croire que c'est gentil de s'enivrer tous les jours...

A LA RAUGRAVE AMÉLIE-ÉLISABETH.

Fontainebleau, le 4 novembre 1701.

Croyez-vous donc, chère Amelise, que je ne lise pas la Bible parce que je suis dans ce pays-ci? Tous les matins, je lis trois chapitres. Il ne faut pas vous imaginer que les catholiques français soient aussi niais que ceux d'Allemagne : c'est tout autre chose, on dirait presque que ce n'est pas la même religion Lit les saintes Écritures qui veut; on n'est pas davantage tenu de croire aux bagatelles et à d'ineptes miracles. Ici l'on ne tient pas le pape pour infaillible : quand il excommunia M. de Lavardin à Rome, on n'en fit que rire. On ne l'adore pas; on n'ajoute aucun prix aux pèlerinages et autres semblables choses; en quoi on diffère totalement des catholiques allemands, de même que de ceux d'Espagne et d'Italie...

Je vous assure, chère Amelise, que je n'ai nulle ambition, et que je ne souhaite rien moins que d'être reine. Plus haut on est placé, plus il y a de contrainte, et si le rang de Madame était une charge qu'on pût vendre, il y a beau temps que je m'en serais défaite et à bas prix encore!...

On dit ici que le roi Guillaume est hydropique et qu'il est à la mort; mais je ne le croirai que quand la nouvelle m'aura été confirmée d'autre part. Ce serait dommage qu'un roi si intelligent vécût si peu de temps. Mais la chose dont on l'a accusé n'est que trop vraie. Tous les jeunes Anglais qui vinrent ici avec l'ambassade de mylord Portland, voyant que les choses à Paris se passaient comme à leur cour, ne se sont pas gênés pour raconter tout cela tout naturellement. Le roi doit avoir été amoureux d'Albermale comme d'une dame, et devant tout le monde il lui a, dit-on, baisé les mains...

A LA DUCHESSE DE HANOVRE.

Fontainebleau, le 5 novembre 1701.

... Je ne peux souffrir que les dames prennent du tabac; mais rien n'est plus commun à cette heure : Mme d'Orléans et Mme la duchesse prisent que c'en est dégoûtant... Pour ce qui est du ratafia, on en prend parce qu'on mange beaucoup de poisson, qui fait mal à l'estomac. .

A LA RAUGRAVE LOUISE.

Fontainebleau, le 13 novembre 1701.

... Quant au malheur du notaire Zweyfel, à savoir que tout son avoir a été brûlé, j'y compatis, mais je n'ai pas à rembourser tous les sinistres occasionnés par la guerre et les armées du roi. Si je devais tout payer, il me faudrait être plus riche que Crésus...

A LA DUCHESSE DE HANOVRE.

Versailles, le 17 novembre 1701.

... Samedi soir est arrivé M. de Louville, gentilhomme du roi d'Espagne (ici il était gentilhomme de la Manche). On n'avait pas prévenu la bonne petite reine qu'on renverrait tous ses gens. Quand le matin elle se leva, elle ne trouva en leur lieu et place que des vieilles femmes laides et affreuses. Elle se mit à pousser des cris et voulut repartir avec ses gens. Le roi, qui l'aime déjà de tout son cœur, crut que cela serait possible. Il est lui-même un peu enfant encore, il se mit aussi à pleurer, s'imaginant que sa femme allait partir. Mais on l'a consolé et on lui a dit que cela n'était pas faisable, le mariage étant consommé. La reine, comme on m'a décrit la chose, s'est conduite comme moi quand on me donna Mme Trelon au lieu de la bonne Mme de Harling. On le lui a pris en bien mauvaise part ici, mais j'ai dit au roi qu'il n'en fallait que rire et s'estimer heureux que la reine eût si bon cœur. Les dames du palais qu'elle a auprès d'elle sont de méchantes créatures. La reine demanda qu'on lui préparât ses repas à la mode française, vu qu'elle ne pourrait manger de la cuisine espagnole. Le roi alors ordonna de faire apprêter pour la reine les mets par des officiers[1] français. Ce que voyant les dames firent faire la cuisine à l'espagnole, ne lui servirent que ces plats-là et laissèrent de côté les plats français Le roi se fâcha, défendit aux cuisiniers espagnols de préparer les repas et les fit faire exclusivement à la mode française. Les dames prirent alors les potages et en versèrent tout le liquide, disant que cela pourrait gâter leurs habits... Elles firent de même avec les ragoûts. Elles ne voulurent pas toucher les grands plats de rôti... disant que leur mains étaient trop délicates; des autres rôtis elles arrachèrent trois poulets avec leurs mains, les mirent sur une assiette et les apportèrent ainsi à la reine. Il n'est pas possible de trouver de plus méchantes femmes, et affreusement laides avec cela.

Versailles, le 27 novembre 1701.

... *En général,* on me traite bien, mais en *particulier* on ne veut de moi nulle part. Hier j'avais à dire quelque chose au roi, je voulus me rendre auprès de Mme de Maintenon, mais je fus poliment éconduite : elle fit dire que si j'avais à ordonner quelque chose, elle ferait prendre mes ordres dans ma chambre.

---

1. Officiers de la bouche.

Je compris bien que cela signifiait que je ne devais pas venir chez elle. C'est pourquoi je lui écrivis ce que j'avais à lui communiquer. Après le souper, il est vrai, le roi me fit venir dans son cabinet et me parla, mais dès que j'eus fini, il me renvoya. Tous les autres restèrent. Cela se fit certainement pour complaire à la duchesse de Bourgogne. Quoique de ma vie je ne lui aie rien fait, elle me hait d'une manière si atroce que ses traits s'altèrent rien qu'à me regarder...

Versailles, dimanche, le 4 décembre 1701.

... La petite reine d'Espagne a pris le pli maintenant, et est tout à fait résignée, Mme de Brachane[1], qu'on appelle maintenant la princesse des Ursins, restera camarera majore. Le roi d'Espagne fait, dit-on, le plus grand cas d'elle.

Versailles, le 11 décembre 1701.

... On prétend ici que le jais noir fait reluire davantage les diamants et paraître plus blancs les perles et le cou...

Je crois que le roi Guillaume vit d'affaires d'Etat comme les autres de boire et de manger, et que ce sont les affaires qui ont rendu la santé à Sa Majesté.

---

1. Bracciano.

A LA RAUGRAVE AMÉLIE-ÉLISABETH.

Versailles, le 13 décembre 1701.

... Ce qu'on dit du roi Guillaume n'est que trop vrai ; mais tous les héros étaient ainsi : Hercule, Thésée, Alexandre, César, tous étaient ainsi et avaient leurs favoris. Ceux qui, tout en croyant aux saintes Écritures n'en sont pas moins entachés de ce vice-là, s'imaginent que ce n'était un péché que tant que le monde n'était pas peuplé. Ils s'en cachent tant qu'ils peuvent pour ne pas blesser le vulgaire, mais entre gens de qualité on en parle ouvertement. Ils estiment que c'est une gentillesse et ne se font pas faute de dire que depuis Sodome et Gomorrhe notre Seigneur Dieu n'a plus puni personne pour ce motif.

A LA DUCHESSE DE HANOVRE.

Marly, le 15 décembre 1701.

... Je demandais un jour à quelqu'un de raisonnable pourquoi dans tous les écrits on louait toujours le roi. On me répondit qu'on avait expressément ordonné aux imprimeurs de n'imprimer aucun livre qui ne contînt son éloge et cela à cause des sujets. Les Français d'ordinaire lisent beaucoup et la province lisant tout ce qui vient de Paris, l'éloge du roi leur inspire du respect et de la considération pour lui. Voilà pourquoi cela se fait, et non à cause du roi qui ne le voit ni ne l'entend jamais depuis qu'il n'assiste plus à aucun opéra. Le roi travaille beaucoup : chaque jour il tient un long conseil.

A LA RAUGRAVE AMÉLIE-ÉLISABETH.

Versailles, le 23 décembre 1701.

... Vous confondez la marquise de Richelieu avec la duchesse : celle-ci est morte depuis longtemps. La marquise est horriblement débauchée et de plus d'une façon. Un jour elle se mit dans le lit de M. le Dauphin sans qu'il l'en eût priée, pour coucher avec lui. Quand il entra dans sa chambre les domestiques lui dirent : « Monseigneur, vne dame est dans vostre lit, qui vous attend ; elle n'a pas voulu ce nomer. » Il alla vers le lit et quand il vit que c'était la marquise de Richelieu il coucha avec elle, mais le lendemain il le raconta à tout le monde...

On entend de drôles d'histoires qui se sont passées à Paris : La fille d'un bourgeois, assez riche, à l'âge de quatorze ans fut trompée par un jeune homme et devint enceinte. Elle fut assez rusée pour cacher la chose et pour accoucher, en secret, d'un garçon. Elle le porta immédiatement aux Enfants trouvés, comme s'il n'était pas à elle, mais elle lui fit une marque pour pouvoir le reconnaître dans la suite. Pendant quelques années, elle en prit grand soin et lui donna tout ce dont il avait besoin. En ce temps-là un riche marchand de Paris tomba amoureux de cette femme et l'épousa. Rusée comme elle était, je vous l'ai déjà dit, elle pensa que si elle allait aux Enfants trouvés, et surtout si elle y portait de l'argent, son mari prendrait du soupçon, et du coup elle prend le parti de n'y plus retourner. Elle vit ainsi pendant vingt ans avec son mari qui lui laisse tout son bien et meurt. Elle avait une forte inclination pour le premier garçon de magasin de son mari, qui lui aussi l'aimait. Elle l'épousa cet été. Quand il fut auprès d'elle, déshabillé, elle s'aperçut tout d'un coup qu'il avait sur le corps la marque qu'elle avait faite à son fils. Elle s'effraye, mais ne fait semblant de rien, court aux Enfants trouvés et demande ce qu'est devenu le garçon qu'elle y a mis. On lui répond qu'en grandissant il s'était senti du goût pour le négoce, avait fait son apprentissage et était entré chez un riche négociant : ils nomment son premier mari. Dès lors elle ne put plus douter que son second mari ne fût son fils : elle court immédiatement chez son confesseur et lui avoue tout. Il lui dit de tenir la chose secrète et de ne plus coucher avec son mari jusqu'à ce qu'on en eût référé à la Sorbonne. On ne sait pas encore actuellement ce que celle-ci a décidé.

A LA RAUGRAVE LOUISE.

Versailles, le 8 décembre 1701.

... J'entends dire tous les jours : Aujourd'hui on joue un nouvel opéra, demain on jouera une nouvelle comédie. Cette année-ci il y a eu — ce qui ne s'est encore jamais présenté — six nouvelles comédies et trois nouveaux opéras. Je crois que le diable le fait exprès pour me donner de l'impatience dans ma solitude...

A LA DUCHESSE DE HANOVRE.

Versailles, le 29 décembre 1701.

... Je suis convaincue que vous n'avez pas autant de rides que moi... mais je ne m'en soucie nullement : n'ayant jamais été belle, je n'y ai pas perdu grand'-chose. Puis je vois que celles que j'ai connues belles jadis sont, à cette heure, plus laides que moi : âme qui vive ne reconnaîtrait plus Mme de La Vallière; Mme de Montespan a la peau comme quand les enfants s'amusent à jouer avec du papier, à le plier et à le replier : tout son visage est recouvert de petites rides si rapprochées les unes des autres que c'en est étonnant; ses beaux cheveux sont blancs comme la neige, et toute la figure est rouge...

Versailles, le 1er janvier 1702.

... Dès qu'après le dîner je suis rentrée dans ma chambre, le roi m'a envoyé deux mille pistoles : je suis donc, cette année-ci, plus riche de mille pistoles que l'an dernier...

Versailles, le 12 janvier 1702.

... Je ne pense pas que le roi d'Espagne pourra abolir l'inquisition : les moines et en particulier les dominicains sont trop dangereux; il ne serait pas sûr de la vie s'il s'attaquait à eux...

Versailles, le 19 janvier 1702.

... Mme de Maintenon ne change pas du tout : elle est absolument la même qu'il y a trente ans... Le vrai motif pour lequel on ne me laisse pas pénétrer dans le particulier, c'est qu'on me trouve trop naturelle; on a peur qu'il ne m'échappe des vérités qui pourraient trop ouvrir les yeux au roi...

Marly, le 9 février 1702.

... M. de Pomereu, le conseiller d'État que le roi a chargé de prendre soin de mes affaires, est un brave homme; il a beaucoup de vivacité, est toujours de bonne humeur et plaisant; il me fait rire de bon cœur avec les choses les plus sérieuses...

Versailles, le 19 février 1702.

... Je croyais que c'était le comte de Wartemberg et sa femme qui gouvernent absolument le roi, et non le comte et la comtesse de Dohna? C'est un malheur pour la cour de Berlin que la reine ne s'occupe de rien... si ce n'est de ses divertissements. Il vaudrait mieux pour elle de danser ferme que de jouer à la bassette; cela empêcherait la chère reine de devenir si grasse. Quand on prend de l'embonpoint, on devient paresseuse, j'en ai fait l'expérience par moi-même...

Versailles, le 9 mars 1702.

... Le prince de Conti a encore quelques amis qui font grand cas de lui; mais en général il n'est plus aussi aimé qu'il l'a été...

Le duc de Bourgogne fera campagne cette année. Je ne sais pas encore pour sûr si c'est en Flandre ou en Allemagne. De dos, les soldats le prendront pour feu le duc de Luxembourg et croiront qu'il s'est relevé d'entre les morts, car de dos le duc de Bourgogne ressemble tellement au maréchal de Luxembourg qu'on jurerait que c'est lui. Il serait à souhaiter qu'il eût son bonheur à la guerre...

A LA RAUGRAVE LOUISE.

Versailles, le 12 mars 1702.

... Les maudits prêtres de Rome m'ont fait totalement perdre mon procès; mais la sentence est si sottement formulée qu'on pourra, à ce qu'on m'assure, la faire annuler. On ne considère donc pas l'affaire comme terminée; sans doute que moi je n'en verrai la fin de ma vie. Comme il plaira à Dieu!...

A LA DUCHESSE DE HANOVRE.

Marly, le 16 mars 1702.

... Le maréchal de Villeroy n'entend pas raillerie, à moins que ce ne soit lui qui raille. Il est fier de sa nature; ce doit lui être une grande mortification de se voir prisonnier. Les chansons qu'on a faites sur lui se chantent sur de tout vieux airs qui datent du temps des barricades de Paris...

Versailles, le 23 mars 1702.

... Hier, l'envie me prit de voir l'appartement de M. Moreau, premier valet de chambre de M. le duc de Bourgogne... J'y allai au lieu de me rendre au sermon. C'est petit, mais propre et curieux. Il a quatre petites chambres avec des portraits et des tableaux magnifiques du Poussin; le roi n'en a pas de plus beaux. Il y en a trois. Deux se rapportent à la mort de Phocion; dans l'un, il meurt; dans l'autre, on recueille ses cendres; puis un Moïse que la fille du roi d'Égypte sauve des eaux; un Carrache, un Mignard, un Van Dick, un Bassan, et des toiles de deux autres peintres dont j'ai oublié le nom... Autour des grands tableaux sont pendus des petits, tous de la même dimension : tous les rois de France depuis François Ier jusqu'à notre roi, et sous chaque roi les grands hommes, guerriers et savants qui ont vécu de son temps. Il a les portraits de tous les poètes depuis cette époque-là jusqu'à la nôtre; Malherbe a une affreuse barbe : de même il a les maîtresses de tous ces rois et toutes les reines aussi. Il a un cabinet à part pour notre époque, où se trouvent Mme de Montespan, Mme de La Vallière, Mme de Fontange, Mme de Ludres. Il a aussi Mme de Maintenon, habillée en sainte. De plus, toute la maison royale. Puis, rangés par ordre, tous ceux qui ont gagné des batailles : M. le Prince, le duc d'Harcourt, M. de Turenne et M. de Luxembourg. Sous le cardinal de Richelieu, il a mis tous ceux que celui-ci a fait mourir, à savoir : *M. de Montmorency, maréchal Dancre, M. de Cinqmare* et le maréchal de Marillac, de même que *M. de Bassompiere* ». Sous Henri III se trouvent tous les *guillarts*[1] et tout ce qui a fait figure au temps de la ligue...

Il possède de belles et précieuses porcelaines et figurines en bronze. Il a aussi M. Lebrun, Mignard, M. Le Nostre, très ressemblant; Racine, Corneille, La Fontaine, très ressemblant aussi; tous les jansénistes, Mme Guion. Je voulus qu'il la mette entre M. de Cambrai et M. de Meaux. Il y avait songé, me dit-il, mais il n'avait pas osé le faire. Il a aussi *Rablais*, qui a l'air très drôle... J'y suis restée toute une heure pour voir les changements que le temps a apportés aux modes, car à l'exception de Mme de Maintenon, qui est en sainte Françoise, tous les autres portent le costume de leur époque. Le brave Chivry en a un fort drôle : il porte un pourpoint « gridelin [2] » tout tailladé et doublé de bleu...

Versailles, le 26 mars 1702.

... Au moment où j'entre ici, l'un des gens de mon fils vient me dire qu'un banquier de Paris, nommé Samuel Bernard, a reçu une lettre d'Angleterre, dans laquelle on lui annonce que le roi Guillaume est mort il y a huit jours, à trois heures de l'après-dînée. Vous voilà plus rapproché de la couronne d'un pas.

1. Guisards.
2. Gris de lin.

A LA RAUGRAVE AMÉLIE-ÉLISABETH.

Meudon, le 8 avril 1702.

Il ne me reviendra pas d'argent, en exécution de a sentence papale... Les maudits prêtres se sont laissé corrompre par le grand duc. C'est contre mon gré qu'on s'est adressé à Rome pour ce procès ; moi, je voulais le faire juger par les princes de l'Empire, mais ceci, Monsieur ne l'a pas voulu. On espère ici qu'un jour mon fils pourra renouveler ces prétentions...

Depuis quatre jours, il est survenu un vent si affreux et un tel froid, qu'on ne sait que faire. Cette nuit, tous les vignobles et les arbres fruitiers sont gelés, à ce qu'on dit. J'ai froid à n'en pouvoir tenir la plume.

A LA DUCHESSE DE HANOVRE.

Versailles, le 29 avril 1702.

... Cela ne m'a pas étonné du tout que le roi Guillaume soit mort avec tant de fermeté. On meurt d'ordinaire comme on a vécu. Mlle de Malauze m'écrit que mylord Albermale a failli, de chagrin, suivre son maître dans la tombe : il était à la mort. Cela me touche grandement : il ne nous a pas été donné de voir pareille amitié lors de la mort de mon mari...

Je crois que la princesse Anne s'est facilement consolée de la mort de son beau-frère et cousin. Je ne saurais comprendre comment cette nouvelle reine peut avoir la conscience tranquille, ayant persécuté son père jusqu'à sa mort. Pourvu qu'elle ne se montre pas fausse à votre égard...

Versailles, le 30 avril 1702.

... Hier, j'ai fait cadeau, à Mme de Chasteauthier, d'un beau perroquet qui parle admirablement. Je voulus savoir ce qu'il sait dire et le fis entrer dans ma chambre. Mes chiens en devinrent jaloux, et une chienne, qui répond au nom de Mione, se mit à aboyer après lui. Le perroquet ne faisait que dire: « Donne la patte. » J'aurais voulu que vous vissiez l'étonnement de Mione, quand elle entendit parler l'oiseau. Elle cessa d'aboyer, regarda fixement, d'abord lui, puis moi, et, comme il continuait à parler, elle prit peur, se sauva et alla se cacher sous le sofa. Là-dessus, le perroquet rit aux éclats. Cela me fit penser à M. Leibnitz. Il soutient, dites-vous, que les bêtes ont de l'intelligence, qu'elles ne sont pas des machines, comme l'a prétendu Descartes, et que leurs âmes sont immortelles. Dans l'autre monde, j'aurai donc la joie de revoir, non seulement parents et amis, mais encore toutes mes bêtes. Mais je serais bien attrapée si cela voulait dire que mon âme est mortelle comme la leur et que, tous ensemble, nous ne serons plus que néant. Je préfère m'en tenir à l'autre opinion: elle est bien plus consolante...

A LA RAUGRAVE LOUISE.

Versailles, le 22 avril 1702.

... Je n'ai pas pu vous répondre plus tôt à cause des fêtes de Pâques, où il me faut passer la journée entière dans les églises. Après les fêtes, je l'avoue, pour me payer un peu de l'ennui que j'avais enduré dans les églises avec toute leur piaillerie latine (soit dit entre nous), j'ai mis à profit le beau temps et me suis promenée en voiture à Trianon, qui est bien le plus beau jardin qu'il soit possible de voir...

L'abbé de Teseu est bien plus affligé que moi [1]... Je n'entends absolument rien aux affaires, mais ce qui me fait croire que ma cause n'était déjà pas si mauvaise, c'est qu'il a fallu donner cinquante mille écus à mes commissaires pour me faire perdre le procès; si donc ma cause n'avait pas été bonne, il me semble qu'on aurait eu le jugement à moins. Le cardinal Janson possède les originaux des lettres qui prouvent que cette somme a été payée...

La mort du roi Guillaume m'a bien peinée. L'automne passé, Lénor [2] m'a envoyé un calendrier d'Augsbourg pour cette année-ci. La mort de ce roi y est annoncée clairement pour le 20 mars 1702... Le duc de Bourgogne part pour l'armée lundi prochain. On ne voit partout que gens faisant leurs adieux. La cour bientôt va être déserte; mais c'est là mon moindre souci, car

---

1. De la perte du procès.
2. Léonore de Rathsamhausen, dame de compagnie de Madame. Elle passait l'hiver en Alsace.

je n'y perds rien par rapport à la société : je suis seule tout le jour dans mon cabinet, et le temps ne me dure pas; je trouve les journées trop courtes. J'ai beaucoup de fleurs devant ma fenêtre, beaucoup de petits chiens que j'aime fort, des pierres taillées, beaucoup de livres... L'une de mes plus jolies chiennes est en couches ici, dans mon cabinet...

A LA RAUGRAVE AMÉLIE-ÉLISABETH.

Versailles, le 22 avril 1702.

... J'ai bien vu que l'Électeur [1] est un homme froid et têtu, quand il était ici; quelque amitié que je lui aie montrée, il n'a pas voulu avoir confiance en moi ni me parler, il me fallait lui arracher chaque mot, ce qui est une désagréable besogne. Mais en quoi il a le plus grand tort, c'est de vivre avec sa mère comme il fait... La défiance, l'avarice et l'orgueil font de lui l'homme qu'il est... Je vois souvent, par les lettres de ma tante, qu'elle est mécontente, quoi qu'elle ne m'en dise rien. Le pis est qu'il n'a pas un bon naturel...

Notre reine d'Angleterre s'est montrée bien généreuse et chrétienne. Beaucoup d'Anglais, en apprenant la mort du roi Guillaume, ont voulu allumer des feux de joie, mais la reine les a fait éteindre et défendre partout de laisser éclater de la joie à propos de la mort du roi. Elle-même en a parlé sans animosité aucune. Je l'en ai fort admirée...

1. George de Hanovre, plus tard George Ier d'Angleterre.

P.-S. — Louise pourra vous dire que j'ai un calendrier d'Augsbourg qui a prédit la mort du roi...

A LA RAUGRAVE LOUISE.

Marly, le 29 avril 1702.

... Le mariage de mon cousin l'électeur de Brunswick [1] a produit plus de mal que de bien et, de toute toute façon, il en résulte une honte éternelle. La duchesse [2] a plus de motifs que n'importe qui de s'affliger du malheur de sa fille, car si dans sa première jeunesse elle ne l'eût pas élevée pour la coquetterie et la galanterie, elle ne serait jamais tombée dans le malheur où elle est plongée à cette heure. Il y a des gens ici qui ne prétendent nullement qu'elle n'ait pas été criminelle : une jeune femme comme elle qui se laisse embrasser et caresser fait bien tout le reste aussi. Cette duchesse est de bien basse extraction, et c'eût été un honneur pour elle d'épouser le premier valet de chambre de Monsieur. Voyez un peu comment cela peut rimer avec un duc de Brunswick !

---

1. Ou de Hanovre. George, plus tard roi d'Angleterre, épousa en 1682 Sophie-Dorothée, fille et héritière de son onclee George-Guillaume de Celle-Lunebourg et d'Éléonore d'Olbreuse. En 1694, le père de George fit assassiner le comte de Koenigsmark, amant de Sophie-Dorothée. Elle-même fut enfermée pour le reste de ses jours au château d'Ahlden.

2. Éléonore d'Olbreuse.

A LA RAUGRAVE AMÉLIE-ÉLISABETH.

Marly, ce samedi 16 mai 1702.

... Hier, quand je reçus votre lettre, je revenais justement de la chasse avec le roi... Il a une petite calèche et de tout petits chevaux, mais ils courent si bien qu'on suit toujours les chiens et qu'on ne perd presque jamais la chasse, comme si l'on était à cheval...

A LA RAUGRAVE LOUISE.

Versailles, le 12 mai 1702.

... Mandez-moi, je vous prie, toutes les nouvelles que vous apprendrez. Ici, on apprend les nouvelles quand elles sont bonnes, mais rarement quand elles sont mauvaises, et moi je voudrais tout savoir...

Les commissaires entre les mains desquels était mon procès à Rome ont reçu cinquante mille écus. L'abbé de Teseu a vu l'original des quittances. Quand il le dit au pape, celui-ci répondit : « Plaignez-moi d'avoir à faire à de telles gens, impies, faux et méchants, qui font fléchir la justice pour de l'argent ! » mais il n'a pas parlé de m'indemniser du tort qu'ils m'ont fait...

Le prince de Conti n'est pas seul à élever des prétentions sur la principauté d'Orange : il y a encore le duc de Villeroy, MM. de Matignon et le duc de Lesdiguières...

P.-S. — Je ne sais si vous aimez les chiens et si vous comprendrez le véritable chagrin que j'ai éprouvé juste le jour où vous m'écriviez : ma chienne Mione, celle que j'aimais le plus, est morte.

A LA RAUGRAVE AMÉLIE-ÉLISABETH.

Versailles, le 17 juin 1702.

... Je ne peux penser au Palatinat sans en ressentir un gros chagrin. On agirait sagement en bien traitant les officiers français qui sont prisonniers, car on a fort bien traité à cette cour-ci les officiers allemands... Kaiserswœrth tient encore. M. de Blainville retire le plus grand honneur de sa défense.

A LA RAUGRAVE LOUISE.

Versailles, le 17 juin 1702.

... Les Français ont fait mon éloge par pure politesse, tant qu'ils étaient chez vous et pour vous faire plaisir, parce que vous m'aimez; mais je ne peux guère me vanter de posséder l'affection des gens de ce pays-ci...

A LA RAUGRAVE AMÉLIE-ÉLISABETH.

Versailles, le 3 juillet 1702.

Très chère Amelise, hier, j'ai appris, par une lettre de ma tante, Mme l'électrice de Brunswick, ainsi que par une lettre de votre sœur, que le pauvre Charles-Maurice est mort... Cette mort m'a rappelé mon défunt frère et mon cher Charles-Louis : je n'ai oublié ni l'un ni l'autre... Certainement, c'est d'avoir bu trop de vin que votre pauvre frère tremblait ainsi de tous ses membres...

A LA DUCHESSE DE HANOVRE.

Marly, le 6 juillet 1702.

... Ce matin, j'ai été me promener avec le roi à Marly. C'est comme si les fées y travaillaient, car là où j'avais vu un grand vivier, j'ai trouvé une forêt ou un bois; où il y avait une grande place et une *escarpoulette*, j'ai aperçu un vaste réservoir où l'on mettra ce soir quelque chose comme cent trente grosses carpes extraordinairement belles...

A LA RAUGRAVE LOUISE.

Marly, le 14 juillet 1702.

... Le travers qu'avait le pauvre Charles-Maurice lui a, hélas! coûté la vie : je suis persuadée qu'il s'est brûlé le foie en buvant trop de vin. Mais chacun a son destin. Ce qui est fixé arrive forcément. Sans nul doute, il s'est repenti d'avoir été l'esclave de cette passion : il y a donc lieu d'espérer qu'à cette heure la béatitude éternelle est son partage, quoique les savants comme lui, d'ordinaire, n'aient pas une foi bien solide...

Marly, ce mercredi 9 août 1702.

... Puis il m'a fallu annoncer à mon fils une bonne nouvelle, à savoir que M. de Vendôme a battu trois mille hommes de troupes du général Annibal Visconti. Ici on l'appelle l'*animal Visconte* pour s'être ainsi fait rouler...

Hier nous avons été avec le roi au jardin, avant et après le dîner, pour voir mettre en place de fort belles statues : elles coûtent cent mille francs les deux. L'une est la Renommée : elle est assise sur un coursier ailé ; le tout est d'un seul bloc de marbre blanc ; l'autre est un Hercule à cheval aussi. On ne peut rien voir de plus beau. Je ne crois pas que dans le monde entier il soit possible de trouver un plus beau jardin que celui d'ici...

Croyez-moi, chère Louise, si nous n'avions pas d'autres motifs de nous attrister que nos péchés, nous serions bien gais. Savez-vous ce qui nous attriste? C'est quand notre destin nous envoie malheur sur malheur et que nous avons le tempérament hypocondriaque.

... Mais il ne dépend guère de nous-mêmes d'être tristes ou gais. Voici, par exemple, Lénor ; elle a le tempérament jovial, la tristesse ne prend pas sur elle, la friponne! Aussi, quand elle est au pays, elle peut s'amuser avec ses amis quand elle veut, et si, ici, elle s'ennuie par amitié pour moi, elle peut se rattraper pendant l'hiver à la maison. La voilà qui est assise à filer de la soie et à rire de tout ce que j'écris. Elle se porte garante aussi que vous n'avez nul péché dont vous puissiez vous attrister, si ce n'est, dit-elle, que vous vous êtes laissé gagner par le piétisme de la cour de Darmstadt. Vous la reconnaissez bien à cette plaisanterie.

Dans toutes les armées, il y a des déserteurs : en Italie, il nous en vient, par cinquante et cent, des troupes danoises. Melac n'a pas du tout été blessé : c'est un brave et bon soldat, mais il est horriblement cruel...

Quand on est à Versailles, qui est considéré comme la résidence, toutes les personnes qui paraissent devant le roi ou devant nous sont en grand habit; mais à Marly, à Meudon, à Saint-Cloud, on est toujours en manteau; pendant les voyages également. Je trouve le grand habit bien plus commode que les manteaux; je ne peux les souffrir... Je hais les cornettes aussi, elles s'accrochent partout...

A LA RAUGRAVE AMÉLIE-ÉLISABETH.

Versailles, le 18 août 1702.

... Comment se fait-il que vous ayez une demoiselle française auprès de vous? C'est d'ordinaire de la bien petite noblesse, qu'on ne saurait d'aucune façon comparer à notre noblesse allemande; car, quand ici un bourgeois achète une charge de secrétaire du roi, il passe incontinent pour gentilhomme. De plus, ils ne font pas non plus attention aux mésalliances : ils épousent toute sorte de filles de la bourgeoisie, quelquefois même des paysannes, pourvu qu'elles aient de l'argent... Ici même la petite noblesse est fort peu considérée...

Dimanche, le 20 août 1702.

... Depuis quand est-on devenu si endurant en Allemagne? De mon temps, les parents n'auraient pas souffert qu'une fille fît une telle chose en leur présence. Je me souviens encore qu'on se moquait fort du vice-chancelier Mieg, parce qu'il tolérait tout de sa fille Amélie...

La danseuse de corde que vous avez vue ne s'appelle-t-elle pas Squinquinelle? Il y a deux ans, j'en vis une qui portait ce nom et qui dansait très bien...

A LA DUCHESSE DE HANOVRE.

Marly, le 24 août 1702.

... Le duc de Médina-Céli, quand il était ici, disait que, si l'archiduc avait été roi d'Espagne, les gens de ce pays auraient intrigué en faveur de la France; mais le duc d'Anjou étant roi, ils prennent parti pour l'archiduc...

Je suis toute fière que le roi de Suède se soit montré si humain après avoir gagné la bataille... Ce roi fait honneur à notre maison, car c'est un vrai héros. Chacun parle au point de vue de sa foi : le roi de Suède attribue sa victoire uniquement à Notre-Seigneur Dieu, et notre roi dit hier que l'avantage qu'il a remporté en Italie était dû à la protection de la Vierge.

Versailles, le 3 septembre 1702.

... En Italie, dans la dernière affaire, le roi d'Espagne s'est exposé d'une manière inouïe : il a toujours été au plus fort de l'action et a fait preuve d'un grand sang-froid. Tous les Espagnols qui se trouvaient auprès de lui étaient pâles comme la mort, tremblaient comme des feuilles et protestaient en disant que c'était contraire à la grandeur du roi d'Espagne de s'exposer ainsi...

Fontainebleau, le 23 septembre 1702.

... Toujours encore mon fils me laisse absolument sans argent. Il veut qu'on soumette la question aux juges s'il doit, oui ou non, payer ce à quoi il s'est lui-même engagé par écrit. En attendant, voici une année d'écoulée sans qu'il m'ait donné quoi que ce soit; ses créatures répandent le bruit qu'il se ruine pour moi, et le roi les croirait presque...

A LA RAUGRÂVE LOUISE.

Fontainebleau, le 29 septembre 1702.

... Je ne dirai plus rien de M. de Varenne. J'imagine qu'il doit drôlement prononcer l'allemand. Sur cent Français, on en trouve à peine un qu'on puisse comprendre quand il parle cette langue, et tous se figurent la savoir dans la perfection...

... J'ai voulu faire une promenade en voiture dans la forêt; mais à peine étions-nous dehors, que le cocher a versé de façon à nous faire rouler les unes sur les autres. A l'une de mes dames des débris de verre ont pénétré dans l'épaule... J'avais sept chiens avec moi dans le carrosse, et pas un qui ait eu le moindre mal !..

A LA RAUGRAVE AMÉLIE-ÉLISABETH.

Fontainebleau, le 12 octobre 1702.

... Quoique nous autres princesses palatines nous ayons, pour parler de la sorte, fait les princes les plus puissants du monde, on hésite à admettre ici que nous soyons de bonne maison, et s'il arrive un comte palatin, le premier gueux de duc venu lui disputera le rang. Souvent cela m'a mise hors de moi. J'en crève dans ma peau, mais la femme de mon fils approuve fort la chose ; j'ai eu mainte dispute avec elle à ce propos...

Je n'ai plus que neuf chiens dans ma chambre : les roquets sont d'ordinaire très fidèles, mais moi je préfère les épagneuls ; tous mes chiens en sont, et de la même souche...

A LA DUCHESSE DE HANOVRE.

Marly, le 9 novembre 1702.

... On ne voit que mines allongées ici ; le roi seul paraît être tout à fait serein. Vous savez sans doute déjà que les flottes anglaise et hollandaise ont brûlé tous les vaisseaux du roi au Vigo en Galice. Cette année-ci n'est pas heureuse : s'il arrive un bonheur, il est immédiatement suivi d'un malheur...

A LA RAUGRAVE LOUISE.

Versailles, le 31 décembre 1702.

... Il y a près de trois semaines que je n'ai reçu de lettre de vous ni d'Amelise. Cela me porte à croire qu'il ne vous est pas permis de m'écrire ; c'est pourquoi moi, de mon côté, je n'ai pas cru devoir le faire, pour qu'on ne vous soupçonne ni ne vous cherche querelle. Si depuis trois mois vous m'avez écrit, toutes vos lettres ont été arrêtées au passage. C'est inepte qu'on ne permette pas que nous correspondions : nous ne connaissons pourtant pas les secrets d'État et ne nous mêlons pas des affaires publiques. Qu'est-ce que cela peut bien faire à l'empereur que nous nous disions qu'il y a eu une noce ou un baptême, que nous nous aimons, qu'une comédie est bien ou mal jouée, et autres semblables choses...

Versailles, le 4 mars 1703.

... La petite Spanheim[1] est une jolie fille fort bien faite ; mais, croyez-moi, ne laissez pas votre nièce devenir trop intime avec elle, car la demoiselle a appris des choses ici qu'il n'est pas nécessaire du tout que votre nièce sache... Pour votre neveu, c'est une bonne société ; il peut avoir des rapports avec elle...

1. Fille de l'envoyé de Brandebourg.

Versailles, le 23 novembre 1703.

... Le fils du maréchal de Tallart vient d'arriver avec la nouvelle que Landau a capitulé et que M. son père a remporté une victoire sur mon cousin le prince héritier de Cassel. Des deux côtés il est resté beaucoup de monde. La fille du maréchal de Noailles n'a que dix-sept ans, et elle est veuve...

Quoique le jeune landgrave, mon cousin, ait perdu la bataille, on convient que ce n'a été que grâce à la supériorité numérique des Français. On fait extrêmement son éloge, on ajoute qu'il n'est pas possible de montrer plus de cœur....

A LA DUCHESSE DE HANOVRE.

Versailles, le 18 décembre 1703.

... On m'a immédiatement mandé de Strasbourg que la bataille a été perdue[1] parce que les officiers avaient trop fêté la Saint-Léopold à Spire... Il est vrai que Précontal a été tué dès le commencement de l'affaire. D'abord les Français furent battus, puis ils eurent le dessus; les Allemands les repoussèrent une seconde fois; mais finalement les Français gagnèrent la bataille. C'est ainsi que M. Sekelson m'a rapporté la chose. Il faut que les Allemands aient des traîtres et des espions dans leurs rangs; on l'a vu d'ailleurs par le mémoire qu'on a trouvé dans la poche de Précontal...

1. Par les Impériaux.

Torcy, à ce qu'on prétend, fait ainsi arrêter les gens par M. *d'Argenton*[1] pour faire montre de vigilance auprès du roi, et avec cela il s'imagine être juste et dévot. Je sais bien qu'il lira ceci, mais je ne m'en moque pas mal...

J'avais dit d'avance que mon mariage ne servirait à rien, mais Votre Dilection et Sa Grâce M. l'Électeur mon père, vous n'avez pas voulu me croire...

A LA RAUGRAVE AMÉLIE-ÉLISABETH.

Versailles, le 23 décembre 1703.

... Je n'ai jamais vu Saint-Évremont, mais bien un portrait de lui... A l'âge où il était, j'estime que Mme de Mazarin pouvait sans scandale lui permettre de poser sa tête sur sa gorge! S'il n'y avait eu que lui, on n'aurait pas dit tant de mal d'elle...

A LA DUCHESSE DE HANOVRE.

Versailles, le 4 janvier 1704.

... Il faut pourtant que je vous raconte combien notre roi est juste : les dames de la duchesse de Bourgogne, c'est-à-dire celles qu'on appelle dames du palais, ont voulu s'arroger un rang et prendre partout la place de mes dames, ce qui ne s'était jamais fait ni du temps de la reine ni de celui de la Dauphine. Elles

---

[1] D'Argenson, lieutenant de police.

se firent garder leurs places et reculer les chaises de mes dames par les gardes du roi. J'envoyai d'abord réclamer auprès du duc de Noailles : il répondit que c'était l'ordre du roi. Incontinent j'allai trouver celui-ci et lui dis : « Oseray-je bien demander à V. M. si c'est vous qui avez ordonnez que mes dames n'aye plus de place n'y de rang comme auttrefois. Si c'est vous, je n'ay rien à dire, car je ne désire qu'à vous obeir; mais V. M. sait Elle mesme qu'auttrefois, du temps de la Reine et madame la dauphine, les dames du palais n'avoit n'y place n'y reng et que mes dames d'honneur, chevallier d'honneur et dames d'atour avoit leur place tout comme ceux de la reine et de Mme la dauphine, je ne say par quel endroit celle-cy doivent plus pretendre ». Le roi devint tout rouge, et dit : « Je n'ay rien ordonnés la desus; qui dit que je l'ay ordonnés »? — Le maréchal de Noailles », répondis-je. Le roi lui demanda pourquoi il avait dit cela. Il nia tout net. « Je veux, répliquai-je, puisque vous le dite, croire que mon valet de chambre ait mal entendus; mais puisque le roy ne l'a pas ordonnés Empechés donc que vos gardes ne gardent les places des dames et empechent mes gens de porter les sièges de mon service », car c'est ainsi qu'on dit ici. Le roi, quelque grande que soit la faveur dont jouissent ces dames, ne m'envoya pas moins l'aide-major pour savoir comment les choses devaient se passer. Je l'en instruisis, et cela ne se représentera plus. Aussi elles devenaient par trop insolentes dans leur faveur; elles ne s'imaginaient pas que j'aurais le cœur de rapporter la chose au roi; mais moi je n'irai pas perdre mon rang ni mes prérogatives à cause de la faveur dont elles jouissent : le roi est trop juste pour cela...

A LA RAUGRAVE AMÉLIE-ÉLISABETH.

Versailles, le 17 février 1704.

... Ici on trouve fort peu de femmes qui ne soient pas coquettes de leur nature. Les coquettes se bercent de l'espoir que N. S. Jésus-Christ regardera en pitié leur faiblesse, lui qui a été, comme on le voit par les Saintes Écritures miséricordieux envers tant de femmes de leur espèce, telles que Marie-Madeleine, la Samaritaine, la femme adultère. Vous vous imaginez que vous vous lasseriez bien vite de la coquetterie, mais j'ai entendu dire à bien du monde que toutes celles qui ont été amoureuses une fois ne peuvent plus souffrir d'autre délassement, et qu'on ne s'en fatigue jamais...

Le prince électoral [1] permettra-t-il à son beau-frère de voir madame sa sœur pendant ses couches? Je n'en jurerais pas, tellement il est fantasque. Est-ce qu'il s'imagine qu'on lui mangerait son petit prince en le regardant? Il y a quelque chose de détraqué dans sa cervelle...

A LA RAUGRAVE LOUISE.

Versailles, le 6 mars 1704.

... J'ai reçu coup sur coup plusieurs lettres de ma

---

1. George de Hanovre, plus tard George II d'Angleterre.

tante : elles venaient à point pour me tirer de l'affreuse peur que m'avait donnée la maudite *Gazette de Paris*, laquelle, dans l'article Bruxelles, du 14 février, avait annoncé que ma tante était gravement malade. J'ai immédiatement envoyé chez le gazetier pour lui faire demander d'où il tenait la nouvelle. Il m'a répondu qu'il avait un correspondant en Lorraine et celui-ci le lui aurait mandé en ces termes : « La reine de Prusse est auprès de madame sa mère à la soigner et à l'assister. » Je suis restée dans ces angoisses du samedi au mardi, ne pouvant ni manger ni dormir jusqu'à ce que enfin l'honnête M. Cronstrom, l'envoyé de Suède, me rassurât en m'affirmant qu'il avait reçu des lettres de Hanovre du 16, et que, Dieu merci, ma tante n'avait pas été malade. J'en eus une telle joie qu'il s'en est fallu de peu que je ne lui sautasse au cou. Je crois vraiment qu'on a fait mettre cette nouvelle dans la Gazette pour me faire une niche, car il y a de bien bonnes gens ici…

Nous n'avons absolument rien de neuf… Bientôt nous allons entrer (Dieu me pardonne!) dans l'ennuyeuse semaine où il faut rester horriblement de temps dans les églises pour n'entendre chanter que du latin…

A LA RAUGRAVE AMÉLIE-ÉLISABETH.

Versailles, le 30 mars 1704.

… Je n'ai pas pu m'acquitter de la bonne œuvre de faire maigre, car je ne supporte pas de manger du poisson, et je suis tout à fait convaincue qu'on peut faire des œuvres plus méritoires que de se gâter l'estomac en mangeant trop de ce mets.

A LA DUCHESSE DE HANOVRE.

Marly, le 15 avril 1704.

... Le roi a fait une pension à la comtesse de Furstemberg. Mais on estime qu'elle n'en a guère besoin, elle a, dit-on, dévalisé le cardinal, et cela comme il faut. Le jour de sa mort on voulut lui donner encore une *portion cordiale*, mais dans toute la maison on ne trouva ni cuiller ni soucoupe en argent ; tout avait été enlevé ; il dut la prendre dans la jatte de terre du Suisse qui garde la porte...

A LA RAUGRAVE AMÉLIE-ÉLISABETH.

Versailles, le 29 avril 1704.

... Quant aux divergences entre les différentes religions chrétiennes, ce ne sont que querelles de prêtres, qui ne regardent en rien les honnêtes gens. L'affaire de ceux-ci est de vivre chrétiennement, d'être miséricordieux et de s'adonner à la charité et à la vertu. Voilà à quoi les prédicants devraient s'attacher, c'est ce qu'ils devraient inculquer aux chrétiens, au lieu de subtiliser sur toutes choses, afin de savoir comment il faut les entendre ; mais cela diminuerait l'autorité de ces messieurs. Voilà pourquoi ils s'attachent aux arguties et non à la chose essentielle et indispensable...

A LA DUCHESSE DE HANOVRE.

Versailles, le 20 mai 1704.

... Je n'ai pas eu entre les mains le livre de M. de Meaux, « l'exposition de la foy catholique », car tous les livres qui traitent des questions religieuses me semblent ennuyeux. Mais j'ai lu tout ce qu'il a écrit contre Mme Guion : cela est plaisant. Sans doute le silence va se faire sur tout ce qui a trait à la religion, car... les camisards se rendent au roi et demandent grâce... Cinq cents se sont déjà présentés comme otages, et quatre cents demandent à quitter le pays avec tout leur avoir...

Versailles, le 22 mai 1704.

... Par ces chaleurs nous avons eu la Fête-Dieu. Ce matin nous avons suivi la procession dans la grande rue. Cela passait encore ; ce sont les reposoirs qui sont insupportables. C'est hébétant, il faut se mettre à genoux et écouter une longue musique qui, dans cette position-là, ne vous amuse guère, puis on retourne à l'église où l'on entend une longue grand' messe de deux heures. Si tout cela ne plaît pas mieux au bon Dieu qu'à moi, tous les prêtres sont bien à plaindre...

En passant par le Cours[1], je rencontrai le duc de Mantoue ; je ne l'avais pas encore vu. Il n'est pas beau : il ressemble au duc de Vendôme, en laid et en

---

1. Le Cours-la-Reine.

vieux. Il est en grand commerce avec les chanteuses et danseuses de l'Opéra...

A LA RAUGRAVE LOUISE.

Versailles, le 6 juillet 1704.

Cela ne me fait pas mal du tout de boire de l'eau glacée : j'en bois hiver et été... Il est vrai que ma tante me raconte beaucoup de choses de ce Lapon. Je crois que je le verrai ici, car il a, dit-on, l'intention de venir, et il a des lettres de recommandation pour ce pays...

A LA DUCHESSE DE HANOVRE.

Marly, le 10 août 1704.

... Il faut bien un jour au traducteur lambin de M. de Torcy pour traduire votre lettre en français. M. de Torcy lui-même, qui n'est pas prompt si ce n'est pas pour rendre de mauvais offices, a besoin d'une journée pour lire les lettres et pour les recacheter et les envoyer à Brousseau, et le troisième jour elles me parviennent : cela fait bien le compte; elles ne peuvent pas m'arriver plus tôt...

... Hier j'ai fait une visite à mon fils et à sa femme à Saint-Cloud. Ils allaient assister à la représentation d'un opéra que mon fils a fait lui-même, mais comme on ne commençait qu'à neuf heures, je n'ai pas pu en être, car ne voyant jamais le roi qu'à table, je ne peux me dispenser d'assister à son souper.

Versailles, le 14 août 1704.

... Nous sortons à l'instant de vêpres. Il y a fait une chaleur atroce ; mais comme, hélas ! mon recueillement n'était pas à la hauteur de la température, j'ai failli m'endormir...

Jamais on n'a témoigné autant de joie qu'à la naissance du duc de Bretagne, car elle dure encore quoique l'enfant ait plus de sept semaines...

... Le bruit court à Paris qu'il est question d'armistice et de paix...

Versailles, le 21 août 1704.

... On vient de m'annoncer une mauvaise et étrange nouvelle ; je crois presque que mes gens ont mal entendu. Ils disent qu'on a enlevé vingt-six bataillons au maréchal de Tallart. On ne sait pas s'il n'est pas pris lui-même... Si c'est de sa faute, il sera certainement chansonné tout autant que l'a été son cousin le maréchal de Villeroi quand on l'a pris à Crémone...

Villars a plus de cœur que de cervelle, et je crois qu'avec les camisards il faudrait un général qui eût plus de cervelle que de cœur...

Meudon, le 28 août 1704.

... Je vous réitère mes humbles remerciements de la cire pour les yeux que vous avez bien voulu m'envoyer. J'ai causé une grande joie à la comtesse de Gramont avec ce remède, mais je crois que moi-même j'en aurai bientôt besoin. Ma vue baisse tellement que je ne peux presque plus lire la *Gazette de Hollande...*

J'avais cru, je l'avoue, que M. de Torcy m'avait escamoté la cire, je vois que je lui ai fait tort, je lui en fais réparation...

On ne sait pas encore comment les choses se sont passées, mais ce qu'on sait c'est que Tallart a perdu la bataille... Ce sont les perdrix qui cachent la tête et exhibent le postérieur, j'ai dû rire de bon cœur de ce que vous compariez l'électeur de Bavière à ces oiseaux...

Versailles, le 31 août 1704.

... Il faut que je vous rapporte un *dicton* qui n'est pas mauvais. La nouvelle de la perte de la bataille arrivait précisément au moment où l'on préparait le feu d'artifice tiré en l'honneur de la duchesse de Bourgogne. Le temps était menaçant, et les gens qui veillaient aux pièces les couvrirent. Un passant voyant qu'on étendait des toiles dessus, cria à l'un des ouvriers : « Que faites-vous-là? » — L'un d'eux répondit vivement : « Nous emballons le feu de joie pour l'envoyer à l'Empereur, on n'en a plus que faire icy... »

Ici on fait le plus grand éloge des Brandebourgeois; on dit qu'ils ont fait preuve de plus de sang-froid et d'ordre dans la bataille que toutes les autres troupes... On avoue franchement que la bataille est perdue et que Tallart a été battu parce que la cavalerie n'a pas fait son devoir. Le prince d'Anhalt, qui commande les Brandebourgeois, est-ce le même qui a épousé la fille d'un apothicaire?

Marly, le 7 septembre 1704.

... Avant de se mettre à table, le roi a reçu une bonne nouvelle, savoir qu'il y a eu une bataille navale près de Malaga. Après un combat de dix heures, notre amiral a démâté huit vaisseaux ennemis, leur flotte a pris la fuite; l'amiral la poursuit, car le vent qui était contraire à nos gens leur est favorable à présent. Ce sera une consolation pour le déboire de Hochstægt; ce n'en sera pas une pour les pauvres gens qui ont perdu les leurs. La femme de mon fils ne fait que pleurer : elle est en peine de son plus jeune frère[1]. Elle l'aime plus que ses sœurs et son autre frère, aussi il le mérite : il a de bonnes et grandes qualités; moi-même je l'estime fort et lui souhaite toute sorte de bonheur...

Presque toute la cour est en deuil. Mme Cornuel avait coutume de dire : « Les *Te Deum* des grands princes sont souvent des *De profundis* pour les particuliers.

Fontainebleau, le 20 septembre 1704.

... On est trop triste ici pour chanter; on n'a pas encore fait une chanson sur Tallart quoiqu'il le mérite plus que tout autre... La Vallière n'a rien perdu à aller en captivité, car le roi lui a donné la charge du dernier comte de Verue, qui est celle de commissaire général de la cavalerie...

---

1. Le comte de Toulouse, l'amiral.

A Marly seulement j'ai appris que Cavalier a vu le roi à Versailles et si Dibagnet, le concierge du Palais-Royal, n'avait pas par hasard dîné avec lui, je ne le saurais pas encore présentement. Personne n'en était informé à Versailles. Il est bien certain que c'est un fanatique. Je ne crois pas que Villars vienne à bout des camisards, il est trop *romanesque* pour cela...

A LA RAUGRAVE LOUISE.

Fontainebleau, le 21 septembre 1704.

... Votre beau-frère [1] passe pour être un peu quinteux et *incompatible*; c'est pour cela, dit-on, qu'il a quitté de nouveau le Portugal. Ruffignie [2] a grand tort de porter les armes contre son roi, duquel il a obtenu tant de grâces, même depuis qu'il est parti d'ici et qu'il habite l'Angleterre. Quoi qu'il ait changé de nom et qu'il s'appelle mylord Galloway à présent, c'est pourtant le même Ruffigny que le roi a tellement distingué : il devrait donc se montrer plus reconnaissant.

A LA RAUGRAVE AMÉLIE-ÉLISABETH.

Fontainebleau, le 21 septembre 1704.

... Si vous parlez à Valsemé, vous ne le prendrez pas pour un Français : il parle l'allemand mieux que moi.

1. Le duc de Schomberg.
2. Ruvigny.

Saluez-le de ma part; c'est un bon ami à moi et un bien brave garçon. C'est le seul Français qui sache bien l'allemand. Il a été élevé au Palais-Royal. Dites-lui que je vous ai prié de le distinguer...

Il me semble voir Tallart parler tout seul : c'est une habitude qu'il a eue de tout temps, et avec cela lui il fait d'affreuses grimaces...

A LA DUCHESSE DE HANOVRE.

Fontainebleau, le 27 septembre 1704.

... Je crois que le favori de notre duc de Lorraine, Lunati, aura été bien aise de voir l'électeur de Bavière partir pour Bruxelles. Il se trouvait justement à Metz quand l'Électeur y arriva... Celui-ci trouva la femme de Lunati bien gentille, et pour voir la femme il a fort caressé le mari et l'a prié de rester auprès de lui tant qu'il serait à Metz. L'autre n'a pas osé refuser. Je vous laisse à penser quel agrément ce devait être pour un Italien d'être caressé pour sa femme. L'Électeur lui a offert de l'emmener à Bruxelles, mais il a refusé net...

Les prisonniers disent déjà bien haut que ce ne sont pas les Brandebourgeois mais bien nos braves et honnêtes Brunswikois qui se sont si vaillamment comportés[1]...

On dit que le roi de Portugal, avant de quitter Lisbonne avec le roi d'Espagne, s'est rendu à l'église

---

1. A Hochstaedt.

Notre-Dame, a placé son épée nue aux pieds de la sainte Vierge en la priant de la bénir. Un moine est venu qui a fait bénir l'épée par la Vierge, la lui mettant à la main, desquelles mains le roi la reprit avec force révérences et génuflexions. De là il s'est rendu à l'église de Saint-Antoine de Padoue. Il a levé le saint en grande cérémonie, l'a mis dans une litière, et afin que le bon saint Antoine ne s'ennuie pas trop on a envoyé chercher dans une autre église une sainte dont le nom m'échappe, et on l'a placée vis-à-vis de saint Antoine. La litière précéda partout les deux rois. C'est un vrai enfantillage...

Fontainebleau, le 22 octobre 1704.

... Je crois que le roi de Prusse a trouvé la pierre philosophale pour déployer une telle magnificence en tout, car de bâtir, ce n'est pas une plaisanterie : cela coûte gros...

Versailles, le 28 octobre 1704.

Jeudi dernier, nous sommes partis de Fontainebleau à onze heures, et à cinq heures moins un quart nous étions à Sceaux... J'allai au potager, je voulais voir ce dont le pauvre M. de Navailles, l'ancien gouverneur de mon fils, avait fait un si grand éloge. Du temps de M. Colbert, il vint exprès pour voir Sceaux. On lui montra la belle cascade, la galerie d'eau qui est admirable, la salle des marronniers, les berceaux, bref, tout ce qu'il y a de beau à y voir. Il ne loua rien du tout, mais, arrivé au potager où était la salade, il s'écria : « Franchement la vérité, voilà une belle chicorée! » J'allais donc aussi voir la belle chicorée...

A six heures et demie le roi me fit venir dans l'antichambre de Mme de Maintenon, où était la musique. C'en est une toute nouvelle, une ode que l'abbé Genest a faite à la louange du roi : la bataille navale n'y est pas oubliée. La musique fut si belle que le roi la fit recommencer...

Versailles, le 30 octobre 1704.

... On peut appliquer au prince royal de Prusse[1] la dicton français : On lui vend pas martre pour renard... J'espère qu'il n'est pas obligé de se lever à trois heures du matin... Le roi de Prusse se rendra malade à ne rester que six heures au lit. Il faut que les valets de chambre aient des relais. Je n'y comprends rien, c'est inouï.

Versailles, le 2 novembre 1704.

... Si l'archiduc[2] avait vu le beau corps de la princesse d'Anspach[3], il se serait peut-être fait luthérien plutôt qu'elle catholique, car de telles *visions* sont souvent fort éloquentes et vous convainquent plus aisément qu'un colloque avec un père Jésuite...

Le pauvre saint Antoine de Padoue est malheureux présentement : on l'a mis aux fers... Mon fils m'a ra-

---

1. Le futur roi Frédéric-Guillaume Ier.
2. L'archiduc Charles, plus tard empereur.
3. La princesse d'Ansbach avait refusé l'archiduc pour n'avoir pas à se faire catholique.

conté l'autre jour l'histoire suivante qu'il tient d'un chevalier de Clermont, lequel a longtemps navigué sur un vaisseau portugais. Une fois il s'éleva une grande tempête ; le capitaine courut à son bahut, en retira une poupée qu'il plaça entre deux cierges dans une niche et la supplia — c'était saint Antoine — de toutes les forces de son âme de mettre fin à la tempête. Celle-ci n'en continua pas moins. « Hâtez-vous, dit alors le capitaine au saint, ou bien vous vous en trouverez mal. » Le temps ne se mettait toujours pas au beau. Il fit chercher des menottes et les mit aux pieds du petit saint. Cela non plus ne servit de rien. Alors il prit une corde, la lui noua autour du corps et le suspendit au-dessus de l'eau, tout près du niveau. Il appela un Turc, lui ordonna de brandir son sabre, mais de ne couper la corde que sur un signe qu'il lui ferait. Enfin alors le temps se rasséréna. Le capitaine hissa le saint et dit au chevalier : « Vous auttres François vous vous moquez de nos manières, mais je vous assure qu'il y a des saints qui veullent estre menasses et chasties, sans cela jls ne font rien qui vaille... »

Versailles, le 16 novembre 1704.

... On voit bien que tout en ce monde est ordonné par le destin, car si la princesse avait dû se faire catholique, le père Urbain n'eût pas dépensé son éloquence en pure perte ; mais quand le destin en a décidé autrement, toute l'éloquence du monde n'y fait rien. Si le père Urbain pouvait croire cela, il se consolerait aisément de son échec. Mais c'est là l'opinion des jansénistes : il faut donc absolument que les Jésuites croient le contraire...

Vous dites que Dieu aime la variété en tout. C'est ce que répondit aussi le roi de Siam à l'ambassadeur de notre roi qui le pressait de se faire chrétien et catholique. « Je crois, dit-il, que la religion de votre roi est bonne, mais si Dieu ne voulait être honoré que par une religion unique, il n'en aurait mis qu'une dans le monde; du moment qu'il y en a un grand nombre, c'est signe qu'il veut qu'on lui rende un culte multiple : votre roi donc fait bien de garder sa foi, comme moi la mienne... On n'a pas trop su que répondre à cela.

Versailles, le 20 novembre 1704.

... Si l'archiduc pouvait parler lui-même à la princesse il ferait disparaître chez elle bien des scrupules que le père Urbain n'a pu lui enlever et les choses se passeraient comme dans *Atys*[1] où l'on chante : « On ne peust refusser son Cœur a de beaux yeux qui le demandent. » Quand une fois le cœur est pris, la tête, la main, et tout le reste suit facilement. Mais n'avoir tout le jour devant les yeux qu'un noir porte-froc qui vous parle de l'autre monde, que nous ne connaissons pas, cela ne touche pas le cœur.

1. Opéra de Lulli et Quinault.

A LA RAUGRAVE LOUISE.

Marly, le 13 décembre 1704.

...Il y a longtemps que je sais que Landau s'est rendu. Je l'ai appris par ma fille avant même que notre roi en eût été informé, mais je n'ai pas voulu le dire : je ne divulgue pas volontiers les mauvaises nouvelles...

Il faut que milord Marlborough ait bien changé : il y a vingt-quatre ans, c'était un des plus beaux hommes qu'il fût possible de voir...

A LA RAUGRAVE AMÉLIE-ÉLISABETH.

Marly, le 13 décembre 1704.

...A la guerre le proverbe « chacun à son tour » trouve son emploi. Les Français pendant longtemps ont battu Anglais et Hollandais ; maintenant c'est à eux d'être battus. Certainement le temps reviendra où ils seront de nouveau victorieux...

A LA DUCHESSE DE HANOVRE.

Marly, le 14 décembre 1704.

...Il y a bien des superstitieux ici... Je suis persuadée que quand le duc de Bourgogne arrivera au gouvernement, la bigoterie aura le dessus. C'est inouï qu'un homme de l'âge du duc soit dévot à ce point. Il ne voit plus de comédies, il ne veut plus entendre parler d'opéras, il fait des chants religieux sur les airs des plus beaux opéras pour pouvoir les chanter ; il communie tous les dimanches et fêtes et jeûne que c'est pitié à voir, aussi est-il maigre comme un garrot... Mme de Maintenon n'est pas bien, on ne voit donc partout que des mines allongées...

Versailles, le 21 décembre 1704.

... Je n'oublie pas mes cantiques luthériens : je les chante quelquefois dans ma chambre. Aujourd'hui je ne dormirai pas au sermon : je n'y vais pas à cause de ma toux...

Versailles, le 28 décembre 1704.

... Le roi n'a dans son potager aucun fruit exotique, mais il a de bon fruit du pays. Je n'ai jamais vu d'ananas crus, je n'en ai vu que des confits...

Ce doit être une grande mortification pour Tallart d'arriver en vaincu dans un pays où, il y a quelques années, il a brillé comme ambassadeur[1]. Il peut dire avec Mascarille : « J'étais César, me voilà Pompée... »

Versailles, le 31 décembre 1704.

... Les gens qui connaissent l'électeur de Bavière prétendent qu'il ne songe nullement à devenir roi de Hongrie ; il n'a d'autre ambition que d'obtenir la paix, de chasser et de jouer de la basse de viole...

---

1. A Londres.

Le roi est resté fidèle à la bonne habitude qu'il a de m'envoyer [1] deux sacs avec mille petites pistoles qui boucheront bien des trous et serviront à payer mes dettes...

Versailles, le 3 janvier 1705.

Avant-hier on m'a raconté toute sorte de choses, entre autres une histoire véridique que je trouvai gentille : cela s'est passé du temps du duc de Luxembourg, alors qu'il commandait l'armée du roi. Il avait fait défense expresse, en Flandre, de rien prendre aux paysans. Il entre par hasard dans un jardin et trouve un soldat qui coupe des choux. M. de Luxembourg se fâche, prend sa canne et roue de coups le soldat. Celui-ci ne cesse de crier : « eh ! Mgr., ne me battez pas tant, je vous en feres respantir en peu de jours. » M. de Luxembourg se fâche davantage encore et continue à le battre jusqu'à ce qu'il en fût las, et le soldat de dire constamment : « je vous en feres respantir. » A quelques jours de là, à un assaut, l'on vient prévenir le duc qu'un soldat s'est distingué outre mesure et a accompli des actions vraiment incroyables et dignes d'un héros romain. Le général eut envie de voir le soldat qui s'était si bien comporté et tellement distingué et le fit chercher. Le soldat vient, se met à rire et dit : « Vous souvenez vous bien comme vous m'avez battu pour des choux je vous ay menacé de vous en faire respentir, he bien advouez pressentement que vous vous respenter de m'avoir

---

1. Au nouvel an.

battus, et voilà Comme un honneste Soldat se venge de son général. » Cela est charmant, à mon avis...

... Hier le roi vint me voir. Je le remerciai humblement des deux mille pistoles qu'il m'avait fait la grâce de m'envoyer. Il me dit très poliment qu'il avait fait exprès de ne pas me venir voir le jour de l'an même, de peur que je ne crusse qu'il venait pour recevoir mes remerciements. Il faut dire la vérité : personne en France n'est aussi poli et agréable que le roi. Quand il est affable, on l'aime de tout cœur...

Versailles, le 11 janvier 1705.

... Je connais le prince Eugène encore mieux que le prince Louis. Celui-ci a le nez trop long, l'autre l'a trop court. Quoique cousins-germains, ils ne se ressemblent pas du tout... Le prince Eugène avait assez envie d'entrer dans les ordres. Si notre roi lui avait donné une abbaye ou seulement une pension de deux mille écus, il aurait pris le froc et serait resté ici...

On ne peut pas se faire une idée de la dévotion du duc de Bourgogne. Ce n'est pas de l'hypocrisie, cela part du cœur; mais il est de complexion mélancolique, il rêve constamment...

A LA RAUGRAVE AMÉLIE-ÉLISABETH.

Marly, le 28 janvier 1705.

Bien chère Amelise, s'il est vrai que j'ai écrit une lettre philosophique, il en a été de moi comme de

M. Jourdain qui fait de la prose sans le savoir. Mme de Brégis, une femme qui avait bien de l'esprit — elle est morte il y a treize ans — avait coutume de dire : « Nous vainquons ce qui est plus faible que nous, mais ce qu'il y a de plus fort nous surmonte. » Jamais, disait-elle, elle n'avait vu les choses se passer autrement, mais l'amour-propre fait croire aux hommes qu'ils ont triomphé de leurs passions et de leurs transports...

Du moment que vous trouvez que tout en ce monde mérite qu'on en rie, vous êtes de la secte de Démocrite...

... Ici les cavaliers boiraient tout aussi bien avec les femmes de chambre qu'avec les demoiselles nobles, pourvu qu'elles fussent coquettes. Elles aiment à boire aussi, mais, à dire vrai, ce ne sont pas les servantes qui s'enivrent ici, mais bien les gens de très haute lignée...

Il me semble que Mme de Bellemond est d'un âge où elle pourrait se passer de mascarades. J'ai entendu dire que l'oncle Robert[1] l'avait trompée en lui faisant croire qu'il l'épousait. Il a, dit-on, déguisé son valet de chambre en ministre et c'est de cette façon qu'ils ont été mariés. Elle était fort jeune alors, et l'oncle logeait dans la maison de son père...

Marly, le 29 janvier 1705.

... La reine d'Angleterre voulait partir pour Chaillot. Elle y veut passer quelques jours, car c'est aujour-

---

1. Le comte palatin Robert, neveu de Charles Ier d'Angleterre et son général pendant les guerres de la Révolution.

d'hui la fête au couvent de Saint-François de Sales. Je n'aurais guère confiance en ce saint, sachant ce que le maréchal de Villeroy, le père, qui avait été très lié avec lui, avait coutume de dire : « Mons. de Salle estoit fort mon amis, il est devenu un grand saint, mais c'était le plus sot homme du monde... »

Après le souper, il y a eu bal, mais je n'y suis pas restée; le temps m'a tellement duré à ne voir danser que des menuets... que je suis allée me coucher... me disant à part moi que c'était sans doute à la prière des dévotes qu'on n'avait dansé que des menuets, pour que cela les fît penser à l'éternité...

A LA RAUGRAVE LOUISE.

Versailles, le 14 février 1705.

... Je ne saurais vous dire combien j'ai été saisie à la nouvelle de la terrible perte que nous avons éprouvée tous en la personne de notre chère reine de Prusse. Les yeux me font mal au point que je ne peux plus les ouvrir, la tête tout autant, car depuis ce matin à onze heures et quart jusqu'à présent — il n'est pas loin de cinq heures — je n'ai fait que pleurer. Je ne peux penser à l'état de ma tante sans frayeur et je la plains tellement que j'en ai le cœur brisé... Pourquoi Dieu ne m'a-t-il pas enlevée plutôt que cette chère reine qui pendant longtemps encore aurait pu être la joie et la consolation de ma tante, tandis que moi je ne suis bonne à rien et ai vécu assez longtemps? Mais il faut bien vouloir ce que Dieu veut et se résigner à sa sainte volonté...

Marly, le 19 février 1705.

... C'est une misère, la façon dont on en agit avec les lettres. Du temps de M. de Louvois, on les lisait comme maintenant, mais au moins on vous les remettait au moment voulu. Mais depuis que ce petit crapaud de Torcy a la poste dans son département, il vous agace horriblement avec les lettres, et jamais je n'étais si impatiente d'en recevoir de Hanovre.

A LA RAUGRAVE AMÉLIE-ÉLISABETH.

Versailles, le 5 mars 1705.

... Depuis la mort de feu Monsieur, rien ne m'a causé une telle frayeur que la mort subite de cette belle reine : je l'ai pleurée du fond du cœur. Certes, chère Amelise, cela vous porte à moraliser... Cela me rappelle le chant luthérien d'enterrement que je chantai souvent étant à Hanovre :

> Aujourd'hui nous sommes beaux, bien portants, forts,
> Et demain! dans le cercueil étendus morts!...

Versailles, le 7 mars 1705.

... Le roi de Prusse n'est pas laid; j'ai son portrait. Je crois comme vous qu'il se remariera; sans doute il épousera la reine douairière de Suède...

Ç'a dû être un bien savant homme que celui qui a tiré l'horoscope de la reine de Prusse...

A LA DUCHESSE DE HANOVRE.

Versailles, le 8 mars 1705.

... La feue reine avait conquis l'affection et l'estime de tout le monde ; soyez donc persuadée que sa gloire durera éternellement. Mais si avec son mauvais estomac elle avait vécu plus longtemps, elle serait devenue valétudinaire et misérable et n'aurait eu que souffrances à endurer, tandis que maintenant elle est libre de toute douleur et (comme nous devons le croire en notre qualité de chrétiens) en possession de la béatitude éternelle. Vous dites que cette reine a passé comme une fleur ; c'est là l'idée que Quineau[1] aussi met dans la bouche de Cibelle[2] lorsqu'elle exhale sa douleur de la mort d'Athis[3] :

> Athis au printemps de son âge
> Périt comme une fleur
> Qu'un soudain orage
> Renverse et ravage.

A LA RAUGRAVE LOUISE.

Versailles, le 8 mars 1705.

... Je puis bien vivre en bonne santé ; mais pour vivre heureuse, c'est une autre affaire. Je suis tellement faite à la tristesse, qu'elle me nuit moins qu'à

1. Quinault.
2. Cybèle.
3. Atys.

d'autres; pour moi, il en a été du chagrin comme pour Mithridate du poison...

A LA RAUGRAVE AMÉLIE-ÉLISABETH.

Versailles, le 26 mars 1705.

... Il m'a fallu répondre à deux grandes lettres de la reine d'Espagne. Une chose fort désagréable m'est arrivée avec cette réponse. J'avais déjà rempli quatre feuillets et j'allais commencer le cinquième lorsque je m'aperçus que j'avais oublié *le respect* et commencé trop haut. Il m'a donc fallu recopier les quatre feuillets...

On a fort bien fait d'envoyer trois savants à ma tante pour qu'ils lui débitent quelque chose qui pût détourner ses pensées de la lugubre cérémonie, quand on enleva le corps de la reine [1]...

A LA RAUGRAVE LOUISE.

Versailles, le 8 avril 1705.

... L'urticaire n'est pas une maladie d'enfants; je l'ai eue il y a quatre ans, mais je n'ai employé d'autre remède que de prendre une bonne prise de la poudre de milady Kent et de transpirer ferme, et le lendemain j'étais de nouveau sur pied... Depuis quelques années déjà cette maladie est en vogue et fort à la

---

1. De Prusse, morte auprès de sa mère, à Hanovre.

mode. Mais elle ne préserve de rien, car dans la même année j'eus une fièvre tierce pendant deux mois...

A LA DUCHESSE DE HANOVRE.

Versailles, le 12 avril 1705.

.. De ce très long cantique : « O homme, pleure tes grands péchés, » je sais encore une demi-douzaine de strophes au moins, et la mélodie parfaitement aussi. Il est pourtant plus agréable de chanter soi-même avec les autres que d'être obligée d'écouter piailler en une langue qu'on ne comprend pas du tout. C'est là une chose fort désagréable, surtout quand ça dure trois heures !

A LA RAUGRAVE AMÉLIE-ÉLISABETH.

Marly, le 18 avril 1705.

... Vous aurez appris par ma tante pourquoi nous sommes ici et comme quoi le pauvre petit duc de Bretagne est mort lundi dernier. Je crois fermement que les médecins ont expédié le pauvre petit prince dans l'autre monde avec leurs saignées et leur émétique. Mais personne ne me veut croire ici ; c'est pourquoi je laisse chacun penser ce qu'il lui plaît, et moi je garde mon opinion à moi...

Je ne manque jamais de lire la Bible. Hier, j'ai lu les psaumes LIV et LV, le quatorzième et le quinzième chapitre de l'évangile selon saint Mathieu, le troisième et le quatrième de saint Jean, parce qu'il m'a fallu lire pour aujourd'hui et demain; ce matin je n'aurais pas pu m'en acquitter, vu que nous avons été courre le cerf...

A LA RAUGRAVE LOUISE.

Marly, le 25 avril 1705.

Il n'y a rien d'étonnant à ce que Laeke[1] ait battu Pointis[2] : celui-ci a dû se battre avec cinq navires contre trente-cinq. Laeke n'a pas à en tirer vanité; un plus maladroit que lui aurait pu en faire autant...

A LA RAUGRAVE AMÉLIE-ÉLISABETH.

Marly, le 25 avril 1705.

... Je voudrais savoir quel cantique on a chanté à l'église luthérienne quand vous y êtes allée. Je ne sais si ma tante vous l'a dit; mais mon fils a découvert que la mélodie : *Von Gott will ich nicht lassen*[3], est une entrée de ballet du temps de Charles VII... Je n'ai pas fait maigre pendant le carême; je ne le supporte pas...

---

1. Leak, amiral anglais.
2. Pointis.
3. Je ne me séparerai pas de Dieu.

A LA RAUGRAVE LOUISE.

Marly, le 2 mai 1705.

... Quand je choisis mon médecin, je le prévins qu'il ne devait pas s'attendre à une obéissance aveugle de ma part; je lui permettrais de dire son opinion, mais non de se fâcher si je ne la suivais pas chaque fois. Ma santé et mon corps étant à moi, j'entends, lui dis-je, les gouverner à ma guise...

Marly, le 10 mai 1705.

... Le jeu d'échecs est bien ce qu'il faut à l'électeur de Brunswick : on ne fait que réfléchir et on ne parle pas en y jouant...

Les saignées faites au duc de Bretagne ont eu un résultat funeste. Ici on tire du sang aux enfants à trois mois...

A LA RAUGRAVE AMÉLIE-ÉLISABETH.

Versailles, le 13 mai 1705.

... J'ai entendu dire que l'empereur[1] ne couchait plus avec sa femme. Mais de cette façon elle ne pourra pas avoir de fils! Cela se voit souvent que les hommes débauchés ont peu d'enfants. Un médecin d'ici, à qui l'on demandait pourquoi les enfants de la reine n'é-

---

1. Léopold. Il venait de mourir, le 5 mai.

taient pas sains, répondit : « C'est que le roy n'aporte que la rinsure de ces veres à la reine... »

A LA DUCHESSE DE HANOVRE.

Versailles, le 4 juin 1705.

Quand nous étions à Strasbourg au moment où je dus partir pour la France, le père Jourdan, qui dans la suite devint mon confesseur, y était aussi : il portait les habits et la perruque du marquis de Béthune. En ce temps-là c'était la mode — ce ne l'est plus maintenant — que tous les ecclésiastiques, évêques, archevêques et abbés fussent de tout et se trouvassent partout, parlant de tout comme auraient pu faire les gens du monde, tandis que présentement ils ne vont plus au spectacle, ils ne jouent plus et qu'on les voit rarement se mêler à la conversation...

A LA RAUGRAVE LOUISE.

Versailles, le 11 juin 1705.

... Ma toux disparaît sans que je fasse autre chose que de boire de l'eau la nuit et de mettre sous la langue un peu de cachou indien que Mlle de Malauze m'a envoyé...

Je vous assure, chère Louise, que des gens qui n'ont pas le moins du monde de parti pris contre les camisards m'ont juré qu'ils ont commis des atrocités.

Mais il m'est défendu de raisonner de choses touchant la religion...

A LA RAUGRAVE AMÉLIE-ÉLISABETH.

Versailles, le 18 juin 1705.

... On ne m'a jamais grondée de ce que je dormais à l'église; j'en ai donc tellement pris l'habitude, que je ne puis plus m'en défaire... Je crois que le diable ne s'en moque pas mal que je dorme ou non, car de dormir c'est chose indifférente; ce n'est pas un péché, mais simplement une faiblesse humaine...

A LA DUCHESSE DE HANOVRE.

Trianon, le 21 juin 1705.

... Je suis fort bien logée ici... Le cabinet où je vous écris a vue sur les sources. On appelle ainsi un petit bois où le soleil ne peut pénétrer en plein midi; il y a plus de cinquante fontaines formant de petits ruisseaux; le tout est *en pante*. Voilà une chose que je ne saurais dire en allemand...

Ce n'est qu'avec les enfants qui n'ont pas encore perdu leur innocence que les génies s'entretiennent, à ce qu'on prétend. Car, quand Mme de Nevers apprit que Mme de Montespan était accouchée de Mme la duchesse, c'était un enfant qui regardait dans un verre et disait tout ce qui se passait à Tournay dans la chambre de Mme de Montespan, et Mme de Nevers était à Paris...

Marly, ce jeudi 9 juillet 1705.

... Que je vous dise l'invention qu'on a faite à Paris pour expliquer pourquoi mylord Malborough n'a pas livré bataille au maréchal de Villars. On dit qu'il aime beaucoup consulter devins et diseuses de bonne aventure. Or il y en avait une à Frankfort qui jouissait d'une grande réputation. Il la fit venir et la retourna en tous sens pour savoir s'il serait heureux dans cette campagne. Elle doit lui avoir dit que la fortune lui serait favorable pourvu qu'il se gardât d'une chose, à savoir de livrer bataille à un général qui porterait à l'épée des rubans donnés par une belle princesse. Là-dessus, il aurait envoyé des espions à l'armée de Villars pour voir s'il avait un flot de rubans à l'épée. Ils s'en revinrent, disant qu'il n'en portait pas. Tout fut donc préparé en vue de la bataille. Mais, le lendemain, mylord Marlborough envoya de nouveau un espion au camp français qui vint lui dire que maintenant Villars avait des rubans à l'épée. Incontinent d'autres furent expédiés pour savoir de qui il les tenait, et son valet de chambre déclara qu'ils lui venaient de la princesse de Conti. Immédiatement le mylord déguerpit sans songer davantage à livrer bataille. Si les gens de Villars avaient su le fin de la chose, ils auraient pu me nommer au lieu de la princesse de Conti, et alors, grâce à cette supercherie, mylord eût été battu selon la prophétie. Je ne comprends pas comment on peut inventer de pareils contes...

Marly, ce jeudi 16 juillet 1705.

... A M. de Louvois aussi il doit être arrivé une chose qui l'a porté à croire aveuglément aux génies. Il avait appris qu'un major s'entendait fort bien à les évoquer dans un verre d'eau. Il ne voulut d'abord pas le croire et rit de tout ce qu'on lui en disait. On s'offrit à le lui faire voir et entendre. En ce temps-là, il était amoureux de Mme Dufrénoy, et ce matin-là même, étant tout seul chez elle, il lui avait pris un bracelet d'émeraudes pour qu'elle en fût en peine et le cherchât partout. Personne ne l'avait vu, personne donc ne pouvait savoir la chose. Il en venait justement et fit faire l'évocation. L'enfant qui regardait dans le verre d'eau, et auquel M. de Louvois dit de demander à l'esprit à quoi il pensait, répondit qu'il pensait sans aucun doute à une fort belle dame, portant telle et telle toilette, et cherchant partout un objet en grande angoisse. « Demandez-lui ce qu'elle cherche, dit-il. — Un bracelet d'émeraudes, répondit l'enfant. — Que l'esprit, reprit M. de Louvois, fasse apparaître celui qui l'a pris et lui fasse dire ce qu'il en a fait. » L'enfant soudain se mit à rire. « Mais je le vois, cet homme, dit-il, il est habillé comme vous, il vous ressemble comme deux gouttes d'eau, il enlève le bracelet de la toilette de la dame, et le met en poche, avec une boîte en or. » Ce qu'entendant, M. de Louvois devient pâle comme la mort ; il tire la boîte de sa poche, et depuis lors il a tout cru, il a cru aux sorciers, aux diseuses de bonne aventure et à toute l'espèce...

Marly, le 30 juillet 1705.

... D'après tout ce que j'entends dire et vois, il faut que M. de Leibnitz ait une haute intelligence qui lui permet d'être d'un commerce agréable. Il est rare que les savants soient propres, qu'ils ne sentent pas mauvais et qu'ils entendent raillerie...

Marly, le 2 août 1705.

... On ne sait plus du tout qui on est : quand le roi se promène, tout le monde se couvre ; la duchesse de Bourgogne va-t-elle se promener, eh bien, elle donne le bras à une dame et les autres marchent à côté. On ne voit donc plus qui elle est. Ici, au salon et à Trianon, dans la galerie, tous les hommes sont assis devant M. le Dauphin et Mme la duchesse de Bourgogne ; quelques-uns même sont étendus tout de leur long sur les canapés. Jusqu'aux frotteurs, qui jouent aux dames dans cette galerie. J'ai grand'peine à m'habituer à cette confusion : on ne se fait pas d'idée comme tout est présentement, cela ne ressemble plus du tout à une cour...

A LA RAUGRAVE AMÉLIE-ÉLISABETH.

Marly, le 6 août 1705.

... Je fus hier à Saint-Germain pour faire une visite à la famille royale. En rentrant, je dus changer de chemise, de robe, bref tous mes chiffons y passèrent, je dus me laver la figure, tellement il y avait eu de la poussière : j'étais comme couverte d'un masque gris. Un marinier m'a dit qu'il ne fait pas plus chaud aux Indes.

Depuis plus de deux mois, il n'a pas plu; les feuilles des arbres sont grillées, c'est quelque chose d'inouï.

... La plupart des femmes sont du même acabit, en particulier celles qui étaient coquettes et débauchées. Quand elles ne sont plus d'âge à avoir des amants, elles deviennent dévotes, pour le moins elles s'en donnent l'air : c'est alors que d'ordinaire elles sont fort dangereuses; elles deviennent envieuses et ne peuvent plus souffrir personne...

Fontainebleau, le 30 septembre 1705.

... Je ne peux nier qu'on ne dit guère de bien du collège des jésuites; mais là, comme ailleurs, il n'y a que ceux qui sont débauchés qui courent des dangers... De lire la Bible cela n'y fait rien. Ruffigny, l'un des anciens du temple de Charenton, était un des pires de la clique; lui et son frère La Caillemotte étaient réformés et lisaient toujours la Bible, et ils faisaient pis que n'importe qui... Ils entendaient fort bien raillerie quand on les plaisantait à ce sujet...

Fontainebleau, le 7 octobre 1705.

... Je suis bien de votre avis : il vaut mieux bâtir des hôpitaux que de pomponner des reliques, et je crois que les saints eux-mêmes l'approuveraient davantage. Mais si le pape veut payer très cher ces reliques[1] à l'électeur, celui-ci ferait bien de les envoyer

---

1. Rapportées de Terre-Sainte par Henri le Lion en 1879. Elles se trouvent encore à l'heure qu'il est à Hanovre, dans la chapelle du château royal.

à Rome. Si les prêtres font des bêtises avec, c'est tant pis pour eux, cela ne le regarde en rien, lui...

Marly, le 5 novembre 1705.

... Molière a fait de jolies comédies, mais je crois, comme vous, que le *Tartuffe* est la meilleure. Le *Misanthrope* est bon aussi, ainsi que les *Femmes savantes*. Pour prendre plaisir à *Pourceaugnac* et à *Monsieur Jourdain,* il faut mieux connaître ce pays-ci, et Paris en particulier, que vous ne le connaissez...

A LA DUCHESSE DE HANOVRE.

Marly, le 8 novembre 1705.

... Sapho a dû certes être folle, malgré tout son art, de se tuer par amour pour Phaon. Mlle de Scudéry ne voulait, je pense, lui ressembler que sous le rapport de la science, car elle a toujours été vertueuse. L'amour de M. Pélisson n'a pas été le moins du monde un déshonneur pour elle. C'était un homme affreusement laid, il avait le visage carré, tout couturé de la petite vérole, c'étaient des plaques blanches sur fond jaune, les yeux rouges, éraillés... et coulant toujours, la bouche allant d'une oreille à l'autre, d'épaisses lèvres tout à fait blanches, les dents noires... Vous voyez bien qu'avec un tel homme Mlle de Scudéry pouvait avoir ces relations sans scandale. La taille non plus n'était pas belle, car il avait de larges épaules, pas de cou, pas de mollets... C'était un vrai monstre, mais fort intelligent et très savant...

A LA RAUGRAVE AMÉLIE-ÉLISABETH.

Versailles, le 9 décembre 1705.

... La *Mort de Pompée* est une belle pièce et le *Baron de la Crasse*[1] est fort amusant. Le lever du roi y est dépeint d'après nature... Si l'on gouvernait les passions comme dans les comédies sérieuses de Corneille, elles seraient plutôt louables que damnables. A l'église, on vous enseigne d'une façon désagréable comment la vertu est récompensée et le vice puni, mais, dans les comédies, on vous le montre d'une manière divertissante. Entendre une heure durant un gaillard, qu'il n'est pas permis de contredire, crier dans sa chaire, cela est peut-être utile, mais cela manque d'agrément...

A LA RAUGRAVE LOUISE.

Versailles, le 29 décembre 1705.

... Je vous remercie des emplâtres de Nuremberg que vous m'avez envoyés. Je voudrais qu'on mît avec un papier imprimé portant dans quels cas il faut les employer. Vous ne m'écrivez pas ce qu'ils coûtent. On m'en demande encore, ayez donc l'obligeance de m'en envoyer de nouveau et des meilleurs...

1. Comédie de Poisson.

A LA DUCHESSE DE HANOVRE.

Versailles, le 4 février 1706.

... Mon fils n'est pas tout à fait de l'avis de M. Leibnitz ; car il prétend que l'*unité* se trouve en Dieu seul. Il a essayé de me le faire entendre, mais, j'avoue mon ignorance, je n'en comprends pas le premier mot. Il sait un peu plus de choses que ne savent d'ordinaire les gens de son espèce. Aussi est-il dix fois mieux quand il dit des choses sérieuses que quand il veut faire le bouffon...

Versailles, le 7 février 1706.

... Hier matin, à quatre heures, est mort le cardinal de Coislin, premier aumônier du roi. Depuis le malheur du cardinal de Bouillon, il exerçait la charge de grand aumônier. Le roi va la donner au cardinal de Janson, qui revient de Rome. Le bon cardinal de Coislin est regretté de tout le monde. C'était un brave homme et poli ; jamais il ne s'est trouvé mêlé à aucune intrigue ; il était charitable outre mesure...

A LA RAUGRAVE LOUISE.

Versailles, le 11 février 1706.

... Le café n'est pas aussi nécessaire aux ministres réformés qu'aux curés catholiques. Ceux-ci ne peuvent se marier, et le café, dit-on, rend chaste. Tous les jours, je frotte mon pied [1] avec de l'huile de M. Altoviti. Tous les autres remèdes que j'ai employés sont inoffensifs, entre autres l'huile d'Iverne, du vin chaud dans lequel on a fait cuire des roses rouges et d'autres herbes, du sel dans de l'eau...

Je ne peux boire ni thé, ni café, ni chocolat...

A LA RAUGRAVE AMÉLIE-ÉLISABETH.

Versailles, ce mercredi 17 mars 1706.

... Vous avez raison de trouver que le *Grondeur M. Grichard* est une gentille pièce. Mais il faut que ce soit bien joué. L'original du *Grondeur* est un médecin qui s'appelait M. Lebel et qui, dans le temps, était mon docteur...

C'est un comte et non un marquis de Furstemberg que vous avez à Hanovre présentement... Sa mère, la comtesse de Furstemberg, habite ses terres en France. Elle n'est plus galante à cette heure, mais elle l'a été considérablement. Je crois qu'il lui serait difficile de nommer les pères de ses enfants. L'aîné ressemble plus au cardinal [2] que le plus jeune qui est à Hanovre... Cela est parfaitement vrai qu'il a eu un duel, c'est à cause de cela qu'il a dû quitter le pays...

---

1. Madame s'était foulé le pied.
2. De Furstemberg.

A LA DUCHESSE DE HANOVRE.

Versailles, le 25 mars 1706.

... Au temps jadis, le jeu de la fève donnait un grand privilège aux demoiselles de la cour. Le roi a aboli la chose, mais sous Louis XIII encore, quand l'une d'elles avait la fève et était reine, elle disposait de toutes les charges — n'importe lesquelles — qui devenaient vacantes dans les vingt-quatre heures, et quand il n'y en avait pas de vacantes, elle demandait des grâces au roi qu'il était obligé de lui accorder...

A LA RAUGRAVE AMÉLIE-ÉLISABETH.

Versailles, le 31 mars 1706.

... Pour ce qui est des comédies, on en joue à la cour et à Paris jusqu'à la semaine qui précède la semaine sainte; c'est ainsi qu'il y a huit jours toutes les comédies et tous les spectacles ont cessé à Paris, où l'on recommencera le lundi de la Quasimodo; mais à la cour le spectacle ne reprendra qu'en automne, à Fontainebleau...

Versailles, le 11 avril 1706.

... Vous êtes bien dévote de ne pas sortir le dimanche, mais, moi, je tiens les visites pour plus dangereuses que la comédie, car, quand on se visite, il est difficile de ne pas parler du prochain; ce qui est un plus gros péché que d'assister à la comédie. Je n'approuverais pas qu'on allât au spectacle au lieu d'aller à l'église, mais une fois qu'on s'estime en règle avec le bon Dieu, je trouve le spectacle moins dangereux pour la conscience que la conversation...

A LA RAUGRAVE LOUISE.

Versailles, le 11 avril 1706.

... Nous allons voir tantôt ici une princesse de Tarente qui ne ressemble en rien à celle que vous avez connue. La grand'mère de celle dont je vous parle a été une mauvaise petite femme de chambre chez une simple dame. J'en ai dit vertement ma façon de penser à mon cousin de La Trémoille [1]. « Mais, me répond-il, c'est l'usage en France de n'attacher nulle importance aux quartiers de noblesse; j'ai beaucoup de dettes, il me faut donc de l'argent, et Mlle de Lafayette est très riche... »

A LA RAUGRAVE AMÉLIE-ÉLISABETH.

Marly, le 13 mai 1706.

... Dans des carrosses étroits, rien n'est plus gênant que des *estrapontins*. Je vois qu'en voyage vous faites comme moi, vous dormez ferme.

... Qui est-ce qui était donc assis vis-à-vis de ma

---

1. Prince de Tarente.

tante, pour que vous ayez été sur l'*estrapontin?...*

... Il peut très bien se faire que le duc Antoine-Ulrich ait beaucoup d'argenterie française : pendant longtemps, il a été bon Français, il a dû recevoir force cadeaux alors...

A LA DUCHESSE DE HANOVRE.

Marly, le 16 mai 1706.

... Vous aurez sans doute appris que les armées du roi sont aussi heureuses en Allemagne qu'en Italie, qu'elles ont enlevé les lignes de Haguenau et de Drusenheim et qu'elles assiègent Landau. A Haguenau, la garnison, forte de 2,600 hommes, s'est rendue. Ce n'étaient que des Saxons. Les drapeaux sont arrivés hier, mais je ne les ai pu voir, aussi peu que les drapeaux brandebourgeois; on ne les montre que dans le sanctuaire, chez Mme de Maintenon, où les profanes comme moi n'entrent pas...

A LA RAUGRAVE AMÉLIE-ÉLISABETH.

Marly, le 20 mai 1706.

... Est-il possible que vous croyiez que notre roi d'Angleterre [1] soit un enfant supposé et non le fils de sa mère? Je gagerais ma tête qu'il n'en est rien! Premièrement il ressemble à Mme sa mère comme deux

---

1. Le prétendant Jacques Stuart.

gouttes d'eau ; secondement une dame qui ne voulait pas de bien du tout à la reine m'a raconté — simplement à l'honneur de la vérité — qu'elle avait assisté à la naissance exprès pour voir comment les choses se passeraient ; eh bien, elle a vu l'enfant attaché au cordon ombilical, et pour elle cela est hors de doute : il est le fils de sa mère.

A LA DUCHESSE DE HANOVRE.

Versailles, le 30 mai 1706.

... On a bien besoin de consolation, car jamais je n'ai passé un temps plus malheureux, depuis trente-cinq ans que je suis en France. Il ne se passe pas d'heure où il n'arrive une mauvaise nouvelle...

Le maréchal de Villars est *romanesque* dans toutes ses manières, mais il se bat mieux que le maréchal de Villeroy...

Vous saurez sans doute quelle tournure désastreuse les choses ont prise pour notre roi d'Espagne à Barcelone... Je ne sais de quelles amulettes l'archiduc[1] est couvert... mais ses meilleures reliques sont encore les Anglais et les Hollandais...

A LA RAUGRAVE LOUISE.

Versailles, le 3 juin 1706.

... On ne se soucie nullement de la poussière ici : pendant certain voyage, j'en ai vu une si forte qu'il

---

1. Son compétiteur.

était impossible de s'apercevoir dans les carrosses et cependant le roi ne donnait pas l'ordre aux cavaliers de cesser de galoper à côté...

... Je vous remercie des tablettes d'ardoise... Je les mets dans ma bibliothèque, car c'est inouï ce que j'ai perdu de livres. Maintenant, quand j'en prête, je les inscris, et quand on me les rapporte, je les efface...

A LA DUCHESSE DE HANOVRE.

Versailles, le 10 juin 1706.

... Le roi serait fort étonné si on lui disait que je sais toute la conversation qu'il a eue avec Cavalier[1]... Je trouve celui-ci bien téméraire d'avoir dit en face au roi d'où il tirait ses armes et ses munitions. Villars, sans doute, se sera engagé vis-à-vis de lui à plus que le roi ne lui avait permis de promettre...

A LA RAUGRAVE AMÉLIE-ÉLISABETH.

Marly, le 17 juin 1706.

... Quoique les cachets paraissent intacts, les lettres n'en sont pas plus en sûreté pour cela, car on s'entend fort bien à les ouvrir et à les refermer après; je connais la manière de s'y prendre, mon fils me l'a montrée. A toutes les cours, on est soupçonneux et on lit les lettres, à moins qu'un exprès ne vous les remette en mains propres...

---

1. Le chef des Camisards.

Le cérémonial de M. Halifax [1] ne conviendra pas à l'électeur, vu que cela entraîne à des dépenses...

A LA DUCHESSE DE HANOVRE.

Marly, le 20 juin 1706.

... La relation du siège à Barcelone, dont je vous remercie très humblement, est exacte en tous points, sauf pour ce qui est de la *vivacité* qu'on attribue à l'archiduc. Sauf votre respect, cela est faux : un Anglais qui s'appelle mylord Russell, qui a été fait prisonnier là-bas, raconte qu'on a traité le bon archiduc comme un enfant, le traînant d'une cave à l'autre pour le mettre à l'abri des bombes. Il est tout aussi enfant que notre roi d'Espagne, dit-il. Et, ajoute-il du ton le plus naturel, « ne sommes-nous tous pas bien sots de nous tuer pour ces deux benets de Roys [2] ».

Marly, le 24 juin 1706.

... Mon fils va en Italie pour y commander comme généralissime ; le duc de Vendôme va en Flandre. Le maréchal de Villeroy a écrit à Sa Majesté que, voyant bien qu'il était l'homme le plus malheureux du monde, il ne voulait pas exposer les troupes du roi à supporter les suites de son infortune, c'est pourquoi il le suppliait humblement de pouvoir quitter l'armée et de venir ici, et ensuite de cela on a fait les changements. Je ne peux vous écrire la joie de mon fils; il se tient plus

---

1. Envoyé d'Angleterre à Hanovre.
2. Ce mot est attribué aussi à mylord Peterborough.

droit et semble grandi de trois pouces. Il partira aujourd'hui en huit. J'aurais préféré qu'il commandât en Flandre, il connaît mieux le pays et c'est plus près : il aurait pu venir passer l'hiver ici, ce qui ne se peut faire en Italie... L'air de ce pays ne vaut rien pour les Français. Villeroy commandera sous mon fils et le maréchal de Marsin ira en Allemagne... Paris où mon fils est très aimé témoigne une grande joie de ce qu'il ait ce commandement. Mais c'est là une joie qui me causera bien des serrements de cœur...

Certes l'électeur de Bavière a raison de s'attrister, mais qu'allait-il faire dans cette galère? Je suis furieuse contre lui, car c'est lui qui est cause que mon fils ne va pas en Flandre...

A LA RAUGRAVE LOUISE.

Versailles, le 15 juillet 1706.

... Mon fils présentement est à la tête de son armée. Voilà mes soucis qui commencent... Les femmes françaises ne sont jamais aussi mal portantes qu'elles le prétendent, mais de se plaindre cela fait aller la conversation, je vois cela tous les jours...

A LA DUCHESSE DE HANOVRE.

Versailles, le 18 juillet 1706.

... Il faut que je vous conte l'affection qu'un Suisse au service du chancelier porte au roi. Étant tombé malade, il dit au docteur qui venait le voir : « Monsieur le docteur, il est inutile de prendre soin de moi, il faut que je meure et je veux mourir. » Le médecin vit qu'il y avait là de la mélancolie et l'exhorta, lui disant qu'il n'était pas permis de se donner la mort et qu'il devait lui raconter ce qu'il avait sur le cœur. « J'ai une telle affection pour le roi, répondit le Suisse, que, l'ayant toujours vu heureux, je ne peux endurer de le voir malheureux. — Il ne faut pas prendre les choses au tragique, répliqua le médecin ; tout n'est pas perdu, le roi lui-même a bon espoir... » Le Suisse écouta tout bien patiemment. Quand l'autre eut fini, il secoua la tête et poussa un gros soupir. « Avez-vous encore quelque chose sur le cœur? Confiez-le-moi donc! » Le Suisse répondit : « Moy ay encore deux bougres de maréchaux de France sur la poitrine qui m'estoufent qui sont le mareschal de Villeroy et cely de Tessé, si vous me les ostes, je moureres encore! » C'était bien parler, cela...

Versailles, le 15 août 1706.

... Ici l'on n'entend pas dire que M. de Vendôme soit mécontent de ses officiers. Le maréchal de Villeroy a présentement le bâton chez le roi. Il paraît tout à fait gai... Mon fils n'a fait aucune difficulté d'accepter son commandement. Quelque grand que soit le désordre qui règne dans son armée, il espère faire quelque chose avec...

A LA RAUGRAVE AMÉLIE-ÉLISABETH.

Marly, le 19 août 1706.

... Les Anglais se détestent entre eux, nous voyons bien cela à la cour de Saint-Germain, ils y sont tous comme chiens et chats... Il faut que ce soit le sort de notre sang que nous soyons toujours coiffées de travers. Quatre-vingt-dix-neuf fois sur cent je le suis, mais je m'en soucie comme d'un fétu...

Versailles, le 26 août 1706.

... Je n'ai jamais entendu parler du philosophe Spinosa. Était-ce un Espagnol? Car il me semble que c'est là un nom du pays...

... Ce n'est pas ma faute si les étoffes de Paris [1] n'arrivent pas à temps à Hanovre. Schultes est arrivé trop tard ; c'est un grossier personnage ; on voit bien à ses manières qu'il a été laquais. Je lui avais envoyé une des meilleures couturières pour faire les manteaux. Il l'a mise hors de chez lui par les épaules. Et, quand elle lui dit qu'elle venait de ma part : « Je n'ay point d'ordre à recevoir ici, répondit-il, ny à obéir à personne. » J'ai envoyé à ma tante la lettre de la couturière, dans laquelle elle se plaint de lui...

1. Pour le mariage de la princesse Sophie-Dorothée de Hanovre avec Frédéric-Guillaume, prince royal de Prusse.

Versailles, le 9 septembre 1706.

... Ma fille ne perd pas son temps : il y a huit ans qu'elle est mariée et la voilà grosse de son huitième enfant.

Avant-hier, j'ai pensé à vous, chère Amelise, car tous mes gens se sont mis à tirailler et à m'arranger ma coiffure... Quand je ne suis pas coiffée de travers, on m'en fait des compliments, mais cela arrive bien rarement. Vous me faites rire — quoique je n'en aie guère envie — d'écrire ampassade pour ambassade. On appelle ampassade [1] un sergent. Ce serait du propre, pour aller chercher la princesse électorale à Hanovre...

A LA DUCHESSE DE HANOVRE.

Versailles, le 12 septembre 1706.

... Mon fils a autre chose en tête que de vouloir faire la conquête des dames. C'est celle de Turin qu'il voudrait faire. Il prend la chose trop à cœur, car pour redonner du courage aux soldats démoralisés, il s'expose tellement que j'en frémis...

La duchesse de Bourgogne ne peut souffrir que le roi me parle. Jeudi dernier, après le souper, il me fit la grâce de vouloir me causer ; mais elle l'interrompit, lui disant bonnement de s'en aller, vu qu'elle se trouvait mal...

Le duc de Bourgogne raisonne bien des choses

---

1. Anspessade. Grade supprimé en 1776.

temporelles, mais non des choses spirituelles, car c'est un pénitent des jésuites, et ceux-ci enseignent qu'il ne faut jamais raisonner des choses de la religion...

Versailles, le 16 septembre 1706.

... Le jour où vous m'avez écrit votre dernière lettre est un jour de malheur pour moi, et cela parce que le maréchal de Marsin et les autres généraux n'ont pas voulu écouter mon fils. Il voulait, avec son armée, sortir des lignes et attaquer les ennemis. Les autres n'y ont point consenti et ont exhibé un ordre qui le leur interdisait. Malheureusement donc, mon fils a dû suivre leur maudit avis. Les ennemis ont attaqué les retranchements à un endroit que M. de La Feuillade avait omis de fortifier, parce qu'il y coulait deux rivières. Il avait oublié que, par ces chaleurs, elles sont à sec. L'ennemi les a franchies : 35,000 hommes contre 8,000. Ils ont forcé le passage, comme bien vous pensez, et ont débloqué Turin. Mon fils s'est défendu tant qu'il a pu : il est blessé en deux endroits... Son chirurgien m'écrit qu'il ne court aucun danger. Le maréchal de Marsin a payé de sa vie son mauvais conseil...

Versailles, le 28 septembre 1706.

... Le roi avait expressément ordonné à mon fils de ne rien faire sans prendre l'avis du maréchal de Marsin. Celui-ci était un homme timide qui n'osait rien entreprendre sans consulter Mme de Maintenon.

Or elle s'entend à la guerre comme mon chien Titi...
Quand alors un malheur arrive, elle hurle et pleure...

Versailles, le 29 septembre 1706, 11 h. du matin.

... La moitié des sommes qu'on reçoit sont en *billets de monnoye,* on perd un cinquième si l'on veut les changer contre de l'argent comptant... Le roi conserve une grande fermeté d'âme dans son malheur. La France et l'Espagne courent à leur perte, grâce à la rapacité de deux vieilles femmes, la princesse des Ursins, là-bas, et la Maintenon, ici...

Versailles, le 7 octobre 1706.

... Marsin n'avait pas d'ordre écrit du roi, mais mon fils en avait un verbal de ne pas s'opiniâtrer contre lui...

Si on avait exécuté les ordres de mon fils, l'ennemi eût été battu et Turin pris, car il n'y avait plus de vivres que pour un jour...

A LA RAUGRAVE LOUISE.

Versailles, le 28 octobre 1706.

... Il y a longtemps que je dis qu'on devrait faire se mesurer ensemble les deux rois d'Espagne. Le nôtre aurait l'avantage : il est fort, il a de terribles poings. Je trouverais cela plus conforme à la religion que de verser tant de sang chrétien...

A LA DUCHESSE DE HANOVRE.

Versailles, le 1ᵉʳ novembre 1706.

... Il n'y a pas d'insolence qu'on ne dise ou ne chante à Paris. Ils ont dit en peu de mots et plaisamment que Marsin et La Feuillade ont mal fait leur affaire à Turin. C'est sous forme d'épitaphe :

> A Turin,
> Gît Marcin
> Et le bâton du Feuilladin.

Pour bien comprendre le dernier vers, il faut que vous sachiez que M. de Chamillart est un brave et honnête homme, mais qui se laisse mâter par son gendre La Feuillade. Celui-ci a de l'esprit, mais il n'en est pas moins fou, si bien que le prince d'Elbeuf le trouva un jour tout seul devant sa glace qui disait : « Je suis bien fait, les dames m'aiment. Allons feuilladin, feuilladin, la feuillade. » Et le nom de Feuilladin lui en est resté. Il s'était mis en tête qu'il prendrait Turin et deviendrait maréchal de France... Marsin était un grand courtisan, caressant toujours les gens en faveur. C'est pour cela qu'il était opposé à mon fils. Mais quand il vit que les choses prenaient une mauvaise tournure, il se fit tuer à dessein...

A LA RAUGRAVE AMÉLIE-ÉLISABETH

Marly, le 4 novembre 1706.

... On n'a pas tort, je crois, de penser que la Suède est l'alliée de la France, et voici pourquoi : on loue ici le jeune roi d'une façon inouïe. Certes il le mérite, mais ici on ne loue que ceux qu'on sait être de votre bord...

Ne pas faire de révérence, c'est montrer une fierté de manant; on se fait ainsi plus de tort à soi-même qu'aux autres, car plus haut on est placé, plus on doit être poli. Personne au monde n'est aussi poli que notre roi, mais ses enfants et petits-enfants ne le sont pas...

A LA RAUGRAVE LOUISE.

Versailles, le 2 décembre 1706.

... De ma vie je n'ai entendu parler de chose aussi honteuse que la paix qu'a signée le roi Auguste [1]. Il faut qu'il ait été fou ou ivre pour accepter ces articles. Je ne l'aurais jamais cru si lâche. J'en rougis pour notre nation...

---

1. La paix d'Altranstaedt, entre la Suède et la Saxe. Le roi Auguste dut livrer à Charles XII le Livonien Patkul, qui avait négocié l'alliance entre la Russie et la Saxe et était envoyé de Pierre le Grand à Dresde. Le roi le fit écarteler en 1707.

A LA RAUGRAVE AMÉLIE-ÉLISABETH.

Versailles, le 3 février 1707.

... Toute l'année je dîne seule, aussi me hâté-je autant que possible; il n'y a rien de plus ennuyeux que de manger seule en ayant autour de soi vingt gaillards qui vous regardent mâcher et comptent les bouchées; c'est pourquoi mon dîner, je l'expédie en moins d'une demi-heure. Le soir, je soupe avec le roi; nous sommes cinq ou six à table; chacun avale son affaire sans dire une parole, comme dans un couvent; tout au plus dit-on tout bas quelques mots à son voisin...

Marly, le 3 mars 1707.

... Ce qui nous rend tous si sérieux ici, ce sont les intrigues; on ne peut dire un mot sans qu'il en résulte une affaire. C'est ainsi qu'il y a un fou à Paris qui s'imagine pouvoir évoquer des esprits dans sa chambre. Mon fils a voulu se divertir avec lui, et immédiatement on a dit par la ville qu'il cherchait des devins qui lui dissent quand le roi mourra et cent autres impertinences de ce genre...

A LA RAUGRAVE LOUISE.

Marly, le 3 mars 1707.

... Il n'y a pas à s'étonner qu'à Hanovre on ne trouve plus la même humeur joyeuse qu'avant. L'Électeur est si froid qu'il change tout en glace. Ni son père ni son oncle n'étaient ainsi. Cela deviendra pis encore avec le temps, quand le prince électoral aura à dire quelque chose : celui-ci ne sait pas du tout ce qui convient à un personnage princier... Je voudrais pouvoir une fois lui dire franchement ma façon de penser...

A LA RAUGRAVE AMÉLIE-ÉLISABETH.

Versailles, le 27 mars 1707.

... Je vois que vous prenez mon fils pour un prince du sang. Mais il n'en est pas un. Son rang est celui de petit-fils de France; il est supérieur à celui des princes du sang et a plus de privilèges. Les petits-fils de France saluent les reines, s'asseyent devant elles, montent dans leurs carrosses : tout cela, les princes du sang ne le peuvent. Leurs domestiques ont certaines immunités et servent par quartier. Ils ont un premier écuyer, un premier aumônier, un premier maître-d'hôtel. Les princes du sang n'ont rien de tout cela, pas davantage des gardes du corps comme mon fils et des gardes suisses...

Je suis toujours bien aise d'entendre parler de ce qui se passe en Allemagne : je suis comme les vieux voituriers qui prennent plaisir à entendre claquer le fouet quand ils ne peuvent plus rouler sur les grandes routes...

A LA RAUGRAVE LOUISE.

Versailles, le 30 mars 1707.

... Ce qui me rend triste, c'est que mon pauvre fils va me faire ses adieux demain et qu'après-demain il part pour l'Espagne. Je ne le reverrai de toute une année, et encore n'est-ce pas sûr qu'il s'en tire la vie sauve; l'an dernier, il s'en est fallu de l'épaisseur d'un cheveu...

Ma tante me dit que la comtesse de Sintzendorff sait de belles histoires de revenants; j'aime bien en entendre raconter...

A LA RAUGRAVE AMÉLIE-ÉLISABETH.

Versailles, le 14 avril 1707.

... J'ai beaucoup entendu parler de la princesse de Hohenzollern. Elle est très galante, dit-on. Les personnes de cette espèce, tant qu'elles sont jeunes, on leur donne beaucoup d'argent; une fois qu'elles sont vieilles, ce sont elles qui se voient obligées d'en donner...

... Je ne sais si les livres de dévotion sont plus agréables en anglais qu'en allemand ou en français. Quant à moi, je les trouve tous ennuyeux, à l'exception de la Bible, dont je ne me lasse jamais...

A LA RAUGRAVE LOUISE.

Versailles, le 28 avril 1707.

… Chateauneuf m'a apporté l'autre jour les opéras et les médailles. Je vous en remercie bien. Mais vous eussiez dû m'envoyer aussi toutes celles qu'on a faites contre la France. C'est une série historique. J'ai les pires, celles qu'on a faites du temps du roi Guillaume. On ne vous en veut pas ici : le roi et les ministres eux-mêmes les ont…

Marly, le 19 mai 1707.

… L'électeur[1] se pique de n'être pas poli : on le voit bien à sa cour, car il n'y a pas de plus grand malotru que le jeune comte de Platen, son grand favori. S'il ne m'avait pas été tant recommandé par ma tante… je l'eusse fait mettre dans un endroit où il aurait eu le temps de faire des réflexions et d'apprendre à vivre, car il avait certes mérité la Bastille… Feu Monsieur valait bien cet électeur; eh bien, il n'a jamais manqué de visiter mes dames quand elles étaient malades, et non seulement les dames d'honneur, mais aussi les dames d'atour…

1. De Hanovre.

A LA DUCHESSE DE HANOVRE.

Marly, le 19 mai 1707.

... Il y a une heure, je reçus une lettre de mon fils. Elle commence par ces mots : « La ville et royaume de valance, Madame, est enfin soumis; c'est un agréable païs, plain d'orangers, de jasmins, de grenades, de toutte sorte de fruits, en vn mot bien différent de l'affreux païs par ou il a fallu passer pour y ariver, les Ennemis se sont retires à 9 lieues d'icy et s'en vont a Catalogne. Ainsi je croy ne pas trouver plus de dificulté a la reduction de l'Aragon... » Presque tous ses gens sont malades, je crains qu'il ne finisse par l'être aussi...

Marly, le 2 juin 1707.

... Quand mardi dernier on me réveilla, il venait d'arriver un premier valet de chambre de mon fils avec l'agréable nouvelle que la ville de Saragosse et tout le royaume d'Aragon s'étaient rendus à celui-ci. Ce qui me fait le plus de plaisir, c'est que les troupes ennemies étaient du double plus fortes que les siennes et qu'il y avait du canon dans la ville, tandis que lui n'en avait pas. Si ces troupes avaient tenu, elles lui eussent infligé une défaite. Mais quand il ordonna à ses hussards d'attaquer les quatorze escadrons, ceux-ci prirent peur et quatre bataillons d'infanterie aussi, et tous ensemble se retirèrent sur l'autre rive du cours d'eau appelé l'Ebro. La ville alors envoya une députation pour faire un accord; mais mon fils répondit qu'il n'en ferait pas, à moins qu'on ne lui livrât l'Inquisition, qui est une grande maison crénelée et fortifiée, la porte et les ponts. Les députés dirent qu'ils n'avaient pas d'ordres. Mon fils alors s'avança vers la ville avec sa cavalerie, disposant son infanterie de façon qu'on ne pût voir combien il en avait, et fit tirer de fortes salves sur la place. Il faut que dans ce pays-là ils ne soient pas habitués au bruit du canon, car ils furent pris d'une telle peur, que la députation revint incontinent, acceptant tout ce que mon fils exigeait. Il les a préservés du pillage, chose qu'ils redoutaient entre toutes. Ils ont immédiatement envoyé des courriers dans toutes les directions avec l'ordre que tout le monde eût à se soumettre au roi Philippe. Mon fils a passé l'Èbre et marche sur Lérida qu'il va assiéger. Dieu veuille nous continuer son assistance.

Mme de Chateauthier a un jeune laquais qui lui a annoncé la nouvelle d'une façon bien plaisante. Il accourut dans sa chambre en disant : « Madame il y a de grandes nouvelles mgr le Duc d'Orleans a battus en passant l'Elbe les fuyards de mons. de villars et pris le royaume de Saragoza. » J'ai raconté la chose au roi : il en a ri de bon cœur. Le roi, M. le dauphin, le duc et la duchesse de Bourgogne et toute la cour sont venus me voir et ont partagé ma joie. Seule la vieille dame n'est pas venue et ne m'a pas fait dire la moindre des choses...

COPIE DE LETTRES DU DUC D'ORLÉANS,

ENVOYÉE PAR MADAME A LA DUCHESSE.

1.

A Saragoce, ce 5 de juin 1707.

Cilly est arrives Madame et m'a rendu vostre lettre que j'attendois avec bien de l'impatiance, je ne suis point surpris de l'accueil qu'on vous fit en vous disant (je n'y estois pas) [1] mais je suis bien touché de la façon dont vous avez entré pour moy dans tout cela. Les marques de vostre amitié ne me sont pas nouvelles, mais Elle me sont toujours Esgalement sensibles, nous n'avons point icy de nouvelles, Mons. de Barwick arive incessament, mon artillerie vient tout doucement ou pour mieux dire ne vien point, ce qui retarde cruellement tous mes projets, il ne me reste plus Madame qu'a vous assurer de mon Respect et de ma tendresse qui vous est deue par tous endrois.

2.

Au camp de Nues, co 12 juin 1707.

... J'ai enfin receue Madame la lettre que vous m'avez fait l'honneur de m'escrire du 14 par Silly, par vn quiproquo elle a estés à Madrid ce qui m'a fait d'abord quelque touleur, mais j'ay bien examines le ca-

---

1. Lisez : En vous disant : « je n'y estois pas ».

chet, je m'y connois elle n'a point estés ouverte, celle du 21 est arivée aussi mais vn ordinaire plus tard qu'elle ne devoit, je n'en suis pas surpris car nos postes sont fort dérangées, au reste Madame je vous suplie de m'avertir quand vous me voudrez faire le tour de montrer mes lettres pour que je sois un peu plus sur mes gardes que je ne le suis dans la Confiance que vostre bonté pour moi vous fera excusser bien des fariboles, ce n'est pas que la facon obligeante dont Madame l'Electrice vous parle sur moy et la part qu'elle y veust bien prendre ne me doive rassurer, mais les louanges sont excessives, qu'elle m'effrayent d'autant, qu'il ne peust y avoir de bon dans mes lettres que ce qui part uniquement du cœur c'est à dire les sentiemens que j'ay pour vous etc.

3.

A Ballobar, ce 2 de juillet 1707.

Coche m'a randu hier vostre lettre Madame je ne suis point surpris de tout ce que vous me mandes de cette bonne dame, mon année finit comme elle a comancée et je trouve icy dans mon grand mulet anglois [1] toutte la lenteur et loposition possible a tout ce que je pense de bon, jl n'y a pourtant qu'vn mois d'icy au 2 d'aoust et il est bien difficile, si Dieu ne s'en mesle ou le diable, que ce qui se passe a l'heure qu'il est n'influe sur ce temps la, les enemis ont enfin abban-

___
1. Berwick, sans doute.

donnés la Cinca ou on m'a fait perdre 15 jours auxquels j'ay grand regret. Mequinança n'est pas encore pris vn saint s'impatianterait et mal heureussement je ne le suis pas encore tout a fait, la poste va partir je remets Madame au premier Courier ou ordinaire a vous mander beaucoup de choses, et me contente icy, de vous remercier et de vous demander la continuation de vos bontes.

Afin que vous compreniez bien cette lettre il faut que je vous dise ceci : L'an dernier quand mon fils partit pour l'Italie un astrologue fit deux révolutions, pour deux années ; il lui prédit tout le mal qui lui est arrivé, mais l'année où il va entrer le 2 août doit être plus heureuse ; c'est pourquoi je lui ai écrit, pour le consoler, de penser à l'année qui va s'ouvrir : tout le malheur prédit étant arrivé, le bonheur aussi sans nul doute viendrait. C'est à cela qu'il répond par ce que vous venez de lire.

A LA RAUGRAVE LOUISE.

Versailles, le 7 juillet 1707.

... Il y a un Allemand aux Invalides — le roi le croit originaire du Palatinat — qui est âgé de cent neuf ans et qui a une fille de vingt-deux. Je voudrais que ma tante l'Électrice atteignît au moins cet âge-là...

... Si mon fils avait pu avoir tout ce dont il a besoin, on aurait plus entendu parler de lui ; mais en Espagne tout fait défaut...

Marly, le 24 juillet 1707.

... Le plat que vous a fait cuire la princesse de Zollern, n'était-ce pas de véritable choucroute? Je ne connais pas les choux blancs, mais, à en juger par ce que vous m'en dites, ça ne doit pas être mauvais. J'en voudrais bien. Je regrette que vous ne m'ayez pas énuméré les autres plats aussi : de lire ces choses cela vous met en appétit...

M. Fagon, le médecin du roi, trouve qu'avec les fruits il vaut mieux boire de l'eau que du vin, car l'eau ne fait pas fermenter le fruit dans l'estomac...

A LA DUCHESSE DE HANOVRE.

Versailles, le 28 juillet 1707.

... Villars ne manque pas d'esprit et c'est un homme fort courageux, mais il a quand même l'air braque, il fait d'horribles grimaces. Cet homme, c'est un roman vivant, outre qu'il est affreusement intéressé. Il n'a pas déjà si tort d'être jaloux de sa femme : elle est jolie, bien faite, a bonne mine et est très coquette. Ici elle se donne l'air de beaucoup aimer son mari, mais personne n'y croit...

Versailles, le 14 août 1707, 9 h. 1/2 du matin.

... Je suis persuadée que si le roi perdait Toulon, ce serait un obstacle à la paix, vu qu'il mettrait tout en œuvre pour ravoir cette ville.

Le roi de Suède, paraît-il, se plaît en Saxe; il y reste longtemps. Il me semble qu'il ne soutient pas assez son Stanislas. Le roi Auguste m'impatiente en se conduisant comme il fait. Être ruiné et bâtir à sa maîtresse une maison avec des diamants, c'est inouï. C'est un bonheur pour le prince électoral qu'au moins cette maison soit à Dresde, car si le roi Auguste venait à mourir, il pourrait prendre la maison et tous les diamants et chasser l'ordure, sauf votre respect...

COPIE D'UNE LETTRE DU DUC D'ORLÉANS
ENVOYÉE PAR MADAME A LA DUCHESSE.

4.

A Algoyle, ce 30 juillet 1707.

Je receus avant hier Madame vostre lettre du 17. Le mulet dont je vous ay parlé, n'est qu'vn mulet et point du tout soufflés et c'est a present mon moindre ambaras, son opiniatreté jointe à l'ignorance d'un Espagnol natif d'jtalie qui est son homme de Confiance et n'est n'y sot n'y ignorant, avoit pensé faire mourir de faim l'armée, et nous avoit mis jusqu'a present hors d'estat, d'entrer dans nos quartiers, mais a force de travail, j'ai remis cela vn peu en ordre, nous allons y entrer et attaquer Monça, mais dans peu nous n'en serons pas mieux, si Dieu ne s'en mesle, et il ne paroist pas que l'affair de provence me donne icy beaucoup de commodites pour l'argent et les vivres si cela tourne bien j'aures foy aux miracles et vous croires prophetesse et c'est un acheminement a devenir vn saint, en attandant je tire comme on dit le Diable par la queüe, mais a breby tondue dieu luy mesure le vent, car ce qui rebuteroit tout autre ne fait que m'obstiner a travailler davantage, me voila aux proverbes comme Sancho quoy qu'il y a t long temps que j'ay quittes son pays mais il faut bien chercher a ce consoler de quelque façon, tout au moins ce chastouiller pour ce faire rire, j'arrive de Balaguier dont j'ay fait racomoder le pont et ou je conte m'aller establir mardy que nous entrerons dans nos quartiers, et moy dans ma 34ᵉ année dieu veuille qu'elle soit diferente de l'auttre, elle ne le sera certainement pas du moins sur les sentiments de Respect et de tendresse qui seront toutte ma vie Egalement graves pour vous . dans mon Cœur.

Versailles, le 11 septembre 1707.

... Ce ne sont pas les Allemands seuls qui ont tellement saccagé la Provence, ce sont les troupes du duc[1] qui ont tout ravagé et cela sous ses yeux. C'est de cela qu'on s'est surtout étonné... Les soldats doivent avoir envoyé trois nonnes, et des plus jolies, sur les vaisseaux afin que leurs camarades aient aussi leur part de plaisir, ce dont on s'est horriblement scandalisé...

---

1. De Savoie.

COPIE DE LETTRES DU DUC D'ORLÉANS,

ENVOYÉE PAR MADAME A LA DUCHESSE.

5.

A Balagnier, le 12 août 1707.

Je ne sçay, Madame, si j'ay eue l'honneur de vous montrer vn lettre que bariere m'écrivit peu avant que je partisse, la pauvre fille confitte en devotion me conseillait de faire comme gedeon je croi que l'on pense de mesme a la Cour, Car j'ay eue ordre hier de me dessaisir de douze bon bataillons et quelque Escadron pour Envoyer en provence, j'ay d'abord manque de poudre et de canon j'ay negligé ses deux bagatelles, pour soumettre l'aragon on m'a ensuitte denié les ponts et le pain, je n'ay pas laisses de passer les rivières de prendre mequiença et monçon en dernier lieu, jl mé vient apressent du Canon j'ay tant fait que j'ay des ponts et du pain pour que tout viene de la main de Dieu et que nulle gloire n'en soit donnes aux hommes on me les retranche nos affaires n'en jront pourtant pas plus mal, jus'ques à ce que la Compagnie qui est devant nous augmente, auquel cas je crois que la nostre augmentera alleluya, je vous demande pardon de vous mander toutes ces folies mais il faut bien chercher a segayer pour ne pas sucomber ce qui me soutiendra plus que tout et l'amitié que vous me tesmoignez.

6.

A Balagnier, ce 27 août 1707.

Vous estes Madame plus forte que moy en proverbe il faut ceder mais comme de Sancho, dans mes lettres, me suis fait gedeon, je vouderois soutenir le personage, et pour cela je vous envoy la relation tout au long d'une petite avanture qui s'est passée trois ou 4 Jours après le despart du Mylord[1], et qui tient du gedeon, par le peu de proportion de notre perte a celle des Ennemis, outtre qu'elle a causé querelle dans leurs camps et qu'il y en a eu de tues entr'eux, cela pouroit estre vn presage de quelque chose de bon; de plus l'abondance revient et ceux qui avoit le plus mal fait, apresent que je suis seul font les chiens couchant, pourveu que mon affaire aille, je me moque du passé il ne me reste aujourdhuy qu'a vous demander la continuation de vos bontés.

A LA RAUGRAVE AMÉLIE-ÉLISABETH.

Fontainebleau, le 14 septembre 1707.

... Nos princes ne feront pas campagne : Toulon a été débloqué sans eux. Un proverbe français dit : « Qui trop embrasse mal estrain. » D'un seul coup on a voulu happer Toulon et Marseille; aux deux endroits le coup a manqué.

1. Berwick.

A LA RAUGRAVE LOUISE.

Fontainebleau, le 14 septembre 1707.

... Le duc de Savoie n'aurait pas dû maltraiter les gens tellement, s'il avait voulu se les attacher, comme dit le proverbe : on ne prend pas les mouches avec du vinaigre. Mais il s'est attiré une telle haine à force d'incendies, de ravages et de viols qu'il n'y a pas un seul Provençal qui ne préférât le tuer plutôt que se rendre à lui...

A LA RAUGRAVE AMÉLIE-ÉLISABETH.

Versailles, le 27 octobre 1707.

Hier nous reçûmes la nouvelle que, grâces en soient rendues à Dieu, mon fils a pris d'assaut la ville de Lérida. — Ils ont fait une résistance héroïque : les moines, les femmes ont été à la brèche et ont défendu la ville, mais les nôtres ont tenu bon et tout ce monde s'est retiré au château. Le prince de Darmstadt[1] a fait prier mon fils de permettre que les femmes et les moines sortissent du château, mais il a répondu qu'ils avaient tous été fort courageux et avaient bien défendu la ville; qu'il n'était que juste qu'ils en fissent autant pour le château, et il n'a laissé sortir personne. Nous espérons réduire la citadelle par la famine. Dieu le veuille! car ce ne serait pas un mince honneur pour mon fils : deux grands généraux ont échoué

---

1. Georges de Hesse-Darmstadt, général des Impériaux.

devant cette ville : M. le Prince et le comte d'Harcourt, un prince de la maison de Lorraine...

A LA DUCHESSE DE HANOVRE.

Versailles, le 30 octobre 1707.

... Le roi de Suède, je le crains, va guerroyer jusqu'à ce qu'à la fin il se fasse tuer...

Je ne comprends pas ce que le roi de Prusse veut faire avec Neufchâtel ; qu'il le donne donc en fief au bon margrave de Bade-Durlach.

Versailles, le 24 novembre 1707.

... Vous aurez appris par ma dernière lettre que le 11 de ce mois le château de Lérida s'est rendu à mon fils. Avant son départ pour l'Espagne, ses ennemis firent une assez méchante chanson contre lui sur la mélodie de Joconde. Je la lui montrai, il n'en fit que rire et dit : « Elle n'est pas mal faitte, et assez plaisante, je leur pardonne. » En voici le premier couplet :

> Gendre et neveu de ce grand Roy
> Vous allez donc paroistre
> Encore une seconde foy.
> Vous vous ferez cognoistre
> Sans consulter dans l'adevenir
> Tout le monde public, etc.

COPIE D'UNE LETTRE DU DUC D'ORLÉANS,

ENVOYÉE PAR MADAME A LA DUCHESSE.

7.

Camp de Lérida, ce 19 novembre.

Je croy Madame que vous ne seres point fâchée d'aprendre la prise de nostre chasteaux le chevallier de maulevrir[1], qui vous rendra cette lettre et que j'ay charger de vous assurer de mes Respects vous rendra Compte du detail mieux que je ne pourrois faire, sur tout a pressent dans la haste qu'il a de partir et la quantité de details dont je suis chargés pour le Roy que pour l'armée qui n'est pas sans besoin de quartier d'hiver, permettes moy de remercier vos figures mais surtout la part que vous avez pris à cecy.

A LA RAUGRAVE LOUISE.

Versailles, le 24 novembre 1707.

... D'après ce que vous me marquez, vous partirez mercredi prochain pour Heidelberg. Je vous prie, écrivez-moi dans quel état vous avez trouvé la ville, si vous irez à Mannheim et comment tout cela est présentement.

---

1. Maulevrier.

A LA RAUGRAVE AMÉLIE-ÉLISABETH.

Versailles, le 24 novembre 1707.

... Je vois avec une grande joie que le cher Palatinat se refait, mais prenez bien garde : les hussards de Villars battent l'estrade jusqu'aux environs de Francfort; ne voyagez pas sans escorte !...

A LA DUCHESSE DE HANOVRE.

Versailles, le 1er décembre 1707.

... A Marly je verrai à faire visite à la dame toute-puissante. Mon humeur n'est pas de son goût; je ne suis pas assez *flatteuse*. C'est un art trop difficile pour moi et qu'on ne peut apprendre sur la montagne d'Heidelberg. Pour cela il faut être né en France ou en Italie...

Versailles, le 31 décembre 1707.

... Villars n'est pas le moins du monde en disgrâce : le roi lui parle souvent et le traite bien. Ce n'est plus la mode du tout de ravager et d'incendier les pays ennemis. Dans toute l'Italie on n'a absolument rien saccagé...

Le maréchal de Catinat n'est pas le moins du monde intéressé. On lui devait les appointements de plusieurs années. M. de Chamillart, pour lui prouver qu'il était son ami à cette heure, voulut lui envoyer la somme en une fois. Mais il a refusé, disant qu'il avait de quoi vivre et que le roi avait plus besoin d'argent que lui, et il la lui a renvoyée.

FIN DU PREMIER VOLUME.

ERRATA.

			Au lieu de :	ra et la face,	lire :	va et la face
			«	Lamotte	«	La Mothe
		bas	«	Moras	«	Morel
		«	«			
		haut	«	le Dauphin	«	la Dauphine
		«	«			
		bas	«	Malauze	«	Malause
		«	«			
		«	«			
		«	«	n'irai	«	n'irait
		du haut	«	Agen	«	Ayen
		du bas	«	deux milles	«	deux mille
		du haut	«	Bécgamcil	«	Béchamel
		du bas	«	Se Kelson	«	Se Kelton
		«	«	Ruffigny	«	Ruvigny
		du haut	mettre « raducie » en italique			
		«	supprimer en tête de la ligne le mot « lui »			

Note. lire : Joseph Ier. Léopold venait de mourir le 5 mai.
Note. Au lieu de 1879, lire 1172.

www.ingramcontent.com/pod-product-compliance
Lightning Source LLC
Chambersburg PA
CBHW070443170426
43201CB00010B/1199